Transformationsmodell nachhaltiger Unternehmensführung durch Unternehmensentwicklung

Lizenz zum Wissen.

Sichern Sie sich umfassendes Technikwissen mit Sofortzugriff auf tausende Fachbücher und Fachzeitschriften aus den Bereichen: Automobiltechnik, Maschinenbau, Energie + Umwelt, E-Technik, Informatik + IT und Bauwesen.

Exklusiv für Leser von Springer-Fachbüchern: Testen Sie Springer für Professionals 30 Tage unverbindlich. Nutzen Sie dazu im Bestellverlauf Ihren persönlichen Aktionscode C0005406 auf *www.springerprofessional.de/buchaktion/*

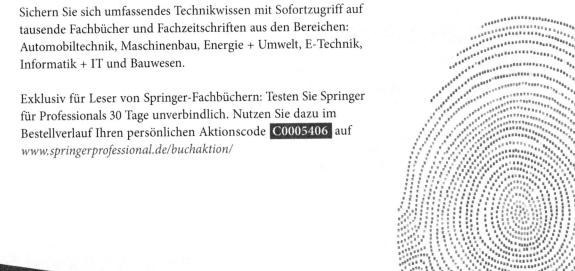

Jetzt 30 Tage testen!

Springer für Professionals.
Digitale Fachbibliothek. Themen-Scout. Knowledge-Manager.

- Zugriff auf tausende von Fachbüchern und Fachzeitschriften
- Selektion, Komprimierung und Verknüpfung relevanter Themen durch Fachredaktionen
- Tools zur persönlichen Wissensorganisation und Vernetzung

www.entschieden-intelligenter.de

Springer für Professionals

 Springer

Martin Christian Kemnitz

Transformationsmodell nachhaltiger Unternehmensführung durch Unternehmensentwicklung

Grundmodell betriebswirtschaftlicher Nachhaltigkeit

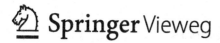 Springer Vieweg

Martin Christian Kemnitz
FB Wirtschaftswissenschaften
Hochschule Bonn-Rhein-Sieg
Sankt Augustin, Deutschland

ISBN 978-3-658-13866-0   ISBN 978-3-658-13867-7 (eBook)
DOI 10.1007/978-3-658-13867-7

Die Deutsche Nationalbibliothek verzeichnet diese Publikation in der Deutschen Nationalbibliografie; detaillierte bibliografische Daten sind im Internet über http://dnb.d-nb.de abrufbar.

Springer Vieweg
© Springer Fachmedien Wiesbaden 2016

Gedruckt auf säurefreiem und chlorfrei gebleichtem Papier

Springer Vieweg ist Teil von Springer Nature
Die eingetragene Gesellschaft ist Springer Fachmedien Wiesbaden GmbH

Dieses Buch widme ich diesen Menschen:

Meinen Eltern
Elisabeth und Manfred Kemnitz

Meinem Bruder
Michael Kemnitz

Meinen Neffen
Daniel und Tobias Kemnitz

Meiner Lebensgefährtin
Anja Schminke

und

Meinen besten Freunden
Eike Birkmeier
Anja Kroll
Andreas Mattern
Karsten Garn
Tina Garn

Vorwort

Damals als meine Diplomurkunde für Wirtschaftswissenschaften der Bergischen Universität Wuppertal vor mir lag, endete einer der wichtigsten Lebensabschnitte für mich, wenngleich damit auch ein neuer Lebensabschnitt begann. Das Gefühl Höhen und Tiefen des Studiums bewältigt zu haben, machte mich stolz, stolz auf das, was ich mir und viele andere Menschen mir, niemals zugetraut haben: einen sehr guten Universitätsabschluss. Was mein erster Gedanke war? Das weiß ich noch ganz genau. Wenn mich doch jetzt all die Menschen sehen könnten, die nie an mich geglaubt haben, Lehrer, Mitschüler, Arbeitskollegen, Chefs? Es ging mir nicht um Wiedererlangung von Ehre, mich brauchte auch niemand zum Ritter zu schlagen oder sich vielleicht sogar bei mir zu entschuldigen, aber war diese Oberflächlichkeit wirklich alles, was das Leben für mich bereit hält? Ich hoffe nicht, nein, ich bin mir sicher. Schließlich haben mich auch Menschen begleitet, denen ich mit allen Stärken und Schwächen wichtig bin und die mir die Kraft gegeben haben, Höchstleistungen zu erbringen, meine Eltern, mein Bruder, meine Lebensgefährtin und wirklich sehr gute Freunde. Ihnen gilt heute mein tiefer Dank.

Wie alles im Leben hat auch das vorliegende Buch eine Vergangenheit. Als frischgebackener Diplom Ökonom suchte ich den Neuanfang in einem neuen Leben, in einer neuen Stadt und in einem neuen Job. Ich kannte meine Talente, strebte nach dem wirklich Großen und rannte als idealistischer Absolvent los, um die Welt zu verändern. Veränderung? Wo findet die reale Gestaltung von Veränderung statt? Ich wurde also folglich Unternehmensberater; zunächst mit kleineren Aufgaben im Umfeld der Organisation und Logistik in SAP R/3 Projekten, als Geschäftsbereichsleiter für Organisationsberatung und dann als Projektleiter bei einer mittelständischen Managementberatungsgesellschaft.

Schließlich brachte mich ein Japaner mit dem Namen Iwao Kobayashi an den vorläufigen Höhepunkt meiner Suche nach dem Konzept, dass alle Probleme in Unternehmen zu lösen vermag. Jetzt mussten nur noch alle Unternehmen dieser Erde dieses Konzept anwenden und alles wird gut. Ob ich dafür gekämpft habe? Natürlich, jede Sekunde habe ich Unternehmen fast missionarisch zu bekehren versucht. Ja, ich habe alles versucht und vieles gewagt, doch ich fühlte mich am Ende ohnmächtig. Ohnmächtig tatenlos zusehen zu müssen, welche offensichtlichen Fehler in der Führung von Unternehmen gemacht wurden und gemacht werden.

Beispielsweise bekam eine Mitarbeiterin aus der Produktion einer meiner damaligen Kunden eines Tages in einem meiner Workshops einen Weinkrampf. Unter Tränen sagt sie, dass sie die Probleme des Unternehmens schon vor einigen Jahren gesehen hätte und dass keiner auf sie und ihre Kollegen/innen gehört hätte. Ich schaltete sofort den Overheadprojektor aus, setzte mich zu der Gruppe und bat sie höflich mir diese Punkte zu schildern. Am Ende war ich unglaublich ergriffen von der fachlichen Schlüssigkeit dieser systematischen Analyse und sie fügte hinzu, dass ihr Mann sie vor einem Jahr verlassen hätte, dass sie nun drei Kinder alleine erziehen müsste und dass sie ungelernt in dieser strukturschwachen Region niemals wieder eine neue Arbeit finden würde. So redegewandt Managementberater ja auch immer so sind, so wortlos saß ich neben ihr und reichte ihr ein Taschentuch, um ihre Tränenbäche zu bändigen. War das die einzige Hilfe die ein qualifizierter Managementberater in dieser Situation leisten konnte, ein Taschentuch? Drei Monate später hat der Vorstand dieses Unternehmens die Schließung dieses Werkes angeordnet und einige Monate später war diese Frau arbeitslos. Gleichzeitig wurden alle weiteren Entwicklungsprojekte zur Widerherstellung der Wettbewerbsfähigkeit der anderen Standorte dieses Unternehmens gestoppt und unser Auftrag storniert. Ein Einzelfall? Nein, leider waren die letzten Jahre meiner damaligen Beratertätigkeit gespickt mit derartigen Fällen.

Selbst Worte wie Ohnmacht, Wut oder auch Hilflosigkeit beschreiben nur annähernd, wie man sich fühlt, wenn man sich völlig sicher ist, das Handwerkszeug für Hochleistungsmanagement zu kennen, es aber nicht einsetzen zu können oder zu dürfen. Aus meiner heutigen Sicht sind sich viele Unternehmer Ihrer Verantwortung nicht oder nur unzureichend bewusst. Sie übernehmen eben nicht nur Verantwortung für das Kapital, für die Gebäude und für die Betriebsausstattung, sondern sie übernehmen vor allem Verantwortung für die Menschen. Diese Menschen verlassen sich auf sie. Sie unterzeichnen einen Handyvertrag, kaufen ein Auto, bauen ein Haus und gründen eine Familie. Sie verlassen sich darauf, dass die Unternehmer und Führungskräfte jeden Tag hart dafür kämpfen, dieser Verantwortung gerecht zu werden. Viele Unternehmer kennen augenscheinlich kaum noch den Unterschied zwischen Profit und Leistung, zwischen Gewinnmaximierung und Wettbewerbsfähigkeit und zwischen Reichtum und sozialer Verantwortung. Gerade diese Grundsätze sollen doch unser Handeln in die richtige Richtung lenken. Kann es denn sein, dass uns im unternehmerischen Werkzeugkasten neben Personalentlassung und Verlagerungen der Aktivitäten ins Ausland sonst gar nichts mehr einfällt?

Ja ich gebe offen zu, dass ich weder die Musterlösung in der Tasche habe, noch das alles besser weiß oder kann, noch dass es nicht auch sehr gute unternehmerische Vorbilder gibt, aber ist das wirklich alles was uns dazu einfällt? Ist das unsere unternehmerische Zukunft? Wenn wir heute einen nachhaltigen Paradigmenwechsel in den Grundwerten der Unternehmensführung initiieren wollen, dann müssen wir vermutlich früher beginnen, bei unserem Nachwuchs. Aus diesem Gedanken heraus ist schließlich die Idee geboren, eine Tätigkeit an einer Hochschule aufzunehmen, um junge Menschen in die „Kunst" nachhaltiger Unternehmensführung einzuführen. Das vorliegende Buch leistet einen Beitrag in dem Ringen um Konzeptionen zur Gestaltung nachhaltiger Unternehmensführung.

Nach der Beendigung meines Studiums dachte ich, den wesentlichen Beitrag für meine Persönlichkeitsentwicklung geleistet zu haben. Das war auch in jedem Falle so, allerdings stelle ich mehr und mehr fest, dass auch meine Zeit als Managementberater deutliche Spuren in meiner Persönlichkeitsstruktur hinterlassen hat. Instrumentelle betriebswirtschaftliche Begriffe der Unternehmensführung wurden durch Begriffe wie Sensibilität, Einfühlungsvermögen, Fantasie, Kreativität, Verrücktheit, Begeisterungsfähigkeit, Emotion, Orientierung, Menschenachtung, Respekt, Toleranz, Gemeinsamkeit und Mut ersetzt. Ist das allein schon eine Weiterentwicklung? Ja, ich bin der festen Überzeugung, dass sich Unternehmen auf der ganzen Welt niemals mit Zahlen alleine vom Schreibtisch aus führen lassen. Daran ändern auch modernste Informations- und Kommunikationssysteme nichts. Für mich sind es die Menschen mit all ihren Schwächen und Talenten, die dem Unternehmen eine Seele, ein Gespür und ein Gefühl dafür geben, wie es dem Unternehmen geht. Sie sind es die fantasievolle und verrückte Ideen gebären, sie sind es die wertvolle Streitgespräche führen, sie sind es die mit Blut und Schweiß Berge versetzen, sie sind es die ein kreatives respektvolles Klima der Gemeinsamkeit und sozialer Zugehörigkeit erzeugen und sie sind es die für die wirklich großen Dinge stehen. Was müssen wir also tun? Wir brauchen in Unternehmen Rahmenbedingungen, Strukturen, Prozesse, Methoden und Techniken, in denen diese Energie wundersam zur Entfaltung gelangt.

Vorwort und Motivation

Unternehmen vieler Branchen beginnen heute mit der Entwicklung, Implementierung und Anwendung ganzheitlich integrativer Managementsysteme, um Strukturen und Prozesse im gesamten Unternehmen langfristig erfolgreich zu entwickeln. Ziel dieses Vorhabens ist die nachhaltige Stärkung der internationalen Wettbewerbsfähigkeit durch Unternehmensentwicklung. Das vorliegende Buch liefert ein Grundmodell betriebswirtschaftlicher Nachhaltigkeit auf deren Basis Unternehmen individuelle nachhaltige Managementsysteme entwickeln können.

Wissenschaftsmethodisch fundiert und logisch systematisch wird aus verschiedenen Theoriemodellen eine Grundstruktur für Managementsysteme abgeleitet. Unternehmer, Berater, Führungskräfte und Wissenschaftler, die auf der Suche nach einer Themenübersicht oder Checkliste zur Entwicklung von nachhaltigen Managementsystemen sind, werden hier fündig. Das Buch konzentriert sich ausschließlich auf die betriebswirtschaftliche Nachhaltigkeit, wissenschaftlich anerkannte Theorien zur Unternehmensführung und Unternehmensentwicklung sowie auf die Entwicklung des Transformationsmodells zur nachhaltigen Unternehmensführung.

Danksagung

Rückblickend stelle ich heute fest, dass auch mich in meinem Leben einige Menschen sehr bewegt und nachhaltig inspiriert haben; vor allem für das was sie gerade in ihren Händen halten. Leider fehlen mir oft die Worte diesen Menschen meine tiefe Dankbarkeit auszudrücken. Aber mir ist es sehr wichtig, es an dieser Stelle zu versuchen.

Ich danke als Erstes meinen Eltern Elisabeth und Manfred Kemnitz, meinem Bruder Michael Kemnitz und meiner Lebensgefährtin Anja Schminke, weil diese Menschen mich durch meine Launen, meine Hoffnungslosigkeit und meine überquellende Euphorie mit warmherziger Hand führen und bedingungslos unterstützen. Ich danke meinen besten Freunden Eike Birkmeier, Anja Kroll, Andreas Mattern, Karsten Garn und Tina Garn, weil sie mich auf verschiedensten Ebenen meines Lebens immer wieder neu inspirieren und überwältigen. Mein besonderer Dank gilt an dieser Stelle Herrn Eike Birkmeier, der mich durch seine professionelle sprachliche Expertise bei der Erarbeitung des vorliegenden Textes tatkräftig unterstützt hat. Ich danke meiner Lehrerin Frau Astrid Strohmann, weil sie mir als damals verzweifelter Schüler erstmals wieder ein Gefühl dafür gegebenen hat, was ich in meinem Leben noch alles erreichen kann. Ich danke Herrn Dr. Peter Mattais, weil er mir meinen ersten Job als Unternehmensberater gegeben hat. Ich danke Herrn Bernd Mannheim, weil er blind an mich geglaubt hat und mich mit seinem grenzenlosen Vertrauen in meine Fähigkeiten sehr beeindruckt hat. Ich danke Herrn Obering Gero Panskus, weil er mir die Chance gegeben hat, die Realität der Managementberatung auf seine eigene unnachahmliche Art und Weise kennen zu lernen. Ich danke Herrn Prof. Dr. Heinrich Schafmeister von der Hochschule Coburg, weil er mich immer wieder darin bestärkt hat mein Engagement in Wissenschaft, Forschung und Lehre zu intensivieren und mir über viele Jahre stets mit wertvollen Ratschlägen zur Seite stand. Ich danke Herrn Prof. Dr. Andreas Gadatsch von der Hochschule Bonn-Rhein-Sieg, weil er mir eine wichtige Türe auf dem Weg zur vorliegenden Veröffentlichung geöffnet und meiner Arbeit blind vertraut hat. Schließlich danke ich Herrn Prof. Dr. Alfred Krupp von der Hochschule Bonn-Rhein-Sieg, weil er mir in fachlicher, sozialer, methodischer und auch menschlicher Hinsicht ein wahres Vorbild ist und mir als Mentor seit einigen Jahren stets wertvollste Orientierungen für meine berufliche und persönliche Weiterentwicklung vermittelt.

All diese Menschen haben einen tief greifenden und wertvollen Beitrag für meine Persönlichkeitsentwicklung bis heute geleistet, ohne die ich sicher nicht fähig gewesen wäre, dieses vorliegende Stück Managementliteratur zu erschaffen. All diese Menschen haben mich durch die Höhen und Tiefen begleitet, die mein bisheriger Lebensweg hervorgebracht hat, und all diesen Menschen sage ich heute von ganzem Herzen

Danke

Velbert, Freitag, 20. Mai 2016   Ihr/Euer
                                                            Martin Christian Kemnitz

Inhaltsverzeichnis

Abbildungsverzeichnis

Einleitung

Zusammenfassung

Tiefgreifende und turbulente Veränderungen im **Aufgabenumfeld** schaffen zu jeder Zeit neue kritische Anforderungen an die Wettbewerbsfähigkeit von Unternehmen. Es ist dabei unübersehbar, dass in diesem Jahrzehnt kaum konkret abschätzbare Veränderungen zu bewältigen sein werden. Die wichtigste Ressource, die es in diesem Zusammenhang einzusetzen und weiter zu entwickeln gilt, ist das **Management**. Management hat die Aufgabe, die ökonomischen und sozialen Systeme den sich wandelnden, neuen Bedingungen anzupassen. Aber verlangt nicht eine weltweite Restrukturierung von Wirtschaft und Gesellschaft zunächst eine Veränderung unseres Denkens im Management?

1.1 Ausgangspunkt

Jede Zeit hat ihre Aufgabe,
und durch die Lösungen derselben
rückt die Menschheit weiter.
(Heinrich Heine)[1]

Gerade heute sind **Unternehmensführer** herausgefordert, das eigene vorherrschende Geschäftsverständnis zu hinterfragen, neue Quellen der Wirtschaftlichkeit zu erschließen, ihre Unternehmen beweglicher und lernfähiger zu gestalten sowie mehrere Strategiehebel gleichzeitig zu bedienen. Als Vorlage zur notwendigen Transformation von Unternehmen aus starr mechanistischen in beweglich lernfähige Organisationen kann die Idee des

---

[1] vgl. **Hadeler, Thorsten**: Zitate für Manager – Für Reden, Diskussionen und Papers immer das treffende Zitat, S. 148, Betriebswirtschaftlicher Verlag Dr. Th. Gabler, Wiesbaden, 2000.

© Springer Fachmedien Wiesbaden 2016
M.C. Kemnitz, *Transformationsmodell nachhaltiger Unternehmensführung durch Unternehmensentwicklung*, DOI 10.1007/978-3-658-13867-7_1

wandlungsfähigen Unternehmens dienen. Dabei ist ein grundsätzliches Verständnis der Möglichkeiten zur Beherrschung des Wandels hilfreich. Dieses, über begrenztes Trendwissen hinausreichende Verstehenswissen ist wichtig, da der gegenwärtige, in den verschiedenen Bereichen der unternehmensrelevanten Umwelt zu beobachtende Wandel, sich offenbar vom Muster der üblichen Veränderungen unterscheidet. Experten gehen davon aus, dass sich hinter diesem Wandel grundsätzliche unwiderrufliche Veränderungen verbergen.

Diese zu beherrschen und zum eigenen Vorteil zu nutzen muss heute in den Unternehmen als die hauptsächliche Herausforderung begriffen werden.[2]

> Eine Klage über die Schärfe des Wettbewerbs
> ist in Wirklichkeit nur eine Klage über den Mangel an Einfällen.
> (Walther Rathenau)[3]

Gerade wenn die Wellen in **wirtschaftlichen und politischen Krisenzeiten** hochschlagen, sind radikales Profitdenken und objekthaftes Umgehen mit Mitarbeitern alltägliche Strategien. Heute sind noch immer Manager und Unternehmensberater, die „verbrannte Erde" hinter sich lassen, offen bewunderte Helden des Krisenmanagements. Häufig praktizierte Denkmuster für die betriebliche Entschlackung sind partielles Denken und das Unvermögen über den eigenen Tellerrand zu blicken. Experten gehen davon aus, dass die Konsequenzen dieser Konzepte erst in einigen Jahren sichtbar sein werden. Beispielsweise dokumentieren bereits jetzt schon die allgemeinen Kosten zerstörter Sozialstrukturen sowie deren Folgekosten die negativen Auswirkungen solch vermeintlich erfolgreicher Strategien.[4]

Gelingt es einem Unternehmen folglich heute den Ausgleich zwischen **Interessens-unterschieden und Zielkonflikten** zu finden, wird es dauerhaft in der Lage sein vielfältige Lösungen für aktuelle Turbulenzen gesellschaftlicher Veränderungen und Umorientierungen zu finden. Auf dieser Grundlage kann das Unternehmen aus sich heraus Kräfte für neue Entwicklungen erzeugen. Experten sehen diese Balance der Unterschiede als ein Grundprinzip der Natur und damit von Entwicklung und Leben an. Dieses Prinzip wird häufig für unrealistisch gehalten, weil Unterschiede nicht als Verhinderung vor Erstarrung, sondern als etwas Trennendes empfunden werden. Trennend sind hier jedoch nicht die Unterschiede, sondern die Art und Weise, wie mit diesen Gegensätzen umgegangen wird. Balance benötigt jedoch zwei wichtige Aspekte; zum einen den Zusammenhalt und zum anderen das Übereinkommen. Beides ist allerdings nur in der Begegnung und in der Offenheit der Beziehung möglich.[5]

---

[2] vgl. **Bullinger, Hans Jörg; Warnecke, Hans Jürgen; Wertkämper, Engelbert**: Neue Organisationsformen in Unternehmen – Ein Handbuch für das moderne Management, S. 255, 2. Aufl., Springer Verlag, Berlin, 2003.

[3] vgl. **Hadeler, Thorsten**: Zitate für Manager – Für Reden, Diskussionen und Papers immer das treffende Zitat, S. 150, Betriebswirtschaftlicher Verlag Dr. Th. Gabler, Wiesbaden, 2000.

[4] vgl. **Osterhold, Gisela**: Veränderungsmanagement – Wege zum langfristigen Unternehmenserfolg, S. 31, 2. Aufl., Betriebswirtschaftlicher Verlag Dr. Th. Gabler, Wiesbaden, 2002.

[5] vgl. **Osterhold, Gisela**: Veränderungsmanagement – Wege zum langfristigen Unternehmenserfolg, S. 31, 2. Aufl., Betriebswirtschaftlicher Verlag Dr. Th. Gabler, Wiesbaden, 2002.

Es ist nicht gesagt, dass es besser wird, wenn es anders wird.
Wenn es aber besser werden soll, muss es anders werden.
(Georg Christoph Lichtenberg)[6]

Organisationsentwicklung und Change Management sind zwei verschiedene Zugänge zur Steuerung und Gestaltung von Veränderungen in Organisationen.[7] Kernanliegen der Organisationsentwicklung sind es, die kulturelle Identität des sich entwickelnden Unternehmens zu bewahren, die betroffenen Individuen und Gruppen in die Entwicklung und Umsetzung von Lösungen und Antworten aktiv und in größtmöglichem Umfang einzubeziehen sowie Veränderungsmaßnahmen kontinuierlich und prozesshaft zu steuern und zu gestalten.[8] Das Grundlegende Paradigma für die Steuerung und Gestaltung von Change Management Veränderungsprozessen hingegen ist nicht mehr eine kontinuierliche, stufenweise Anpassung, sondern eine machtvolle, schnelle, sprunghafte Veränderung der inneren und äußeren Rahmenbedingungen einer Organisation, die mit Traditionen bricht. Die inhaltliche Basis dieser Prozesse sind Zielvorstellungen, welche nicht im System selbst entstanden sind und sich daher auch nicht einem Interaktions- und Entscheidungsprozess zwischen den Betroffenen verdanken lässt.[9]

Die Stärke des Ansatzes der Organisationsentwicklung liegt ohne Frage darin, dass die betroffenen Personen und Gruppen am Veränderungsprozess mitwirken und mit beteiligt werden. Die Stärke des Ansatzes des Change Managements liegt in der Radikalität und Kühnheit der Veränderungsvorschläge sowie in der zeitlichen Dynamik und Beschleunigung.[10]

Transformationsmanagement, so wie es die Erfinder Janes, Prammer und Schulte-Derne in ihrer Arbeit vorstellen, steht hingegen zwischen Organisationsentwicklung und Change Management.[11] Das Transformationsmanagement ist ein Zugang, der die Vorteile von Organisationsentwicklung und Change Management, wie Kontinuität und Brüche, Integration und „Durchziehen", sowie Tiefe und Geschwindigkeit, in sich vereint. Dieser Zusammenhang ist laut Janes, Prammer und Schulte-Derne noch nicht theoretisch be-

---

[6] vgl. **Hadeler, Thorsten**: Zitate für Manager – Für Reden, Diskussionen und Papers immer das treffende Zitat, S. 149, Betriebswirtschaftlicher Verlag Dr. Th. Gabler, Wiesbaden, 2000.

[7] vgl. **Janes, Dr. Alfred; Prammer, Karl; Schulte-Derne, Michael**: Transformations – Management – Organisationen von Innen verändern, S. 3, SpringerVerlag, Wien, 2001.

[8] vgl. **Janes, Dr. Alfred; Prammer, Karl; Schulte-Derne, Michael**: Transformations – Management – Organisationen von Innen verändern, S. 4, SpringerVerlag, Wien, 2001.

[9] vgl. **Janes, Dr. Alfred; Prammer, Karl; Schulte-Derne, Michael**: Transformations – Management – Organisationen von Innen verändern, S. 6, SpringerVerlag, Wien, 2001.

[10] vgl. **Janes, Dr. Alfred; Prammer, Karl; Schulte-Derne, Michael**: Transformations – Management – Organisationen von Innen verändern, S. 7, SpringerVerlag, Wien, 2001.

[11] vgl. **Janes, Dr. Alfred; Prammer, Karl; Schulte-Derne, Michael**: Transformations – Management – Organisationen von Innen verändern, S. Vorwort, SpringerVerlag, Wien, 2001.

schrieben und wird von ihnen als Transformationsmanagement bezeichnet.[12] In diesem Kontext wird Transformation als die Gestaltung eines Veränderungsprozesses durch Transformationsmanagement aufgefasst.

Dieses Transformationsmanagement verläuft in den folgenden Phasen:

- den Transformationsbedarf benennen,
- die Transformationsziele festmachen,
- das Commitment zu den Inhalten der Transformation und zum Prozess-Design herstellen,
- die Transformation konzipieren und realisieren,
- die Transformationskonzepte implementieren und
- die Transformation von Innen insgesamt auswerten.[13]

Wenn du etwas wirklich verstehen willst,
dann versuche, es zu verändern.
(Kurt Lewin)[14]

1.2   Ziel des Buches

Auf Grundlage der Forschung von Janes, Prammer und Schulte-Derne zum Transformationsmanagement wurde die Idee für das vorliegende Buch geboren. Während sich die Untersuchung von Janes, Prammer und Schulte-Derne im Wesentlichen auf die Frage konzentriert, **WIE** Veränderungsprozesse in Unternehmen gesteuert und gestaltet werden können, konzentriert sich die vorliegende Untersuchung auf die Frage, **WAS** heute an inhaltlichen Themenbereichen für Veränderungen in Unternehmen notwendig sind.

Ziel der vorliegenden Untersuchung ist es folglich, systematisch eine inhaltlich sinnvolle Themenstruktur für das aktuelle Transformationsmanagement wissenschaftlich fundiert und methodisch qualifiziert herzuleiten und aufzubauen, die entwickelte Themenstruktur auf Wirkungszusammenhänge zu untersuchen und schließlich im weiteren Verlauf der Arbeit auf Basis dieser Wirkungszusammenhänge Ansätze für die praktische Ausgestaltung dieser einzelnen Transformationsthemen zu erarbeiten. Begrifflich wird die eigentliche Themenstruktur zunächst als **Grundmodell** bezeichnet, allerdings wird die Themenstruktur mit ihren Wirkungszusammenhängen und den dazugehörigen Ansätzen

---

[12] vgl. **Janes, Dr. Alfred; Prammer, Karl; Schulte-Derne, Michael**: Transformations – Management – Organisationen von Innen verändern, S. 8, SpringerVerlag, Wien, 2001.

[13] vgl. **Janes, Dr. Alfred; Prammer, Karl; Schulte-Derne, Michael**: Transformations – Management – Organisationen von Innen verändern, S. 16, SpringerVerlag, Wien, 2001.

[14] vgl. **Hadeler, Thorsten**: Zitate für Manager – Für Reden, Diskussionen und Papers immer das treffende Zitat, S. 149, Betriebswirtschaftlicher Verlag Dr. Th. Gabler, Wiesbaden, 2000.

für die praktische Umsetzung dieser Themen in ihrer Gesamtheit als **Grundmodell betriebswirtschaftlicher Nachhaltigkeit** bezeichnet.

1.3   Abgrenzung

Betriebliche Probleme lassen sich nach verschiedenen Gesichtspunkten analysieren. Aufgrund der Komplexität betriebswirtschaftlicher Fragestellungen ist es sinnvoll, das Gesamtobjekt Betriebswirtschaft gedanklich zu zerlegen und zu typisieren. Die Funktionen-, Institutionen- und Methodenlehre stehen dabei als drei mögliche Wege zur Aufgabenbewältigung der Betriebswirtschaftslehre nebeneinander. Aus Funktionssicht wird in allen Wirtschaftsbetrieben beschafft, produziert, finanziert und abgesetzt. Gleichzeitig kann zur Erkenntnisgewinnung in jedem dieser Funktionsbereiche auf verschiedene wissenschaftliche Methoden zurückgegriffen werden. Zusätzlich steht die Funktionenlehre vor der Frage, inwieweit sie Besonderheiten der Funktionen einzelner Wirtschaftszweige in ihr Programm aufnehmen soll und welche wissenschaftlichen Methoden zur Erkenntnisgewinnung heranzuziehen sind.[15] Für das vorliegende Buch wurden folgende Abgrenzungen der Betriebswirtschaftslehre vorgenommen:

Aus der Sicht der **Funktionenlehre** wurden folgende Funktionen in die Betrachtung einbezogen:

- Beschaffung
- Produktion
- Absatz
- Personal
- Entwicklung
- Unternehmensleitung

Alle weiteren denkbaren Funktionsbereiche wurden aus methodischen Gründen in dem vorliegenden Buch bewusst ausgegrenzt.

Aus der Sicht der **Institutionenlehre** wurde folgende Institution in die Betrachtung einbezogen:

- Industriebetriebe

Alle weiteren denkbaren Institutionen wurden aus methodischen Gründen in dem vorliegenden Buch bewusst ausgegrenzt.

Aus der Sicht der **Methodenlehre** wurde folgende Methode in die Betrachtung einbezogen:

---

[15] vgl. **Heinen, Edmund**: Industriebetriebslehre, S. 7, 9. Aufl., Betriebswirtschaftlicher Verlag Dr. Th. Gabler, Wiesbaden, 1991.

- Empirische Forschung

Alle weiteren denkbaren Methoden, insbesondere Modewellen in der Managementlehre, wurden aus methodischen Gründen in dem vorliegenden Buch bewusst ausgegrenzt.

Zusätzlich wurde folgende **räumliche Abgrenzung** vorgenommen, um das Untersuchungsfeld überschaubar zu halten.

- Deutschland

Alle weiteren denkbaren internationalen Märkte wurden aus methodischen Gründen in dem vorliegenden Buch bewusst ausgegrenzt.

Diese Ausführungen zeigen, dass der Untersuchungsgegenstand hinreichend eingegrenzt wurde.

1.4   Einordnung in die wissenschaftliche und praxisorientierte Diskussion

Historisch gesehen, haben die Theorie der Unternehmensführung und die Theorie der Unternehmensentwicklung bis heute bereits einen beachtlichen und doch sehr heterogenen Entwicklungsprozess hinter sich. Diese jeweiligen Entwicklungen werden unter anderem im zweiten Kapitel systematisch zusammengetragen und dargestellt.

Ende der neunziger Jahre spricht Knut Bleicher von einem Paradigmawechsel im Management. In **wissenschaftlichen** Auseinandersetzungen wird unter einem Paradigma ein Denkmuster, eine Art Supertheorie verstanden, die grundlegende Probleme und Methoden weiter Bereiche eines Fachs definiert und das Weltbild einer Zeit prägt.[16] Nach Bleicher weist ein Weg von einer engen, disziplinären ökonomischen Orientierung der Betriebswirtschaftslehre über den entscheidungsorientierten Ansatz mit seiner Öffnung zu den Verhaltenswissenschaften zur systemischen Orientierung einer Wissenschaft vom Management.[17] Während der bisherigen Vorstellung einer zweckgerechten Systemgestaltung eher das Muster einer Komplexitätsreduktion durch Arbeitsteilung und Spezialisierung im Sinne des von Max Weber idealtypisch beschriebenen Bürokratiemodells zugrunde lag, so ist dieser Ansatz unter dem Aspekt zunehmender zeitlicher Dynamik eher in Frage zu stellen. Die in diesem Bürokratiemodell notwendige Integration arbeitsteiligen Vorgehens erfolgt über eine hierarchische Organisation, die eine Asymmetrie der Machtverteilung und der Beitragsmöglichkeiten zur Zukunftsgestaltung der Unterneh-

---

[16]vgl. **Bleicher, Knut**: Das Konzept integriertes Management, S. 20, 4. Aufl., Campus Verlag, Frankfurt a. M., New York, 1996.

[17]vgl. **Bleicher, Knut**: Das Konzept integriertes Management, S. 25, 4. Aufl., Campus Verlag, Frankfurt a. M., New York, 1996.

mensentwicklung bedingt.[18] Konkret ergibt sich für das Management daraus eine beachtliche Verlagerung in seiner Ausrichtung bei der Lenkung, Gestaltung und Entwicklung von Systemen.

Die traditionell übertriebene Hervorhebung der Lenkungsfunktion blendet das Verständnis für die tragende Rolle der Selbstgestaltung und Selbstentwicklung von sozialen Systemen aus den Präferenzen des Managements aus. Wobei aber gerade sie für eine flexible Anpassung von Unternehmungen an veränderte Umweltbedingungen rational und im Hinblick auf die wachsenden Bedürfnisse der menschlichen Leistungsträger auch motivational bedeutsam werden.[19] Erst durch die Veröffentlichungen des St. Galler Managementkonzeptes wird folglich die Begrifflichkeit des Managementsystems oder des Unternehmensentwicklungssystems geprägt und systemisch integriertes Management sowie systemisch integrierte Unternehmensentwicklung propagiert. Weitere Beiträge zu Managementsystemen und Unternehmensentwicklungssystemen folgten. Das vorliegende Grundmodell betriebswirtschaftlicher Nachhaltigkeit leistet in dieser Diskussion einen Beitrag für die Transformation von traditionell statischer Unternehmensführung zu zeitgemäß dynamischer Unternehmensentwicklung mit System.

Aus **praxisorientierter** Sicht haben Managementsysteme ihren Ursprung in den USA. Sie entstanden aufgrund des hohen Haftungsrisikos bei Produkten und Produktion, weil dort Schadenersatzansprüche nicht selten eine Höhe erreichten, die den Kapitalwert eines Unternehmens überstiegen und dadurch unmittelbar seine Existenz bedrohten. Dieses Risiko können Unternehmen erheblich reduzieren, wenn sie nachweisen, dass sie bei der Entwicklung und Herstellung von Produkten allen Sorgfaltspflichten nachkommen, wenn sie also alle nach menschlichem Ermessen voraussehbaren Schadensfälle im Voraus berücksichtigen und Vorkehrungen treffen, die diese vermeiden oder ihr Ausmaß auf ein Minimum beschränken. Qualitätsmanagementsysteme sorgen dafür, dass die Tätigkeiten in der Organisation beschrieben sind, sie legen den Umfang und die Form der Aufzeichnungen über getroffene Maßnahmen fest und beinhalten ein Verfahren zur dokumentierten Kontrolle der Durchführung. Auf diese Weise ist stets nachprüfbar, ob ein Unternehmen seinen Verkehrssicherungspflichten nachkommt oder nicht. Inzwischen haben sich diese Qualitätsmanagementsysteme auch deshalb flächendeckend durchgesetzt, weil sich jedes Unternehmen mit Qualitätszertifikat verpflichtet, seine Lieferanten zur Einführung eines solchen Systems aufzufordern oder Lieferanten auszuwählen, welche über ein wirksames Qualitätsmanagementsystem verfügen. Bereits 1985 wurde diese Ausweitung in Europa durch eine in Kraft gesetzte EG-Richtlinie verstärkt, welche auch

---

[18] vgl. **Bleicher, Knut**: Das Konzept integriertes Management, S. 35–36, 4. Aufl., Campus Verlag, Frankfurt a. M., New York, 1996.

[19] vgl. **Bleicher, Knut**: Das Konzept integriertes Management, S. 54–55, 4. Aufl., Campus Verlag, Frankfurt a. M., New York, 1996.

hier die Produkthaftung explizit regelt.[20] Die Ausbreitung von Qualitätsmanagementsystemen in Deutschland ist wohl hinreichend bekannt.

Im Einzelnen bestehen heute unter dem Begriff Managementsystem **drei Bereiche**. Zum einen existieren Managementsysteme zu einzelnen Aspekten wie Qualitäts-, Risiko-, Umwelt-, Projekt- und Informationsmanagement. Des Weiteren wird von integrierten Managementsystemen gesprochen, die mehrere oder alle der oben genannten aspektbezogenen Systeme integrieren. Schließlich wird die gesamte Organisation der Organisation als gesamtes Managementsystem des Unternehmens bezeichnet.[21] Das vorliegende Grundmodell betriebswirtschaftlicher Nachhaltigkeit bezieht sich auf den letzteren dritten Begriff des Managementsystems. Damit ist die Einordnung der vorliegenden Arbeit in die wissenschaftliche und praxisorientierte Diskussion eindeutig vorgenommen worden.

1.5   Literaturauswertung

Der Umfang an Literatur zur **Unternehmensführung** ist beachtlich. Dieser Bereich der Betriebswirtschaftslehre wird mehr und mehr als wesentlicher Faktor für erfolgreiche Unternehmen eingestuft, was sich in Umfang und Vielfalt der Wissenschaftsliteratur widerspiegelt. Hier lassen sich verschiedene Gruppen bilden. Zum einen existieren Lehrbücher zur Unternehmensführung, die sich auf Basis von verschiedenen Strukturierungsmerkmalen auf das breite Spektrum an Themen zur Unternehmensführung konzentrieren und eine eher generalistische Sichtweise auf die Unternehmensführung einnehmen. Besonders interessant ist es zu beobachten, dass sich hier aktuellere Werke darüber hinaus mehr und mehr mit Managementsystemen wie Qualitätsmanagement, Risikomanagement oder Umweltmanagement beschäftigen. Daran anschließend lässt sich die zweite Gruppe von Literatur zur Unternehmensführung definieren. Das sind Werke, die sich auf besondere Themen spezialisieren, aber dennoch Lehrbuchcharakter haben. Hier werden aus Sicht der Unternehmensführung beispielsweise Themen wie Prozessorientierung, Wert-, Kunden-, Marketing-, Wissens-, Strategie-, Internationalisierung oder Informationsorientierung bearbeitet. Die dritte und vorläufig letzte Gruppe an Literatur zur Unternehmensführung besteht aus sehr praxisorientierten Büchern, die sich auf spezielle Managementkonzepte, Fallstudien, Projektberichte, Modewellen, Trends, Tipps und Tricks sowie auf Biografien und Erfahrungsberichte namhafter Manager konzentrieren. Unzählige Theorien und Handlungsanleitungen zur Lösung sämtlicher praktischer Probleme in Unternehmen werden angeboten und für vergleichsweise günstige Preise an den Anwender gebracht. Grundsätzlich ist jedoch festzustellen, dass sich die Themen von der Frage der statischen Strukturierung von Unternehmen zur Frage der Organisation von Wandel und Lernfähigkeit des Unternehmens entwickelt hat.

---

[20] vgl. **Ahrens, Dr. Volker; Hofmann-Kamensky, Dr. Matthias**: Integration von Managementsystemen – Ansätze für die Praxis, S. 3–4, Verlag Franz Vahlen, München, 2001.

[21] vgl. **Holzbaur, Dr. Ulrich D.**: Management, S. 153, Kiehl Verlag, Ludwigshafen, 2000.

Der Umfang der Literatur zur **Unternehmensentwicklung** fällt demgegenüber deutlich geringer aus. Zum einen liegt das sicher daran, dass die Unternehmensentwicklung an sich noch relativ neu ist und sie zum anderen noch nicht wirklich etabliert ist. Die Möglichkeit, die Grundlagen der Unternehmensentwicklung zu nutzen, um Unternehmen von statisch traditioneller Unternehmensführung zur dynamisch zeitgemäßen Unternehmensentwicklung zu transformieren wird sowohl von der Wissenschaft als auch von der Praxis nicht wirklich erkannt. Das vorliegende Buch setzt ja, wie bereits erwähnt, genau an diesem Punkt an. Die Literatur der Unternehmensentwicklung lässt sich grundsätzlich in zwei Gruppen einteilen. Die erste Gruppe besteht aus Veröffentlichungen, die Unternehmensentwicklung als zwangläufigen zeitlichen Ablauf von Entwicklungsphasen sehen, der nachträglich dokumentiert und analysiert wird. Diese Sichtweise ist nach der Auffassung des Autors als klassische Sichtweise auf die Unternehmensentwicklung zu bezeichnen. Die zweite Gruppe an Literatur zur Unternehmensentwicklung sieht hingegen Unternehmensentwicklung als Managementinstrument das Unternehmen aktiv im Hinblick auf Wandlungsfähigkeit und Lernfähigkeit organisiert und entwickelt. Auf diese Weise werden aktuelle und zukünftige Herausforderungen professioneller gemeistert und die Leistungsfähigkeit der gesamten Unternehmung gesteigert. Aus Sicht des Autors besteht hier eine Deckungslücke zwischen dem großen Bedarf und dem geringen Angebot an wissenschaftlich fundierter und praxisorientierter Literatur.

Im Rahmen des vorliegenden Buches wurde sich auf Basis der im Abschn. 1.3 vorgenommenen Eingrenzung des Untersuchungsfeldes ausschließlich auf deutsche Literatur beschränkt. Eine internationale Betrachtungsweise bezüglich der empirischen Forschung und Wissenschaftsliteratur hätte den Umfang der vorliegenden Arbeit in einem erheblichen Maße gesprengt. Aus diesem Grunde hat der Autor bewusst auf die Einbeziehung internationaler Literatur verzichtet. Das diesem Buch beigefügte Literaturverzeichnis gibt Aufschluss darüber, welche Werke explizit für vorliegende Untersuchung zur Anwendung gebracht wurden.

1.6   Methodisches Vorgehen

Das **Ziel** der vorliegenden Untersuchung ist bekanntlich, systematisch eine inhaltlich sinnvolle Themenstruktur für das aktuelle Transformationsmanagement wissenschaftlich fundiert und methodisch qualifiziert herzuleiten und aufzubauen, die entwickelte Themenstruktur auf Wirkungszusammenhänge zu untersuchen und schließlich im weiteren Verlauf der Arbeit auf Basis dieser Wirkungszusammenhänge Ansätze für die praktische Ausgestaltung dieser einzelnen Transformationsthemen zu erarbeiten. Entsprechend wurde die Untersuchung aufgebaut.

Nachdem das Vorwort die persönliche Beziehung des Autors zu seinem Buch herausgestellt hat, wird im Rahmen des **ersten Kapitels** auf Grundlage des Ausgangspunktes des vorliegenden Buches die Zielvorstellung für die Untersuchung dargestellt. Zur Sicherstellung eines bearbeitbaren und hinreichend interessanten inhaltlichen Gegenstandes wurde anschließend eine systematische Abgrenzung des Untersuchungsfeldes vorgenommen. Die weiteren Unterkapitel der Einordnung der Arbeit in die wissenschaftliche Diskussion, die Literaturauswertung, das methodische Vorgehen, die Begriffsdefinition und die Begriffsabgrenzung zur Betriebswirtschaftlichen Nachhaltigkeit finden ihren Ursprung in der anerkannten wissenschaftsmethodischen Arbeitsweise im Umfeld von Forschungsarbeiten. Diese Elemente sind aus diesem Grunde selbstverständlich auch Bestandteil des vorliegenden Buches.

Die theoretische Auseinandersetzung mit der Unternehmensführung und der Unternehmensentwicklung erfolgt dann im **zweiten Kapitel**. Ziel dieser Darstellungen ist es, die theoretischen Grundkonzepte sowohl für die Unternehmensführung als auch für die Unternehmensentwicklung originalgetreu wiederzugeben. Die objektive Darstellung der Konzeptionen steht hier im Vordergrund. Im Anschluss an die entsprechenden Ansätze wird dann jeweils eine kurze zusammenfassende Beurteilung im Hinblick auf die Fragestellung abgegeben. Auf diese Weise werden die für den vorliegenden Untersuchungsgegenstand interessanten Aspekte gesammelt und kommentiert.

Die im **dritten Kapitel** vorzunehmende theoriegestützte Herleitung des Grundmodells wird nun auf den Zwischenergebnissen der zurückliegenden Ausführungen basieren. Ziel dieses Kapitels ist es, ein zweidimensionales Modell aus den Ansätzen zur Unternehmensführung und Unternehmensentwicklung herzuleiten. Aus den verschiedenen Ansätzen muss folglich systematisch jeweils ein Ansatz ausgewählt werden, der den weiteren Verlauf der Untersuchung begleiten wird. Dieses betriebswirtschaftliche Entscheidungsproblem wird in der vorliegenden Untersuchung auf der Grundlage der Entscheidungstheorie gelöst. Zu diesem Zweck werden verschiedene entscheidungstheoretische Methoden analysiert, um die für das vorliegende Entscheidungsproblem sinnvollste Methode herauszuarbeiten. Der auf diese Weise ausgewählte Ansatz zur Unternehmensführung bildete die vertikale Dimension und der Ansatz zur Unternehmensentwicklung die horizontale Dimension des Grundmodells. Dieses Verfahren lässt rein methodisch im inneren der Matrix Felder entstehen die als Verbindung der Bestandteile der beiden Ansätze betrachtet werden.

Im **vierten Kapitel** werden diese Verbindungen nun systematisch auf sinnvolle Wirkungszusammenhänge untersucht. Es gilt sinnvolle Wirkungszusammenhänge zu ergründen und diese inhaltlich zu erläutern. Besonderer Wert wird dabei auf kreative Vorschläge zur möglichen praktischen Umsetzung dieser Elemente gelegt, da nur auf diese Weise praktisch sinnvolle Wirkungszusammenhänge nachgewiesen werden können. Das im dritten Kapitel abgeleitete Grundmodell in Verbindung mit den im vierten Kapitel präsentierten Ausführungen zu den inneren Wirkungszusammenhängen, bildet nach Auffassung des Autors das eigentliche **Grundmodell betriebswirtschaftlicher Nachhaltigkeit**. Schließlich wird das Ergebnis im **fünften Kapitel** bewertet und präsentiert. Detailliert werden hier die Ergebnisse systematisch zusammengestellt. Im weiteren Verlauf dieses Kapitels werden dann die Potenziale und Grenzen dieser Arbeit aufgezeigt, sowie Ansätze für die Zukunft zusammengetragen. Das Schlusswort stellt den Spiegel zum Vorwort dar und unterstreicht die persönliche Beziehung des Autors zu seinem Buch.

1.7   Begriffe: Transformation, Modell, Unternehmensführung und Unternehmensentwicklung

Der Begriff **Transformation** kommt aus dem lateinischen transformare und bedeutet übersetzt umformen. Allgemein wird unter Transformation eine Umformung, Umgestaltung oder Umwandlung verstanden.[22] Für die vorliegende Arbeit und die Verwendung dieses Begriffes hilft der Begriff der Transformationsgesellschaft weiter. Das ist ein sozial- und wirtschaftswissenschaftlicher Begriff, der in analytischer und deskriptiver Weise darauf zielt, Prozesse und Steuerungsprobleme gesellschaftlichen Umbruchs im Zusammenhang und als planbares Wechselspiel grundlegender politischer, sozialer, ökonomischer und kultureller Veränderungen zu erfassen. Als Transformationsgesellschaften lassen sich Gesellschaften bezeichnen, die unter bestimmten Zielvorgaben einem gesteuerten grundlegenden Veränderungsprozess unterworfen werden, beziehungsweise diesem unterliegen. Dabei wird angestrebt, die von diesem Prozess erfassten unterschiedlichen Sektoren, Handlungsbereiche, Tiefenwirkungen, Modalitäten und Zeitverläufe aufeinander abzustimmen.[23]

Im Mittelpunkt des Konzeptes steht damit auch die Frage nach der Planbarkeit erwünschter Ergebnisse, das heißt nach den Möglichkeiten und Grenzen eines Handelns, das in komplexen gesellschaftlichen, politischen und wirtschaftlichen Feldern auf einen grundlegenden Umbau von Gesellschaft und Staat zielt und dabei von eigengesetzlichen Entwicklungen und Kontingenzen in diesen Bereichen unterlaufen oder konterkariert werden kann.[24]

Der Begriff **Modell** kommt aus dem italienischen modello und aus dem lateinischen modulus und kann als Maß, Maßstab, allgemeines Muster oder Entwurf übersetzt werden. In der Baukunst wird der Begriff des Architekturmodells auch als Vorbild oder Beispiel verwendet. In den Wirtschaftswissenschaften wird der Begriff Modell als ein konstruiertes, vereinfachtes Abbild des tatsächlichen Wirtschaftsablaufes, zum Teil in mathematischer Formulierung, wie Beispielsweise in der Volkswirtschaftslehre, verwendet.[25]

Der Begriff **Unternehmensführung** bezeichnet ein Gebiet der Betriebswirtschaftslehre, teils als spezielle Betriebswirtschaftslehre, teils als Problemfeld verschiedener spezieller Betriebswirtschaftslehren angesehen. Ältere Veröffentlichungen behandeln vor allem normative Probleme der Unternehmensführung, wobei die Bezeichnung Unternehmenspolitik synonym verwendet wird. In den neueren Arbeiten steht dagegen das er-

---

[22] vgl. **Brockhaus – Die Enzyklopädie in 24 Bänden**, Band 22, S. 251, 20. Aufl., F. A. Brockhaus – Lexika Verlag, Leipzig, Mannheim, 1999.

[23] vgl. **Brockhaus – Die Enzyklopädie in 24 Bänden**, Band 22, S. 251, 20. Aufl., F. A. Brockhaus – Lexika Verlag, Leipzig, Mannheim, 1999.

[24] vgl. **Brockhaus – Die Enzyklopädie in 24 Bänden**, Band 22, S. 251, 20. Aufl., F. A. Brockhaus – Lexika Verlag, Leipzig, Mannheim, 1999.

[25] vgl. **Brockhaus – Die Enzyklopädie in 24 Bänden**, Band 15, S. 11, 20. Aufl., F. A. Brockhaus – Lexika Verlag, Leipzig, Mannheim, 1999.

folgsorientierte strategische Handeln der Unternehmensführung im Vordergrund. Zur uneinheitlichen Begriffsverwendung trägt bei, dass als Synonym für Unternehmensführung auch der Begriff Management benutzt wird.[26]

Der Begriff **Unternehmensentwicklung** wird nun aufgrund der fehlenden eindeutigen Begriffsbestimmung auf Basis des allgemeinen Begriffes der Entwicklung definiert. Für das vorliegende Buch erscheint dieses Vorgehen zur gedanklichen Einstimmung als äußerst wertvoll. In der Psychologie bezeichnet der Begriff Entwicklung die zielgerichtete, zeitlich geordnete und in sich zusammenhängende Abfolge von Veränderungen im Verhalten des Menschen. Diese Veränderungen können in funktioneller, in organisatorischer oder in struktureller Hinsicht erfolgen. Aussagen über die steuernden und regulierenden Faktoren des Entwicklungsprozesses versuchen Entwicklungstheorien zu machen. Dabei sind zwei gegensätzliche Auffassungen zu unterscheiden: der Nativismus und der Empirismus. In ihrer extremen Ausprägung sind beide Auffassungen jedoch widerlegt. Man weiß vielmehr, dass Entwicklung immer das Ergebnis einer Wechselwirkung von Genetik und Sozialisation, von Anlage- und Umweltfaktoren sowie von Reifungs- und Lernprozessen ist.[27]

Wirtschaftswissenschaftlich bezeichnet der Begriff **Entwicklung** den Aufbau, Ausbau und Auslastung des gesamtwirtschaftlichen Produktionspotenzials zur Versorgung der Bevölkerung mit Gütern und Dienstleistungen im Rahmen einer sozialen und politischen Ordnung, die Menschenrechten und Bürgerrechten sowie anderen Grundwerten wie Freiheit, sozialer Gerechtigkeit, innerem und äußerem Frieden verpflichtet ist, in natürlicher Unabhängigkeit das kulturelle Erbe bewahrt und die natürlichen Lebensgrundlagen schützt. Der Begriff Entwicklung hat somit eine wirtschaftliche, eine soziale und eine politische Dimension und kann sowohl im Sinne eines zeitpunktbezogenen Entwicklungsstandes als auch eines zeitraumbezogenen Entwicklungsprozesses verstanden werden.[28]

Diese Begriffsdefinitionen lieferten die Grundlage für die weitere Verwendung dieser Begriffe im Verlauf der vorliegenden Arbeit und dienten der Einstimmung für die nachfolgende Untersuchung. Nun werden im Rahmen einer umfangreichen theoretischen Auseinandersetzung systematisch ausgewählte Ansätze zur Unternehmensführung und Unternehmensentwicklung dargestellt.

---

[26] vgl. **Brockhaus – Die Enzyklopädie in 24 Bänden**, Band 22, S. 630, 20. Aufl., F. A. Brockhaus – Lexika Verlag, Leipzig, Mannheim, 1999.
[27] vgl. **Brockhaus – Die Enzyklopädie in 24 Bänden**, Band 6, S. 439, 20. Aufl., F. A. Brockhaus – Lexika Verlag, Leipzig, Mannheim, 1999.
[28] vgl. **Brockhaus – Die Enzyklopädie in 24 Bänden**, Band 6, S. 439, 20. Aufl., F. A. Brockhaus – Lexika Verlag, Leipzig, Mannheim, 1999.

1.8 Begriffsabgrenzung: Betriebswirtschaftliche Nachhaltigkeit

Ausgangspunkt der Diskussion um eine „Nachhaltige Entwicklung" war die Erkenntnis der 70er- und 80er-Jahre, dass die Menschheit durch die Übernutzung der natürlichen Ressourcen ihre eigenen Lebensgrundlagen gefährdet. Bis zu diesem Zeitpunkt wiesen Politiker und Ökonomen der effizienten Nutzung der natürlichen Ressourcen eine geringe Bedeutung zu. Sie wurden als Güter betrachtet, die unendlich vorhanden sind und daher bedenkenlos genutzt werden können. Erst seit verschiedensten Veröffentlichungen und Unfällen wird in Fachkreisen die Frage diskutiert, ob das menschliche Leben und Wirtschaften zu einem Punkt steuert, an dem es Gefahr läuft, sich seiner eigenen natürlichen Grundlagen zu berauben.[29]

In allen Staaten der Erde setzte sich die Erkenntnis durch, dass eine langfristige und dauerhafte Verbesserung der Lebensverhältnisse für eine wachsende Weltbevölkerung nur möglich ist, wenn sie die Bewahrung der natürlichen Lebensgrundlagen mit einschließt.[30] Vor 23 Jahren hat dann die Weltgemeinschaft auf dem Weltgipfel für Umwelt und Entwicklung 1992 in Rio de Janeiro eine Nachhaltige Entwicklung zum neuen Leitbild der Menschheit erklärt.[31] Eine aus diesem Leitbild abzuleitende Entwicklung zu einer „Nachhaltigen Ökonomie" hat bisher noch nicht stattgefunden. Obwohl alle internationalen Organisationen und Nationalstaaten dieses neue Leitbild anerkennen, Deutschland und die EU eine Nachhaltige Entwicklung als Ziel in der Verfassung und dem Gründungsvertrag verankert haben, setzen sich die meisten Ökonomen mit den Konsequenzen, die sich hieraus ergeben, nicht auseinander. Kaum ein ökonomisches Lehrbuch wurde an die neuen Ziele angepasst, bestenfalls wird am Ende des Werkes ein Unterkapitel zusammenhanglos angefügt.[32]

Die **Nachhaltige Ökonomie (Sustainable Economics)** befindet sich also folglich in der Entstehung. Sie entwickelt sich aus der Volkswirtschaftslehre und der Sustainable Science. Die Gesellschaft für Nachhaltigkeit e.V. definiert sie als „ökonomische Theorie der Nachhaltigkeitsforschung unter Berücksichtigung der transdisziplinären Grundlagen."[33] Im Zentrum stehen hierbei die Fragen, wie sich ausreichend hohe ökonomische, ökologische und sozial-kulturelle Standards in den Grenzen der natürlichen Tragfähigkeit erreichen sowie das intra- und intergenerative Gerechtigkeitsprinzip verwirklichen lassen.[34] Nachhaltigkeit besteht also aus drei wesentlichen **Dimensionen**:

• Ökologische Nachhaltigkeit
• Ökonomische Nachhaltigkeit
• Soziale Nachhaltigkeit[35]

---

[29] vgl. **Rogall, Holger**: Nachhaltige Ökonmie, S. 41, Metropolis-Verlag, Marburg, 2012.

[30] vgl. **Rogall, Holger**: Nachhaltige Ökonomie, S. 41, Metropolis-Verlag, Marburg, 2012.

[31] vgl. **Rogall, Holger**: Nachhaltige Ökonomie, S. 19, Metropolis-Verlag, Marburg, 2012.

[32] vgl. **Rogall, Holger**: Nachhaltige Ökonomie, S. 41, Metropolis-Verlag, Marburg, 2012.

[33] vgl. **Rogall, Holger**: Nachhaltige Ökonomie, S. 124, Metropolis-Verlag, Marburg, 2012.

[34] vgl. **Rogall, Holger**: Nachhaltige Ökonomie, S. 124, Metropolis-Verlag, Marburg, 2012.

[35] vgl. **Balik, Michael; Frühwald, Christian**: Nachhaltigkeitsmanagement, S. 28, VDM Verlag Dr. Müller, Saarbrücken, 2006.

Die **ökologische Nachhaltigkeit** sichert alle Ressourcen (Land, Luft, Wasser) unseres Planeten vor der Zerstörung durch menschliche Hand.[36] Die ökologische Dimension umfasst u. a.:

- Umweltschutz im Allgemeinen,
- effiziente Energie-, Wasser- und Ressourcennutzung,
- Abfall und Emissionsvermeidung,
- Erkennen und Management des Unternehmenseinflusses auf die natürliche Umgebung und
- Transportmanagement.[37]

Die **ökonomische Nachhaltigkeit** beinhaltet die Herstellung und Verbreitung von Gütern und Dienstleistungen, um den Lebensstandard aller Menschen zu erhöhen. Unternehmen schaffen durch die Produktion von Gütern Wert, dieser muss allerdings erst durch selbiges in wirtschaftlichen Erfolg und in finanzielle Leistung transformiert werden. Diese Transformation wird durch Wettbewerb, Marktbedingungen und Stakeholder beeinflusst.[38]

Maßnahmen für die ökonomische nachhaltige Entwicklung sind u. a.:

- vorausschauendes Wirtschaften und Investieren,
- Aufbau von Wettbewerbsvorteilen,
- Steigerung des Shareholder Value,
- Schaffung von Arbeitsplätzen,
- Produktivität,
- Risiko Management,
- Umsatzwachstum und
- transparente Unternehmenskommunikation.[39]

Die **soziale Nachhaltigkeit** soll sowohl grundlegende Bedürfnisse des Menschen wie Kleidung, Nahrung und Obdach als auch hohe Lebensqualität, Ausbildung, funktionierendes Gesundheitswesen und politische Freiheit sicherstellen. In der sozialen Nachhaltigkeit aus Unternehmenssicht sind besonders zwei Konzepte, Corporate Social Responsibility und Corporate Citizenship zu nennen. Beide Konzepte befassen sich mit der Verantwortung

---

[36] vgl. **Balik, Michael; Frühwald, Christian**: Nachhaltigkeitsmanagement, S. 28, VDM Verlag Dr. Müller, Saarbrücken, 2006.

[37] vgl. **Balik, Michael; Frühwald, Christian**: Nachhaltigkeitsmanagement, S. 29, VDM Verlag Dr. Müller, Saarbrücken, 2006.

[38] vgl. **Balik, Michael; Frühwald, Christian**: Nachhaltigkeitsmanagement, S. 29, VDM Verlag Dr. Müller, Saarbrücken, 2006.

[39] vgl. **Balik, Michael; Frühwald, Christian**: Nachhaltigkeitsmanagement, S. 30, VDM Verlag Dr. Müller, Saarbrücken, 2006.

des Unternehmens im Umgang mit seinen Mitarbeitern und der Gesellschaft. Wichtig ist die Identifikation von und die Integration mit organisationellen Stakeholdern.[40] Stakeholder sind in diesem Sinne alle Gruppen oder individuelle Personen, die durch Erreichung der Unternehmensziele beeinflusst werden oder das Unternehmen dabei selbst beeinflussen können. Hierzu zählen beispielsweise Mitarbeiter/-innen, Investoren, Lieferanten und Kunden.[41] Die soziale Nachhaltigkeit besteht u. a. aus:

- geschlechtlicher Gleichberechtigung,
- Sicherstellung der Gesundheit und Sicherheit der Mitarbeiter und Gesellschaft,
- gerechter Entlohnung,
- Erkennen und Management des betrieblichen Einflusses auf die Gesellschaft,
- Förderung von Aus- und Weiterbildung,
- Einhaltung von gesetzlichen und ethischen Standards sowie
- Bekämpfung der Korruption.[42]

Zur zielgerichteten **Eingrenzung des Untersuchungsgegenstandes** im Rahmen des vorliegenden Buches wird an dieser Stelle folgendes ausdrücklich festgehalten:

- Konzentration auf die ökonomische Nachhaltigkeit und Vernachlässigung der ökologischen und sozialen Nachhaltigkeit und
- ausschließliche Betrachtung privatwirtschaftlicher Unternehmen, folglich
- die betriebswirtschaftliche Nachhaltigkeit im engeren Sinne und Vernachlässigung der volkswirtschaftlichen Nachhaltigkeit!

Die **Nachhaltige Betriebswirtschaftslehre** setzt sich zum Ziel, die betriebswirtschaftliche Forschung aus ihrer eindimensionalen finanzwirtschaftlichen Betrachtung des Unternehmens herauszuführen.[43] Nachhaltig erfolgreich zu wirtschaften, bedeutet, sich auf ändernde Umweltbedingungen einstellen zu können. Die Nachhaltige Betriebswirtschaftslehre befasst sich mit dem langfristig erfolgreichen Wirtschaften in Unternehmen unter Berücksichtigung der Wechselbeziehungen zu anderen Betrieben und den sie

---

[40] vgl. **Balik, Michael; Frühwald, Christian**: Nachhaltigkeitsmanagement, S. 30, VDM Verlag Dr. Müller, Saarbrücken, 2006.

[41] vgl. **Balik, Michael; Frühwald, Christian**: Nachhaltigkeitsmanagement, S. 10–11, VDM Verlag Dr. Müller, Saarbrücken, 2006.

[42] vgl. **Balik, Michael; Frühwald, Christian**: Nachhaltigkeitsmanagement, S. 31, VDM Verlag Dr. Müller, Saarbrücken, 2006.

[43] vgl. **Ernst, Dietmar; Sailer, Ulrich**: Nachhaltige Betriebswirtschaftslehre, S. 44, UVK Verlagsgesellschaft mbH, Konstanz, 2013.

umgebenden Wirtschaftsbereichen. Langfristiger Erfolg wird durch optimalen Einsatz aller Produktionsfaktoren erreicht.[44] Produktionsfaktoren in diesem Sinne sind:

- Leitung (Führung)
- Planung
- Organisation
- Werkstoffe
- Menschliche Arbeit
- Betriebsmittel.[45]

Wenn Nachhaltigkeit aus unternehmerischer Perspektive nicht per se als Selbstzweck,
sondern realistischerweise eher als Mittel zur Steigerung des Unternehmenserfolges zu
begreifen ist, ergibt sich hieraus die **erste Voraussetzung** für eine erfolgreiche Umsetzung:
Nachhaltigkeit muss konkrete Wettbewerbsvorteile für Unternehmen bringen. Eine **zweite
Voraussetzung** für die Umsetzung einer nachhaltigen Entwicklung in Unternehmen ist
die Verankerung des nachhaltigen Managements auf allen Ebenen des Unternehmens.
Beginnend auf der normativen Ebene muss nachhaltiges Management über die Formu-
lierung nachhaltiger Wettbewerbsstrategien bis hin zum operativen Management auf der
konkreten Umsetzungsebene in den Fachbereichen durchdringen. Als letzte und **dritte
Voraussetzung** für eine erfolgreiche Umsetzung eines nachhaltigen Managements sehen
Ernst und Sailer ein situatives Verständnis von nachhaltigem Management. Nachhaltiges
Management hat nicht für alle Unternehmen dieselbe Bedeutung. Vielmehr hängt diese
entscheidend von verschiedenen Kontextfaktoren des Unternehmens ab.[46]

Wie bereits oben erwähnt spielt neben dem situativen Verständnis von Nachhaltigkeit
für eine erfolgreiche Umsetzung von Nachhaltigkeit die Betrachtung aller relevanten
Managementebenen eines Unternehmens eine wichtige Rolle. Um zu verdeutlichen,
was hierunter verstanden wird, beziehen sich Ernst und Sailer auf das „**Integrierte
Managementkonzept nach Bleicher**", was im weiteren Verlauf der vorliegenden
Arbeit noch ausführlicher behandelt wird.[47]

Welche **Erkenntnis** kann also folglich an dieser Stelle gewonnen werden? Unternehmen
realisieren die praktische Umsetzung der betriebswirtschaftlichen Nachhaltigkeit durch
die Einführung und Anwendung von „Integrierten Managementsystemen".

---

[44] vgl. **Ernst, Dietmar; Sailer, Ulrich**: Nachhaltige Betriebswirtschaftslehre, S.46, UVK
Verlagsgesellschaft mbH, Konstanz, 2013.

[45] vgl. **Kiener, Dr. Stefan; Maier-Scheubeck, Dr. Nicolas; Obermaier, Dr. Robert; Weiß,
Dr. Manfred**: Produktionsmanagement, S.7, R. Oldenbourg Verlag, München, Wien, 2006.

[46] vgl. **Ernst, Dietmar; Sailer, Ulrich**: Nachhaltige Betriebswirtschaftslehre, S.214, UVK
Verlagsgesellschaft mbH, Konstanz, 2013.

[47] vgl. **Ernst, Dietmar; Sailer, Ulrich**: Nachhaltige Betriebswirtschaftslehre, S.218–219, UVK
Verlagsgesellschaft mbH, Konstanz, 2013.

Integrierte Managementsysteme können auf Basis jedes standardisierten Management-systems konzipiert werden. Zunächst stand in Fachkreisen zur Diskussion, ob sich eher die Struktur eines Qualitätsmanagementsystems gemäß ISO 9001 oder die eines Umweltma-nagementsystems gemäß ISO 14001 als Integrationsbasis eignet. Diese Frage ist zwischen-zeitlich wesentlich weniger relevant, da im Laufe der regelmäßigen Weiterentwicklung der Normen ihre Strukturen in der Vergangenheit immer stärker aneinander angeglichen wurden, um eine Integration zu erleichtern.[48] Die Entwicklung einer Struktur für ein inte-griertes Managementsystem zur praktischen Umsetzung der betriebswirtschaftlichen Nachhaltigkeit, ist also von besonderen wissenschaftlichem Interesse.

Die eingegrenzte **Zielsetzung** der vorliegenden Untersuchung ist also folglich die wis-senschaftlich fundierte und methodisch qualifizierte Herleitung eines Integrationsmodells für die praktische Einführung und Anwendung der betriebswirtschaftlichen Nachhaltigkeit. Dieses Integrationsmodell wird im weiteren Verlaufe der Arbeit als Transformationsmodell nachhaltiger Unternehmensführung durch Unternehmensentwicklung oder als Grundmo-dell betriebswirtschaftlicher Nachhaltigkeit bezeichnet. Im Anschluss an den Aufbau des Grundmodells wird die entwickelte Themenstruktur auf Wirkungszusammenhänge für die praktische Ausgestaltung hin untersucht und entsprechende Arbeitspakte abgeleitet.

---

[48] vgl. **Baumast, Annett; Pape, Jens**: Betriebliches Nachhaltigkeitsmanagement, S. 178, Verlag Eugen Ulmer, Stuttgart, 2013.

Theoretische Auseinandersetzung mit Unternehmensführung und Unternehmensentwicklung

2

Zusammenfassung

In diesem zweiten Kapitel werden nun die Ansätze zur Unternehmensführung und anschließend die Ansätze zur Unternehmensentwicklung objektiv und originalgetreu dargestellt. Am Ende des jeweiligen Ansatzes erfolgt eine kurze Beurteilung des entsprechenden Ansatzes im Hinblick auf die vorliegende Fragestellung. Diese Zwischenergebnisse bilden dann die Grundlage für die in Kapitel drei durchzuführende systematische Bewertung.

2.1 Theoretische Ansätze zur Unternehmensführung

Theoretische Ansätze zur Unternehmensführung sind in sehr großem Umfang vorhanden. Es erscheint daher an dieser Stelle sinnvoll, eine Auswahl der zu bearbeitenden Ansätzen zu treffen. Dies erfolgt üblicherweise auf der Basis von vorher festgelegten Kriterien. Die **Auswahl** der hier dargestellten Theorien erfolgte zum einen nach ihrer historischen Relevanz und zum anderen nach ihrer Anerkennung in der aktuellen wissenschaftlichen Diskussion.

So existieren zum einen ältere Theorieansätze, deren Grundgedanken in aktuelle Ansätze eingeflossen sind und es existieren aktuelle Ansätze, auf die sich verschiedenste Autoren und Wissenschaftler grundsätzlicher Art beziehen. Da im Rahmen dieser Arbeit sowohl die wissenschaftstheoretische als auch die praxisorientierte Perspektive eingenommen wird, ist es naheliegend bei der Auswahl von theoretischen Ansätzen zur Unternehmensführung zum einen auf wissenschaftstheoretische Ansätze und zum anderen auf praxisorientierte Ansätze einzugehen. Aus methodischen Gründen wurde zusätzlich auch in dieser Arbeit das wissenschaftliche Mittel der Komplexitätsreduktion angewandt und sich auf maximal 10 Ansätze beschränkt. Die fünf Auswahlkriterien im Überblick:

© Springer Fachmedien Wiesbaden 2016

M.C. Kemnitz, *Transformationsmodell nachhaltiger Unternehmensführung durch Unternehmensentwicklung*, DOI 10.1007/978-3-658-13867-7_2

- historisch relevante Ansätze
- aktuell anerkannte Ansätze
- wissenstheoretische Ansätze
- praxisorientierte Ansätze
- maximal 10 Ansätze

Auf Grundlage dieser fünf Auswahlkriterien wurden die in dieser Arbeit dargestellten theoretischen Ansätze zur Unternehmensführung systematisch ausgewählt. Zunächst wird in diesem Kapitel jedoch ein historischer Rahmen aufgespannt, da die Theorie der Unternehmensführung eine äußerst interessante geschichtliche Entwicklung hinter sich hat.

2.1.1 Historie der Unternehmensführung

Wenn man sich den äußerst interessanten Fragen nähert, wann das, was wir heute Unternehmensführung oder Management nennen, entstanden ist, wo es seinen Ursprung hat, welche Auffassungen es gab und wie es sich entwickelt hat, stößt man in der gängigen wissenschaftlichen Literatur meist auf ähnliche oder vergleichbare Strukturierungsversuche. Dennoch ist die komplexe Entwicklung der wissenschaftlichen Managementtheorie nicht ohne weiteres exakt nachzuvollziehen.[1]

Ein Strukturierungsversuch der theoretischen Entwicklung sowie der praktischen Unternehmensführung basiert auf den Arbeiten von **William Richard Scott**, welcher die Managementtheorien in vier Hauptperioden unterteilt.[2] Dieser Analyseansatz erscheint im Rahmen dieser Arbeit und an dieser Stelle sinnvoll, weil er von verschiedensten Autoren wissenschaftlicher Literatur verwendet wird und weil er eine sehr übersichtliche Darstellung der Entwicklungen in der Managementtheorien liefert. Nach Auffassung von Scott vollzog sich die Entwicklung der Managementtheorie vom rationalen Handeln hin zum sozialen Handeln und vom geschlossen zum offenen System. Daraus ergibt sich folgende jahreszahlbezogene Periodenabgrenzung:

Periode 1: Rationales Handeln im geschlossenen System, von 1900 bis 1930
Periode 2: Soziales Handeln im geschlossenen System, von 1930 bis 1960
Periode 3: Rationales Handeln im offenen System, von 1960 bis 1970
Periode 4: Soziales Handeln im offenen System, ab 1970[3]

Diese vier Perioden werden nun charakterisiert.

---

[1] vgl. **Braunschweig, Dr. Christoph**: Grundlagen der Managementlehre, S. 16; Oldenbourg Wissenschaftsverlag, München, Wien, 2001.

[2] vgl. **Braunschweig, Dr. Christoph**: Grundlagen der Managementlehre, S. 16, Oldenbourg Wissenschaftsverlag, München, Wien, 2001.

[3] vgl. **Braunschweig, Dr. Christoph**: Grundlagen der Managementlehre, S. 17, Oldenbourg Wissenschaftsverlag, München, Wien, 2001.

Die **erste Periode** unter rationalem Handeln im geschlossenen System wurde geprägt von Max Weber und Frederik Taylor. Hauptthese des Bürokratiemodells nach dem Soziologen Max Weber war die Erklärung der Bürokratie als die effizienteste aller menschlichen Organisationsformen. Dies sei die reinste Form legaler Herrschaft. Diese Herrschaft auf Basis einer bürokratischen Ordnung bestand im kontinuierlichen und regelgebundenen Betrieb von Amtsgeschäften durch Beamte mit exakt abgegrenzten Aufgabenbereichen, Befehlsgewalten und Sanktionsmitteln. Charakterisiert wurde diese rationale Herrschaft einer bürokratischen Verwaltung von Weber durch Arbeitsteilung, Amtshierarchie, Amtsführung durch Regeln und Normen, sowie die Aktenmäßigkeit der Verwaltung.[4] Im gleichen Zeitraum wendete Frederik Taylor die von Adam Smith und Karl Marx beschriebene Arbeitsteilung für seine wissenschaftliche Analyse von Arbeitsprozessen und deren Zerlegung in möglichst kleine Aufgabenelemente an. Seine Theorien zur Zeit- und Bewegungsstudie ergänzten die Arbeiten von Weber. Beide gemeinsam schufen eine Theorie, welche darauf basiert, dass wenn eine endliche Anzahl von Regeln und Techniken erlernt und beherrscht würde, also Regeln über die Aufgliederung von Arbeitsvorgängen, sowie über die größte zulässige Kontrollspanne über die Einheit von Kompetenz und Verantwortung existierten, dass dann die wesentlichen Probleme der Führung größerer Menschengruppen gelöst wären. Den Beginn der wissenschaftlichen Managementforschung setzte er mit seinen Werken „Shop Management" und „Principles of Scientific Management".[5]

Die **zweite Periode** unter sozialem Handeln im geschlossenen System präsentiert sich durch die Theorien von Elton Mayo, Douglas McGregor, Chester Barnard sowie Philip Selznik. Langjährige empirische Forschungsarbeiten des Harvard-Psychologen Mayo im Hawthorne Werk der Electric Company führten zu einer Wende in der Managementforschung. Die Human-Relations-Bewegung wurde dadurch eingeleitet. Analog zu den Feldversuchen von Taylor führte Mayo verschiedenste Untersuchungen durch. Er untersuchte beispielsweise die Auswirkungen der Arbeitsbedingungen wie Pausenregelung, Arbeitsräume, Licht- und Luftverhältnisse und Farbgestaltung auf die Arbeitsproduktivität, also die Leistung von Arbeiterinnen. Eines seiner ersten Ergebnisse war, dass effiziente Organisation und Führung ohne Beachtung der sogenannten sozialen Dimension informaler Phänomene nicht zu erzielen sei.[6] Ein weiteres Ergebnis einer seiner Untersuchungen war, dass wenn man Menschen wohlwollende Beachtung widmet, dies einen erheblichen Einfluss auf die Produktivität ausübt. Diese Wechselwirkungen werden auch als Hawthorne-Effekt bezeichnet.[7] Im gleichen Zeitraum wurde eine der für die Entwicklung

---

[4] vgl. **Braunschweig, Dr. Christoph**: Grundlagen der Managementlehre, S. 19, Oldenbourg Wissenschaftsverlag, München, Wien, 2001.

[5] vgl. **Braunschweig, Dr. Christoph**: Grundlagen der Managementlehre, S. 20, Oldenbourg Wissenschaftsverlag, München, Wien, 2001.

[6] vgl. **Braunschweig, Dr. Christoph**: Grundlagen der Managementlehre, S. 21, Oldenbourg Wissenschaftsverlag, München, Wien, 2001.

[7] vgl. **Braunschweig, Dr. Christoph**: Grundlagen der Managementlehre, S. 21, Oldenbourg Wissenschaftsverlag, München, Wien, 2001.

der Managementtheorie entscheidendsten Theorien von Douglas McGregor begründet. Er untersuchte das Leistungsverhalten von Mitarbeitern und konzipierte zu diesem Zweck eine Theorie X und eine Theorie Y. Die Theorie X geht davon aus, dass Mitarbeiter unmotiviert und träge sind, was für ihre Führung zur Konsequenz hat, dass sie durch das Management angetrieben und kontrolliert werden müssen. Dem gegenüber geht die Theorie Y davon aus, dass die Mitarbeiter motiviert und kreativ sind, dass das Management ihnen Verantwortung übertragen sollte. McGregor versuchte mit seinem Ansatz die These zu begründen, dass die menschliche Seite des Unternehmens nicht teilbar ist – dass die theoretischen Vorstellungen, von denen das Management bei der Steuerung seiner menschlichen Ressourcen ausgeht, das gesamte Wesen des Unternehmens bestimmt.[8]

Ein weiterer Vertreter der Managementtheorie dieser Periode ist Chester Barnard, der eine umfassende Theorie kooperativen Verhaltens in formalen Organisationen zu konzipieren versuchte. Auf der Grundlage seiner Theorie ergibt sich Kooperation aus dem Bedürfnis des Einzelnen, Aufgaben zu bewältigen, denen er allein biologisch nicht gewachsen ist. Bei der Entwicklung einer Theorie zur Mobilisierung des Leistungswillens der Mitarbeiter gemeinsam mit Mayo und McGregor hatte Barnard herausgestellt, dass es die wichtigste Aufgabe der Führungskraft sei, Engagement bei den Mitarbeitern zu wecken und gleichzeitig die informellen Organisationen erfolgreich zu steuern und zu fördern, wobei gleichzeitig sicherzustellen sei, dass die wirtschaftlichen Ziele des Unternehmens realisiert werden. Die „Gemeinsamkeit der Handlungen" beschreibt seine Auffassung genauer.[9] Die Ausführungen von Philip Selznik gingen in etwa die gleiche Richtung. Er prägte den Begriff der „distinctive competence", der herausragenden Fähigkeiten, in welchen ein bestimmtes Unternehmen einzigartig gut ist und die meisten anderen einzigartig schlecht, und den Begriff des „organizational character", dem vorgegangenen Begriff der Unternehmenskultur, in Beschreibung des Wesens einer Organisation, als dem Geist, den Fähigkeiten sowie dem Wertsystem und allem, was zum Erfolg der Führung beiträgt. Für ein professionelles Management sind dieser Fähigkeiten seiner Auffassung nach von grundlegender Bedeutung.[10]

Die **dritte Periode** unter rationalem Handeln im offenen System war gekennzeichnet durch einen Rückfall zu einem mechanistischen Bild menschlichen Verhaltens und einem wissenschaftlichen Fortschritt, der Betrachtung der Unternehmung als wettbewerblichen Teilnehmer am Markt. In dieser Zeit wurde erkannt, dass das Geschehen im Unternehmen auch durch äußere, unternehmensexterne Determinanten, von äußerer Kraft wie beispielsweise dem Wettbewerbsgeschehen, geknüpft und geformt wird. Alfred D. Chandler beobachtete in Großunternehmen, dass die Organisationsstrukturen der betrachteten Unternehmen bestimmt werden

---

[8] vgl. **Braunschweig, Dr. Christoph**: Grundlagen der Managementlehre, S. 22, Oldenbourg Wissenschaftsverlag, München, Wien, 2001.

[9] vgl. **Braunschweig, Dr. Christoph**: Grundlagen der Managementlehre, S. 25, Oldenbourg Wissenschaftsverlag, München, Wien, 2001.

[10] vgl. **Braunschweig, Dr. Christoph**: Grundlagen der Managementlehre, S. 27, Oldenbourg Wissenschaftsverlag, München, Wien, 2001.

durch die wechselnden Zwänge und Erfordernisse des Marktgeschehens. Er kommt nach seiner Intensivstudie an US-Unternehmungen zum Ergebnis, dass unterschiedliche Organisationsstrukturen das Ergebnis unterschiedlicher Wachstumsstrategien sind und dass damit die Struktur der Strategie folgt. Zusammengefasst hat Chandler seine Ergebnisse und Theorien in dem von ihm entwickelten Strukturansatz.[11] In der gleichen Periode modifizierten Paul Lawrence und Jay Lorsch die Erkenntnisse von Chandler. Ihr situativer Forschungsansatz sollte die richtigen Erkenntnisse des bis zu diesem Zeitpunkt entwickelten Managementwissens für konkrete Gestaltungsempfehlungen zugänglich machen. Sie versuchten zu erklären, wie sich Organisationen in bestimmten Situationen oder sich ändernden Bedingungen verändern und haben daraus ableitend Empfehlungen für die Organisationen und das Management gegeben.[12] Lawrence und Lorsch konnten nach verschiedenen Untersuchungen feststellen, dass die marktführenden Unternehmen mit einer einfachen funktionalen Organisationsform und mit einfachen Kontrollsystemen erfolgreich waren, während die Marktführer der Wachstumsbranche eine stärker dezentrierte Struktur, sowie komplexere Systeme, als ihre weniger erfolgreichen Konkurrenten hatten.[13]

Die **vierte Periode** unter sozialem Handeln im offenen System brachte eine Managementtheorie hervor, die strikt vom gradlinigen, rationalen Handeln abwich. Im Mittelpunkt der Analyse steht das menschliche Verhalten, unter Berücksichtigung der Stärken und Schwächen des Menschen, seiner Grenzen und seiner Verhaltensweise. Während Lawrence und Lorsch vermuteten, dass je besser die Übereinstimmung zwischen Subsystem und Umwelt ist, desto effizienter die Gesamtorganisation sei, so stellte Karl E. Weick dagegen die Hypothese auf, das Organisationen mit ihrer Umwelt in sozialen Verbindungen stehen. Differenzierte Strukturen seien demnach nicht die Folge, sondern die Ursache für die differenziert wahrgenommene Umwelt. Weick sieht die Lebenswelt der Mitarbeiter als eine gestaltete Umwelt, die Organisationsmitglieder gestalten und produzieren ihre Umwelt selbst und setzen Dinge in die Welt, welche sie selbst wahrnehmen können. Die Unternehmenskultur manifestiert sich dann idealtypisch durch Symbole, Mythen, Rituale und Metaphern und die Organisationskultur bekommt eine ideologische Funktion.[14] Seine Forderung nach neuen Metaphern; er behauptete, dass die üblichen militärischen Analogien die Fähigkeit über Fragen der Unternehmensführung vernünftig nachdenken zu können, blockieren; war Auslöser für einen deutlichen Wandel in der Managementforschung. Er empfiehlt relativ kleine autonome Arbeitsgruppen, Qualitätszirkel oder Divisions als kleine Einheiten, fest gekoppelt in Form stabiler Kollektive zu konzipieren, in welchen kurze und häufige Interaktionen stattfinden. Sie sollten relativ locker im Sinne der losen Koppelung

---

[11] vgl. **Braunschweig, Dr. Christoph**: Grundlagen der Managementlehre, S. 28, Oldenbourg Wissenschaftsverlag, München, Wien, 2001.

[12] vgl. **Braunschweig, Dr. Christoph**: Grundlagen der Managementlehre, S. 29, Oldenbourg Wissenschaftsverlag, München, Wien, 2001.

[13] vgl. **Braunschweig, Dr. Christoph**: Grundlagen der Managementlehre, S. 33, Oldenbourg Wissenschaftsverlag, München, Wien, 2001.

[14] vgl. **Braunschweig, Dr. Christoph**: Grundlagen der Managementlehre, S. 34, Oldenbourg Wissenschaftsverlag, München, Wien, 2001.

mit anderen organisatorischen Einheiten verbunden sein. Die Vorteile dieser losen Koppelung sind eine Verbesserung der lokalen Anpassung von Subsystemen an typische
Umweltkonstellationen.[15]

Soweit die historische Entwicklung der Unternehmensführung auf Basis der Periodenabgrenzung nach William Richard Scott.

2.1.2   Ansatz zur Unternehmensführung nach Gutenberg

Nach Auffassung von **Dr. Erich Gutenberg** kann es keine wissenschaftliche Lehre von
der Unternehmensführung geben. Er führt in seinem 1962 erschienen Werk Unternehmensführung aus: „Von verantwortlicher Stelle aus weitgehende und richtige Entscheidungen für das Unternehmen zu treffen – diese Kunst ist im Grunde weder lehr- noch
lernbar. Es gibt jedoch eine große Anzahl von Fragen der Unternehmführung, die einer
wissenschaftlichen Behandlung zugänglich sind."[16] Mit dem Begriff Management lassen
sich viele verschiedenartige Vorstellungen verbinden und subjektiven Ausdeutungen steht
der Raum offen. Sieht man also von Management als sozialem und psychologischem
Phänomen ab und begrenzt die Analyse auf den betriebswirtschaftlichen Raum, dann zeigt
sich bald, dass unter Management sowohl eine **Institution** als auch eine **Funktion** verstanden werden kann.[17]

Folgt man dem **institutionellen** Begriff, dann ist Management eine Gruppe von Per-
sonen, die das Recht besitzen, anderen Personen Weisungen zu geben, denen diese
Personen im Rahmen der Gesetze zu folgen verpflichtet sind. In diesem Sinne findet
Management in dem hierarchischen System seinen Ausdruck, das die Vorgänge in einem Unternehmen steuert. Das bedeutet, dass jede mit Weisungsbefugnis ausgestattete
Person in einem Unternehmen am Management teilhat, also nicht nur die Mitglieder der
Unternehmensleitung, sondern auch die mit Anordnungsbefugnis ausgestatteten Personen auf den mittleren und unteren Ebenen der betrieblichen Hierarchie, und zwar immer
nur dann und so lange, als sie eine dispositive Tätigkeit ausüben.[18]

H. G. Hodges liefert zur Abgrenzung einen sehr stark **funktionellen** Aspekt dieser
beiden Begriffe. Er bezeichnet diejenigen Personen als Management, welche die Richtlinien der Unternehmenspolitik vollziehen, also die executive officers. In diesem Sinne
wird Management rein funktionell als Exekutive bestimmt und Gutenberg bezieht sich

---

[15] vgl. **Braunschweig, Dr. Christoph**: Grundlagen der Managementlehre, S. 35, Oldenbourg
Wissenschaftsverlag, München, Wien, 2001.

[16] vgl. **Gutenberg, Dr. Erich**: Unternehmensführung, S. 5, Betriebswirtschaftlicher Verlag Dr. Th.
Gabler, Wiesbaden, 1962.

[17] vgl. **Gutenberg, Dr. Erich**: Unternehmensführung, S. 20, Betriebswirtschaftlicher Verlag Dr. Th.
Gabler, Wiesbaden, 1962.

[18] vgl. **Gutenberg, Dr. Erich**: Unternehmensführung, S. 20, Betriebswirtschaftlicher Verlag Dr. Th.
Gabler, Wiesbaden, 1962.

in seinem Werk auf diese Begriffsabgrenzung.[19] Diese Ausführungstätigkeit wird durch Führungsentscheidungen in der Unternehmung konkretisiert. Nach Gutenberg sind **Führungsentscheidungen** diejenigen Entscheidungen, die von den Führungsorganen der Unternehmen getroffen werden, bei Einzelfirmen und Personengesellschaften von den Geschäftsinhabern, bei Kapitalgesellschaften von der Geschäftsführung oder dem Vorstand. Gesetzliche Vorschriften, vertragliche Abmachungen oder Geschäftsordnungen legen hierbei die Pflichten und Befugnisse dieser Führungsorgane fest.[20] Gutenberg formuliert im Katalog echter Führungsentscheidungen folgende Maßnahmen:

- Festlegung der Unternehmenspolitik auf weite Sicht
- Koordinierung der großen betrieblichen Teilbereiche
- Beseitigung von Störungen im laufenden Betriebsprozess
- Geschäftliche Maßnahmen von außergewöhnlicher betrieblicher Bedeutsamkeit
- Besetzung der Führungsstellen im Unternehmen.[21]

Neben diesen allgemeinen Arten von Führungsentscheidungen fallen in Unternehmen eine unübersehbare Fülle technischer, kommerzieller, finanzieller, akquisitorischer, gestaltender, informierender und kontrollierender Aufgaben an. Als eine besondere Art der Aufgabe hebt sich jedoch die **organisatorische Aufgabe** heraus. Sie ist dadurch gekennzeichnet, dass sie die vielen heterogenen Aufgaben, die in einem Unternehmen verrichtet werden müssen, miteinander verknüpft und zu einer funktionsfähigen Einheit zusammenbindet. Damit ist Organisation die Voraussetzung für die Erfüllung von Sachaufgaben und stellt ein System von Regeln und Regelungen dar, das diesen Aufgaben erst zu ihrer Erfüllung verhilft.[22]

Dieses System von Regeln und Regelungen kann jedoch nur dann funktionieren, wenn die Aufgaben, Zuständigkeiten und Kompetenzen geregelt wurden. In der Zuständigkeitsordnung werden die für ein Unternehmen charakteristischen Zuständigkeitsbereiche festgelegt. Diese Zuständigkeitsordnung wird auch als Kompetenzensystem, Weisungssystem oder Instanzensystem bezeichnet. Nach welchen Prinzipien können nun die Zuständigkeiten geordnet und zu funktionsfähigen Lenkungs- und Steuerungssystem des Unternehmensganzen zusammengeführt werden? **Hierarchische Zuständigkeitssysteme** sind solche Kompetenzsysteme, die nach dem Grundsatz der Einheit in der Auftragserteilung organisiert

---

[19] vgl. **Gutenberg, Dr. Erich**: Unternehmensführung, S. 22–23, Betriebswirtschaftlicher Verlag Dr. Th. Gabler, Wiesbaden, 1962.

[20] vgl. **Gutenberg, Dr. Erich**: Unternehmensführung, S. 59, Betriebswirtschaftlicher Verlag Dr. Th. Gabler, Wiesbaden, 1962.

[21] vgl. **Gutenberg, Dr. Erich**: Unternehmensführung, S. 61, Betriebswirtschaftlicher Verlag Dr. Th. Gabler, Wiesbaden, 1962.

[22] vgl. **Gutenberg, Dr. Erich**: Unternehmensführung, S. 101, Betriebswirtschaftlicher Verlag Dr. Th. Gabler, Wiesbaden, 1962.

sind.[23] Demgegenüber steht der Grundsatz des direkten Weges von F. W. Taylor, der das **funktionale Zuständigkeitssystem** begründete, dessen Instanzenaufbau sich von dem eines Liniensystems fundamental unterscheidet. Taylor übertrug das Prinzip der Arbeitsteilung auf das Gebiet der dispositiven Tätigkeiten und brachte beispielsweise den Funktionsmeister hervor. Vielfältige Probleme haben jedoch dafür gesorgt, dass dieses System sich in der Praxis nicht durchgesetzt hat.[24]

Aus diesen beiden Zuständigkeitssystemen sind weitere Systeme hervorgegangen, auf die jedoch an dieser Stelle aus methodischen Gründen nicht eingegangen wird. Weiter hat Gutenberg in seinem Werk Unternehmensführung die Formen der kooperativen Zusammenarbeit, das Informationssystem, das Substitutionsgesetzt der Organisation, informelle Organisationsstrukturen und Entscheidungen in den mittleren und unteren Führungseinheiten bearbeitet.[25]

Nach der sorgfältigen Betrachtung des Ansatzes zur Unternehmensführung von **Dr. Erich Gutenberg** von 1962 ist es interessant zu sehen, dass seine Arbeit sehr stark von dem institutionellen Begriff des Managements geprägt zu sein scheint. Die funktionelle Erklärung zu dem was Management ist, beschränkt sich auf das Thema Entscheidung und Aufgabe. Dies änderte sich im Laufe der Zeit. Wie wir im weiteren Verlauf dieser Arbeit sehen werden, legte diese Auffassung jedoch den Grundstein für die aktuelle Managementlehre.

2.1.3 Ansatz zur Unternehmensführung nach Staehle

Die Auffassung von **Dr. Wolfgang H. Staehle** über Unternehmensführung und Management stützt sich zunächst auf die anglo-amerikanische Literatur. Hier werden zwei Bedeutungsvarianten verwendet.

- Management im **funktionalen** Sinn, das heißt Beschreibung der Prozesse und Funktionen, die in arbeitsteiligen Organisationen notwendig werden, wie Planung, Organisation, Führung, Kontrolle (managerial functions approach)
- Management im **institutionalen** Sinn, das heißt Beschreibung der Personen und Personengruppen, die Managementaufgaben wahrnehmen, ihrer Tätigkeit und Rollen (managerial roles approach)[26]

---

[23] vgl. **Gutenberg, Dr. Erich**: Unternehmensführung, S. 118, Betriebswirtschaftlicher Verlag Dr. Th. Gabler, Wiesbaden, 1962.

[24] vgl. **Gutenberg, Dr. Erich**: Unternehmensführung, S. 120–121, Betriebswirtschaftlicher Verlag Dr. Th. Gabler, Wiesbaden, 1962.

[25] vgl. **Gutenberg, Dr. Erich**: Unternehmensführung, S. 8, Betriebswirtschaftlicher Verlag Dr. Th. Gabler, Wiesbaden, 1962.

[26] vgl. **Staehle, Dr. Wolfgang H.**: Management, S. 71, 8. Aufl., Verlag Vahlen, München, 1999.

Diese grundsätzliche Zweiteilung des Managementbegriffs ist nicht unbekannt. Wie aus dem Abschn. 2.1.2 hervorgeht, vertrat bereits Gutenberg diese Auffassung. Beide Wissenschaftler stützen sich somit interessanterweise auf die anglo-amerikanische Anwendung des Begriffs Management und Unternehmensführung. Unter **Funktion** versteht Staehle eine zweckdienliche Leistung, die zur Erhaltung eines Systems, hier der Unternehmung, zwingend notwendig ist. Die Funktionserfüllung erfordert die Ausübung konkreter Aufgaben, die bestimmten hierfür qualifizierten Personen zugewiesen werden. Diese Aufgaben werden zum einen in außergewöhnliche oder sporadische Aufgaben und zum anderen in laufende Aufgaben unterteilt. Die sporadischen Aufgaben sind Strukturentscheidungen wie beispielsweise Gründung, Standortwahl, Fusion oder Liquidation. Die laufenden Aufgaben sind demgegenüber Koordinationsaufgaben wie beispielsweise Motivation, Führung und Kontrolle. Staehle ist weiter der Auffassung, dass für eine möglichst reibungslose Erfüllung der sporadischen und laufenden Managementaufgaben flankierende Maßnahmen zur Herrschaftssicherung ergriffen werden müssen.[27] Zum einen richteten sich diese Aufgaben nach außen auf die Umwelt des Unternehmens, in der Form von Autonomiestrategien, und zum anderen nach innen als Einbindungsstrategie.[28]

Die sporadischen Managementaufgaben betreffen primär die Wirkungsbeziehung zwischen Umwelt und Unternehmung. Alle Unternehmensaktivitäten, die mit den Anforderungen der Umwelt abgestimmt werden müssen, sind Gegenstand des strategischen Managements. Die laufenden Managementaufgaben betreffen dagegen eher die Wirkungsbeziehungen zwischen Unternehmung, Hauptabteilungen, Geschäftsbereichen und Arbeitsgruppen. Diese Unternehmensaktivitäten, die innerhalb der einzelnen Abteilungen und Arbeitsgruppen notwendig werden, sind Gegenstand des operativen Managements.[29]

Nach Staehle sind **Hauptaufgaben des strategischen Managements**,

- die sich in der Umwelt der Unternehmung abzeichnenden Chancen und Risiken frühzeitig zu identifizieren und mit Hilfe strategischer Planung mit den Stärken und Schwächen der eigenen Unternehmung in Einklang zu bringen,
- den Zugang zu allen für eine effiziente Leistungserstellung und Leistungsverwertung notwendigen Ressourcen zu sichern und
- die Ressourcen der Unternehmung als strategische Erfolgspotenziale zu identifizieren und zu nutzen.

---

[27] vgl. **Staehle, Dr. Wolfgang H.**: Funktionen des Managements, S. 66, 3. Aufl., Verlag Paul Haupt, Bern, Stuttgart, 1992.

[28] vgl. **Staehle, Dr. Wolfgang H.**: Funktionen des Managements, S. 66, 3. Aufl., Verlag Paul Haupt, Bern, Stuttgart, 1992.

[29] vgl. **Staehle, Dr. Wolfgang H.**: Funktionen des Managements, S. 68, 3. Aufl., Verlag Paul Haupt, Bern, Stuttgart, 1992.

Nach Staehle sind **Hauptaufgaben des operativen Management**

- Output-Management, wie beispielsweise Absatzmanagement,
- Transformationsmanagement, wie beispielsweise Produktionsmanagement und
- Input-Management, wie beispielsweise Einkaufsmanagement.[30]

Das Controlling leistet in diesem Zusammenhang die formale Überwachung und die quantitative Abbildung der hierzu notwendigen informationellen Transformation.[31] Staehle zählt zum Management als **Institution** Unternehmer, Manager, leitende und sonstige Angestellte insoweit, als sie Management-Aufgaben im Sinne obiger Definition ausüben.[32] Der Kapitalist steht, in der klassischen Nationalökonomie als Eigentümer der Produktionsmittel, der nur an der Verzinsung seines eingesetzten Kapitals interessiert ist, und die kapitalistische Produktionswirtschaft als Mittel zur Mehrwertaneignung, im Mittelpunkt der Analyse. Bis zur Jahrhundertwende ist, mit wenigen Ausnahmen, vom dem Unternehmer kaum die Rede. Erst Karl Marx und Joseph A. Schumpeter haben drauf hingewiesen, dass neben der reinen Eigentümerfunktion des Kapitalisten eine Unternehmerfunktion zu unterscheiden ist. Der Eigentümer-Kapitalist stellt lediglich das zur Produktion notwendige Kapital zur Verfügung, während der fungierende Kapitalist zusätzlich Funktionen der Direktion, Leitung und Überwachung ausübt. Später hat der Unternehmer diese Funktion an einen besonderen Typ von Lohnarbeiter abgetreten, den Manager.[33]

Die heutige Situation, wo die Trennung von Management und Eigentum in fast allen mittleren und großen Unternehmungen anzutreffen ist, hat den Manager als Vertreter einer neuen Berufsgruppe, eines neuen sozialen Standes, hervorgebracht.[34] Heute denkt man, abgesehen vom Top-Management, wenn in Deutschland vom Manager geredet wird, jedoch vor allem an den leitenden Angestellten. Dabei bildet der leitende Angestellte in der hierarchischen Struktur der Unternehmung das Bindeglied zwischen dem obersten Führungsorgan, wie beispielsweise dem Vorstand oder der Geschäftsführung, und den sonstigen Mitarbeitern, Arbeitern und Angestellten. Dieser Zwitterstellung zwischen zwei Fronten, den Kapitaleigner auf der einen und der Belegschaft auf der anderen Seite, kommt gerade dann besondere Bedeutung zu, wenn man die gesetzliche Zweiteilung zwischen Arbeitgeber und Arbeitnehmer betrachtet.[35] Zusätzlich wird die Zuordnung des leitenden Angestellten dadurch

---

[30] vgl. **Staehle, Dr. Wolfgang H.**: Funktionen des Managements, S. 68, 3. Aufl., Verlag Paul Haupt, Bern, Stuttgart, 1992.

[31] vgl. **Staehle, Dr. Wolfgang H.**: Funktionen des Managements, S. 68, 3. Aufl., Verlag Paul Haupt, Bern, Stuttgart, 1992.

[32] vgl. **Staehle, Dr. Wolfgang H.**: Funktionen des Managements, S. 67, 3. Aufl., Verlag Paul Haupt, Bern, Stuttgart, 1992.

[33] vgl. **Staehle, Dr. Wolfgang H.**: Funktionen des Managements, S. 77–78, 3. Aufl., Verlag Paul Haupt, Bern, Stuttgart, 1992.

[34] vgl. **Staehle, Dr. Wolfgang H.**: Funktionen des Managements, S. 80, 3. Aufl., Verlag Paul Haupt, Bern, Stuttgart, 1992.

[35] vgl. **Staehle, Dr. Wolfgang H.**: Funktionen des Managements, S. 80–81, 3. Aufl., Verlag Paul Haupt, Bern, Stuttgart, 1992.

erschwert, dass die übliche skalare Differenzierung von Führungskräften in Top-Management, Middle-Management und Lower-Management heute immer mehr durch eine funktionale Differenzierung ergänzt wird. Beispielsweise werden Führungsaufgaben wie Planen, Organisieren, Entscheiden und Kontrollieren von sehr vielen Mitarbeitern wahrgenommen, allerdings in unterschiedlichem Ausmaß.[36]

Eine weitere Perspektive des Managements liefert Staehle mit den Begriffen verfahrensorientiertes und verhaltensorientiertes Management. Als verfahrensorientiertes Management bezeichnet er alle formal-bürokratischen und sachbezogenen Konzepte und als verhaltensorientiertes Management bezeichnet er alle sozialpsychologischen und personenbezogenen Maßnahmen.[37] Das **verfahrensorientierte Management**, auch als verfahrensorientierte Koordination bezeichnet, beinhaltet die Programmierung und die Planung. In Falle von einfachen, immer wiederkehrenden Aufgabenstellungen, bieten sich generelle Handlungsvorschriften in Form von Entscheidungsregeln und Entscheidungsprogrammen, die **Programmierung**, an. Allerdings setzt deren Anwendung eine Standardisierung, Formalisierung und Typisierung von Entscheidungsproblemen und Koordinationsproblemen voraus, sodass Handlungsanweisungen nach dem Wenn-Dann-Schema möglich werden. Diese Form von Programmen nennt man Konditionalprogramme. Ein Programm in diesem Sprachgebrauch ist also eine detaillierte Vorschrift, welche die Reihenfolge der Schritte festlegt, mit denen ein System auf eine komplexe Aufgabe zu reagieren hat.[38] Im Gegensatz zu Programmen, die drauf angelegt sind personales sowie organisatorisches Verhalten auf längere Zeit festzulegen, sind Pläne als Koordinationsmechanismen etwas flexibler, da sie nur für einen bestimmten Zeitraum gelten und mehr Richtliniencharakter haben. Gegenstand der **Planung** sind einmal der Planungsinhalt einschließlich der Ziele und zum anderen plankonformes Handeln.[39] Zu den verfahrensorientierten Konzepten der Koordination lässt sich zusätzlich sagen, dass sie Tendenzen zur Bürokratisierung aufweisen, was sie unflexibel und kaum anpassungsfähig gegenüber Veränderungen in der Umwelt von Organisationen macht und dem Mitarbeiter kaum Gelegenheit zur Persönlichkeitsentfaltung und Persönlichkeitsentwicklung geben.[40]

Das **verhaltensorientierte Management**, auch als verhaltensorientierte Koordination bezeichnet, beinhaltet die Motivation und die Führung. Staehle versteht unter **Motivation** alle Maßnahmen zur Aktivierung von Motiven zu organisationsdienlichen Verhaltensweisen. Die Ansichten und das Wissen der Manager über Motivation können bis in die

---

[36] vgl. **Staehle, Dr. Wolfgang H.**: Funktionen des Managements, S. 81, 3. Aufl., Verlag Paul Haupt, Bern, Stuttgart, 1992.

[37] vgl. **Staehle, Dr. Wolfgang H.**: Funktionen des Managements, S. 66, 3. Aufl., Verlag Paul Haupt, Bern, Stuttgart, 1992.

[38] vgl. **Staehle, Dr. Wolfgang H.**: Funktionen des Managements, S. 117, 3. Aufl., Verlag Paul Haupt, Bern, Stuttgart, 1992.

[39] vgl. **Staehle, Dr. Wolfgang H.**: Funktionen des Managements, S. 119, 3. Aufl., Verlag Paul Haupt, Bern, Stuttgart, 1992.

[40] vgl. **Staehle, Dr. Wolfgang H.**: Funktionen des Managements, S. 120, 3. Aufl., Verlag Paul Haupt, Bern, Stuttgart, 1992.

vierziger Jahre als äußerst einfach und undifferenziert bezeichnet werden. Die klassische Annahme war, dass Mitarbeiter primär durch ökonomische Anreize motiviert werden und in zweiter Linie durch einen sicheren Arbeitsplatz und gute Arbeitsbedingungen.[41]

In den siebziger Jahren wurde schließlich nach zahlreichen Studien unter den Bezeichnungen Humanisierung der Arbeit und Qualität des Arbeitslebens im Bereich der Wirtschafts-, Sozial- und Arbeitswissenschaften verstärkt Untersuchungen über implizite und explizite Unzufriedenheitsäußerungen von Arbeitskräften durchgeführt. Implizite Unzufriedenheitsäußerungen sind in diesem Zusammenhang Fluktuation, Abwesenheit, Ausschuss und Dienst nach Vorschrift während mit expliziten Unzufriedenheitsäußerungen artikulierter Unmut und spontane Arbeitsniederlegung gemeint sind. Aus Sicht des Managements ist die Tatsache, dass Humanisierungsstrategien die Zusammenhänge zwischen Arbeitsorganisation, Tätigkeit und Qualifikation mehr in den Vordergrund gestellt haben und dass Möglichkeiten entwickelt wurden, das vorhandene Wissen und die Fertigkeiten der Arbeitnehmer unter Berücksichtigung der motivationalen Konsequenzen effizienter zu nutzen, positiv zu bewerten.[42]

Unter dem Begriff **Führung** als Managementaufgabe versteht Staehle die Beeinflussung der Einstellungen und des Verhaltens von Einzelpersonen sowie der Interaktionen in und zwischen Gruppen mit dem Zweck, bestimmte Ziele zu erreichen. Der Begriff der Manipulation ist seiner Meinung nach eng mit dem Begriff der Führung verwandt. In Ergänzung zur Motivation werden Führung und Manipulation vom Management eingesetzt, um die Bereitschaft der Mitarbeiter zu fördern, ihre volle Arbeitskrafttrotz unterschiedlicher Interessenslagen-in den Dienst der Unternehmung und ihrer Ziele zu stellen, das heißt die Diskrepanz zwischen Zielen und Motiven zu reduzieren. Dieser Prozess der bewussten Einflussnahme eines Organisationsmitglieds auf ein anderes im Hinblick auf ein bestimmtes Ziel kann auf sehr unterschiedlichen Machtgrundlagen beruhen, die in der Regel unterschiedliches Führungsverhalten zur Folge haben.[43]

Der Ansatz zur Unternehmensführung von Staehle liefert einen hervorragenden Anknüpfungspunkt an den Ansatz von Gutenberg. Beide Wissenschaftler unterteilen, nach anglo-amerikanischem Vorbild, den Managementbegriff in eine institutionale und in eine funktionale Perspektive. Darüber hinaus bietet Staehle nach sorgfältiger Betrachtung die äußerst interessante Aufteilung in verfahrensorientiertes und verhaltensorientiertes Management an und ordnet die Begriffe Programmierung, Planung, Motivation und Führung zu. Vielleicht ist ja auch diese Auffassung bei der Analyse weiterer Ansätze zur Unternehmensführung hilfreich.

---

[41] vgl. **Staehle, Dr. Wolfgang H.**: Funktionen des Managements, S. 121, 3. Aufl., Verlag Paul Haupt, Bern, Stuttgart, 1992.

[42] vgl. **Staehle, Dr. Wolfgang H.**: Funktionen des Managements, S. 123, 3. Aufl., Verlag Paul Haupt, Bern, Stuttgart, 1992.

[43] vgl. **Staehle, Dr. Wolfgang H.**: Funktionen des Managements, S. 127–128, 3. Aufl., Verlag Paul Haupt, Bern, Stuttgart, 1992.

2.1.4   Ansatz zur Unternehmensführung nach Rahn

Die Unternehmensführung ist nach **Horst-JoachimRahn** die zielorientierte Gestaltung, Steuerung und Entwicklung eines Unternehmens. Ausgeübt wird sie von einem Unternehmensleiter, der als Unternehmer oder als Top-Manager die betriebliche Entwicklung steuert.[44] Auch Rahn ist der Auffassung, dass Unternehmensführung sowohl institutional als auch funktional verstanden werden kann.[45] Diese Aufspaltung des Unternehmensführungsbegriffes und deren Herkunft ist ja bereits bekannt. Die institutionale Sicht der Unternehmensführung umfasst die Gesamtheit der Führungskräfte während die funktionale Sicht die personenbezogene und die sachbezogene Unternehmensführung determiniert.[46]

Rahn ist der Auffassung, dass die **personenbezogene Unternehmensführung**, welche direkt mit der Personalführung verbunden ist, als zielgerichtete Beeinflussung der Mitarbeiter durch Vorgesetzte interpretiert werden kann. Das bedeutet, dass die Führungskraft, unter Einsatz von Führungsinstrumenten und unter Berücksichtigung der jeweiligen Situation, das betriebliche Personal auf einen gemeinsamen zu erzielenden Erfolg hin zu beeinflussen hat. Damit beziehen sich personenorientierte Führungsaufgaben eher auf sozio-emotionale Tatbestände, wie beispielsweise Mitarbeitermotivation, Zufriedenheit und Gruppenzusammenhalt.[47]

Rahn ist weiter der Auffassung, dass die **sachbezogene Unternehmensführung**, welche die Gesamtheit aller Bestimmungshandlungen betrachtet, das Verhalten des Systems Unternehmen festlegt und auf ein übergeordnetes Gesamtziel hin ausrichtet ist. Hier besteht ein direkter Bezug der Unternehmensführung zu sachlich-rationalen Tatbeständen, wie beispielsweise zur Führungsorganisation und zum Führungsprozess. Zu diesen Tatbeständen zählen Ziele, Planung, Realisierung, Kontrolle und Steuerung, aber auch Kennzahlen und Strategien des Unternehmens.[48]

Nach Auffassung von Rahn hat die Unternehmensleitung im Rahmen der Unternehmensführung insbesondere über die grundlegenden **Ziele** des Unternehmens zu entscheiden. Diese Zielsetzungen sind Aussagen mit normativem Charakter, die einen gewünschten, zukünftigen Zustand der Realität beschreiben. In diesem Zusammenhang sind ökonomische, humanitäre und ökologische Zielsetzungen zu unterscheiden. Zunächst betonen die ökonomischen Ziele wirtschaftliche Aspekte, wie beispielsweise Marktleistungsziele,

---

[44] vgl. **Rahn, Horst-Joachim**: Unternehmensführung, S. 23, 4. Aufl., Kiehl Verlag, Ludwigshafen, 2000.

[45] vgl. **Rahn, Horst-Joachim**: Unternehmensführung, S. 24, 4. Aufl., Kiehl Verlag, Ludwigshafen, 2000.

[46] vgl. **Rahn, Horst-Joachim**: Unternehmensführung, S. 24, 4. Aufl., Kiehl Verlag, Ludwigshafen, 2000.

[47] vgl. **Rahn, Horst-Joachim**: Unternehmensführung, S. 24–25, 4. Aufl., Kiehl Verlag, Ludwigshafen, 2000.

[48] vgl. **Rahn, Horst-Joachim**: Unternehmensführung, S. 24–25, 4. Aufl., Kiehl Verlag, Ludwigshafen, 2000.

Rentabilitätsziele und finanzielle Ziele. Des Weiteren heben humanitäre Ziele die humanen Gegebenheiten, wie beispielsweise soziale Sicherheit, soziale Integration, Weiterbildung, Arbeitsbedingungen, Arbeitssicherheit und Arbeitszufriedenheit hervor. Schließlich stellen die ökologischen Ziele den Umweltschutz und die Umweltschonung in den Vordergrund der Betrachtung, wie beispielsweise Recycling und Abfallvermeidung. Zu bedenken ist, dass die Unternehmensleitung nun versuchen muss, einen Kompromiss zwischen der Erreichung ökonomischer, sozialer und ökologischer Ziele zu finde.[49]

Aus den Führungsebenen, als Stufen der Organisationsstruktur, ergeben sich dann unterschiedliche **Zielebenen**.[50] Die oberste Zielebene sind die Unternehmensziele. Die nächste Zielebene sind die Bereichsziele, die sich nach den Funktionen der Bereiche richten, wie beispielsweise im Marketingbereich das Umsatzstreben und im Personalbereich die Kostensenkung. Des Weiteren werden die Gruppenziele unterschieden, die betriebliche Gruppen betreffen, Ziele könnten hier beispielsweise das Erreichen einer zu fertigenden Stückzahl in einer Akkordgruppe sein. Schließlich kommen die Individualziele, wie beispielsweise das Erreichen einer relativen Zufriedenheit der Vorgesetzten und Mitarbeiter.[51]

Im Sinne einer erfolgreichen Unternehmensführung können nach Rahn verschiedene Merkmale unterschieden werden, die sich in den Führungsebenen, den Führungsdimensionen und bestimmten Führungsphänomenen äußern. Die **Führungsebenen** ergeben sich aus der Führungspyramide, die von oben nach unten gesehen, aus der Unternehmensleitung, der Bereichsleitung, der Gruppenleitung und der Ausführung besteht. Als Führungsinstanzen werden diejenigen Instanzen bezeichnet, welche die Führung ausüben, in dem sie Führungsaufgaben wahrnehmen. Im Gegensatz dazu werden von den Ausführungsstellen die Entscheidungen der jeweiligen Leitung umgesetzt. In diesem Zusammenhang wird unter Leitung die Institution verstanden, welche die Führung konkretisiert. Demzufolge werden als Ebenen der Unternehmensführung die obere, mittlere und untere Führungsebene unterschieden.[52]

Die **Führungsdimensionen** sind strukturierte Bezeichnungen für Ausmaße bestimmter Gegebenheiten im Rahmen der Führung eines Unternehmens. Es können der Aufgabenbezug, der Personenbezug, der Strukturbezug und der Prozessbezug als Führungsdimensionen in der Unternehmensführung unterschieden werden.

Im Rahmen der **aufgabenbezogenen Unternehmensführung** wird von der Unternehmens-, Bereichs- und Gruppenleitung als Institution ausgegangen.[53] Im Einzelnen

---

[49] vgl. **Rahn, Horst-Joachim**: Unternehmensführung, S. 34–35, 4. Aufl., Kiehl Verlag, Ludwigshafen, 2000.

[50] vgl. **Rahn, Horst-Joachim**: Unternehmensführung, S. 36, 4. Aufl., Kiehl Verlag, Ludwigshafen, 2000.

[51] vgl. **Rahn, Horst-Joachim**: Unternehmensführung, S. 36, 4. Aufl., Kiehl Verlag, Ludwigshafen, 2000.

[52] vgl. **Rahn, Horst-Joachim**: Unternehmensführung, S. 37–40, 4. Aufl., Kiehl Verlag, Ludwigshafen, 2000.

[53] vgl. **Rahn, Horst-Joachim**: Unternehmensführung, S. 40, 4. Aufl., Kiehl Verlag, Ludwigshafen, 2000.

ist die aufgabenorientierte Unternehmensführung die tätigkeitsbezogene Gestaltung, Steuerung und Entwicklung eines Unternehmens als Ganzes. Für jede Ebene sind von der Zielsetzung des Unternehmens ausgehend Aufgaben zu definieren, die von den jeweiligen Aufgabenträgern zu erfüllen sind. Besonders bedeutsam sind

- zweckentsprechende Aufgabenkombinate,
- klar geregelte Zuständigkeiten und
- aufgabenentsprechende Verantwortung.[54]

Die Aufgaben der Unternehmensleitung sind vom Top-Management auf der obersten Ebene zu erfüllen und haben Ausstrahlungswirkung auf alle nachgelagerten Unternehmensebenen. Hier können Grundsatz-, Prozess-, Organisations-, Bereichs-, Abschluss-, und sonstige Entscheidungen, die für das ganze Unternehmen von großer Bedeutung sind, beispielhaft angeführt werden. Die Aufgaben der Bereichsleitung sind vom Middle-Management auf der mittleren Ebene zu erfüllen und betreffen den jeweiligen Unternehmensbereich. Sie umfassen beispielsweise Entscheidung in der Material- und Fertigungswirtschaft, im Marketing, in der Personalwirtschaft, im Finanz- und Rechnungswesen, in der Forschung, im Organisationsbereich oder im Informationsbereich. Die Aufgaben der Gruppenleitung sind vom Lower-Management auf der unteren Ebene zu erfüllen. Beispielsweise geht es hier um Einkaufs-, Lager-, Produktions-, Verkaufs-, Lohnabrechnungs-, Buchungs-, Ablauforganisations- und Verwaltungsaufgaben.[55]

Nach Rahn betrifft die **personenbezogene Unternehmensführung** die Steuerung von Maßnahmen, die mit Menschen zusammenhängen. Die Personalführung steht hier also im Mittelpunkt und ist in Gesamt-, Bereichs-, Gruppen-, und Individualführung zu unterscheiden.[56] Unter personenbezogener Unternehmensführung ist damit die situationsbezogene Beeinflussung der Mitarbeiter zu verstehen, die unter Einsatz von Führungsinstrumenten auf einen gemeinsam zu erzielenden Erfolg hin ausgerichtet ist. Aus der Sicht der Unternehmensleitung ist dafür Sorge zu tragen, dass das Personal auf allen Ebenen des Unternehmens zum Erfolg geführt wird. Dieser Erfolg hängt in hohem Maße von der Qualität der personenbezogenen Unternehmensführung ab. Besonders bedeutsam sind in diesem Zusammenhang

- die Persönlichkeit der Führungskraft,
- die Persönlichkeit der Mitarbeiter,
- die Qualität des Einsatzes der Führungsinstrumente und
- die entsprechende Führungssituation.

---

[54] vgl. **Rahn, Horst-Joachim**: Unternehmensführung, S. 109, 4. Aufl., Kiehl Verlag, Ludwigshafen, 2000.

[55] vgl. **Rahn, Horst-Joachim**: Unternehmensführung, S. 110, 4. Aufl., Kiehl Verlag, Ludwigshafen, 2000.

[56] vgl. **Rahn, Horst-Joachim**: Unternehmensführung, S. 40, 4. Aufl., Kiehl Verlag, Ludwigshafen, 2000.

Wobei die Führungssituation auch das Umfeld des Unternehmens in die Betrachtung einbezieht.[57]

Die **strukturbezogene Unternehmensführung** setzt sich nach Rahn mit der Gestaltung der gesamten Organisation auseinander und betrifft die Organisation als dauerhaft gültiges Ordnen und Strukturieren zielorientierter Systeme der Unternehmensebenen.[58] Demnach ist unter strukturbezogener Unternehmensführung die organisationsbezogene Gestaltung und Entwicklung des Unternehmens zu verstehen, wobei die Unternehmensleitung zu entscheiden hat, welche Organisationsstruktur das Unternehmen haben soll und wie diese zu organisieren ist. Da die Qualität der Organisationsstruktur maßgeblich den Erfolg des Unternehmens beeinflusst, sind diese Entscheidungen von besonderer Bedeutung. Demzufolge hat die Unternehmensleitung dafür Sorge zu tragen, dass das Unternehmen zweckentsprechend organisiert wird.[59]

Nach Rahn richtet die **prozessbezogene Unternehmensführung** die Entwicklung einer Betriebswirtschaft am Führungs- und Entscheidungsprozess aus, der die Zielsetzung, Planung, Realisierung und Kontrolle des gesamten Unternehmensgeschehens umfasst.[60] Unter prozessorientierter Unternehmensführung ist also die phasenbezogene Gestaltung, Steuerung und Entwicklung eines Unternehmens als Ganzes zu verstehen und sie orientiert sich primär am Führungsprozess und am Entscheidungsprozess. Ein Prozess beinhaltet grundsätzlich eine zeitliche Entwicklung, das heißt den Verlauf eines Vorgangs. Der Führungsprozess zeigt demnach den zeitlichen Ablauf der zweckgerichteten Beeinflussung des Verhaltens der Mitarbeiter und der zielorientierten Unternehmensentwicklung.[61] Aus methodisch didaktischen Gründen wird an der Stelle auf die Darstellung der Führungsphänomene nach Rahn verzichtet, da diese Ausführung den Umfang dieses Kapitels sprengen würde.

Neben der bereits bekannte Aufgliederung der Unternehmensführung in eine institutionale und in eine funktionale Unternehmensführung führt Rahn zwei weitere interessante Gliederungsverfahren, zum einen die sachbezogene Unternehmensführung und die personenbezogene Unternehmensführung, ein. Dies erinnert ein wenig an die Untergliederung von Staehle in verfahrensorientiertes und verhaltensorientiertes Management. Zum anderen bietet Rahn jedoch die Aufteilung der Unternehmensführung in aufgabenbezogene, personenbezogene, strukturbezogene und prozessbezogene Unternehmensführung an. Diese Perspektiven sind an dieser Stelle neu. Besonders hervorzuheben ist die Tatsache,

---

[57] vgl. **Rahn, Horst-Joachim**: Unternehmensführung, S. 173, 4. Aufl., Kiehl Verlag, Ludwigshafen, 2000.

[58] vgl. **Rahn, Horst-Joachim**: Unternehmensführung, S. 40, 4. Aufl., Kiehl Verlag, Ludwigshafen, 2000.

[59] vgl. **Rahn, Horst-Joachim**: Unternehmensführung, S. 283, 4. Aufl., Kiehl Verlag, Ludwigshafen, 2000.

[60] vgl. **Rahn, Horst-Joachim**: Unternehmensführung, S. 40, 4. Aufl., Kiehl Verlag, Ludwigshafen, 2000.

[61] vgl. **Rahn, Horst-Joachim**: Unternehmensführung, S. 383, 4. Aufl., Kiehl Verlag, Ludwigshafen, 2000.

dass Rahn den Unternehmenszielen eine übergeordnete Bedeutung beimisst und bereits im Rahmen der Grundlagen der Unternehmensführung relativ umfangreich auf den Zielbegriff eingeht. Alles in allem ist dieser Ansatz als sehr sorgfältig strukturiert, detailliert und praxisorientiert zu bezeichnen.

2.1.5   Ansatz zur Unternehmensführung nach Schierenbeck

Auch **Dr. Henner Schierenbeck** definiert Management auf zweifache Art und Weise, zum einen als Institution und zum anderen als Funktion.[62] Das Management als **Institution** beinhaltet demnach alle leitenden Instanzen, das heißt alle Aufgaben- und Funktionsträger, die Entscheidungs- und Anordnungskompetenzen haben. Dabei lassen sich je nach der Stellung in der Unternehmung grundsätzlich drei Managementebenen unterscheiden, das Top-Management mit der obersten Unternehmensleitung, wie beispielsweise Vorstand oder Geschäftsführer, das Middle-Management mit der mittleren Führungsebene, wie beispielsweise Werkleiter oder Abteilungsdirektor und das Lower-Management mit der unteren Führungsebene, wie beispielsweise Büroleiter oder Werkmeister.[63] Da diese generelle Auffassung bereits bekannt ist, wird an dieser Stelle aus methodisch-didaktischen Gründen auf weitere Detaillierungen verzichtet. Nach Schierenbeck umfasst das Management als **Funktion** im weitesten Sinne alle zur Steuerung einer Unternehmung notwendigen Aufgaben, negativ formuliert also alle Aufgaben, die nicht rein ausführender Natur sind. Obgleich in der Literatur diesbezüglich Einigkeit besteht, so gehen nach Schierenbeck die Meinung allerdings auseinander, wenn es darum geht, die einzelnen Funktionen des Managements konkret zu bezeichnen und voneinander abzugrenzen. Wenn von der Erkenntnis ausgegangen wird, dass Wirtschaften im Kern stets Entscheidungen bedingt, die dann zielgerichtet durchgesetzt werden müssen, umschreibt das Entscheiden und das Durchsetzen die umfassendste Managementfunktion.[64] Da somit aber viele spezifische Eigenschaften des Managements noch nicht hinreichend präzise erfasst sind, erscheint es sinnvoll, etwas stärker detailliert folgende **Hauptfunktionen des Managements** zu unterscheiden:

- Planung und Kontrolle
- Organisation und Disposition
- Führung[65]

---

[62] vgl. **Schierenbeck, Dr. Henner**: Grundzüge der Betriebswirtschaftslehre, S. 81, 11. Aufl., Oldenbourg Verlag, München, 1993.

[63] vgl. **Schierenbeck, Dr. Henner**: Grundzüge der Betriebswirtschaftslehre, S. 81, 11. Aufl., Oldenbourg Verlag, München, 1993.

[64] vgl. **Schierenbeck, Dr. Henner**: Grundzüge der Betriebswirtschaftslehre, S. 81–82, 11. Aufl., Oldenbourg Verlag, München, 1993.

[65] vgl. **Schierenbeck, Dr. Henner**: Grundzüge der Betriebswirtschaftslehre, S. 82, 11. Aufl., Oldenbourg Verlag, München, 1993.

Die Tatsache, warum gerade diese und keine anderen Funktionen hier in den Vordergrund gestellt werden, wird deutlich, wenn eine **dimensionale Aufspaltung** des komplexen Phänomens Management vorgenommen wird. Hieraus ergibt sich eine Systematisierung indem

- eine prozessuale Dimension,
- eine strukturelle Dimension und
- eine personelle Dimension

unterschieden wird. Dabei komplettieren Planung und Kontrolle die Entscheidung und Durchsetzung zum **Managementprozess**, wobei Organisation bei Hervorhebung der spezifischen strukturellen Führung dagegen bei Betonung der spezifisch personellen Komponente dieses Managementprozesses in den Vordergrund rückt.

Diese Gedanken fasst die Abb. 2.1, der Management-Würfel, noch einmal zusammen.[66]

Die Hervorhebung der prozessualen Dimension von Managementaktivitäten ist mit der Erkenntnis verknüpft, dass die Fülle von Entscheidungen in aller Regel kein punktueller Wahlakt ist, sondern als Entscheidungsprozess zu deuten ist.Dabei zeigen die einzelnen Phasen dieses Prozesses einen logisch-genetischen Zusammenhang und bilden so einen komplexen, sich ständig wiederholenden **Managementzyklus**, der durch Vor- sowie

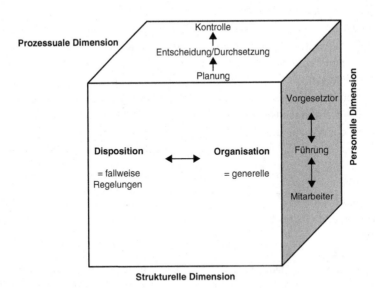

Abb. 2.1 Management-Würfel(vgl. **Schierenbeck, Dr. Henner**: Grundzüge der Betriebswirtschaftslehre, S. 82, 11. Aufl., Oldenbourg Verlag, München, 1993)

---

[66] vgl. **Schierenbeck, Dr. Henner**: Grundzüge der Betriebswirtschaftslehre, S. 82, 11. Aufl., Oldenbourg Verlag, München, 1993.

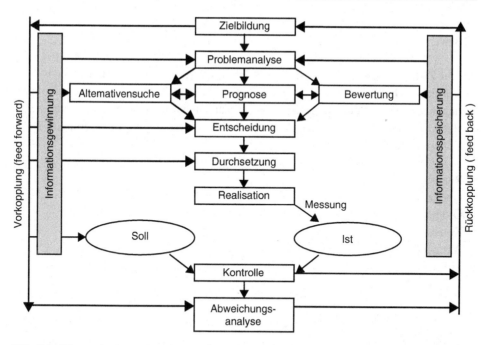

Abb. 2.2 Phasen des Managementprozesses (Managementzyklus) (vgl. **Schierenbeck, Dr. Henner**: Grundzüge der Betriebswirtschaftslehre, S. 83, 11. Aufl., Oldenbourg Verlag, München, 1993)

Rückkopplungsbeziehungen gekennzeichnet ist. Die Abb. 2.2 zeigt die Phasenstruktur des Managementprozesses im Einzelnen.[67]

Diese Phasenfolge beschreibt einen Grundablauf als Soll-Vorstellung und kann nur andeuten, dass die einzelnen Phasen nicht immer linear, sondern eher zyklisch verlaufen, worauf auch empirische Forschungsergebnisse hindeuten. Zum einen sind beispielsweise Ziele Voraussetzung für die Problemerkenntnis und damit auch für die Planung, aber die Ziele werden oft erst in der Planung konkretisiert, sodass Rückläufe im Phasenschema unvermeidlich sind. Zum anderen können auch einzelne Prozessstufen übersprungen werden, etwa bei ausgeprägten Routineaufgaben oder um im Sinne einer Vorkopplung rechtzeitig mögliche Störungen des Prozessablaufes vorherzubestimmen.[68] Schierenbeck beschränkt den Begriff der **Planung** auf die Phasen

- Zielbildung
- Problemanalyse
- Alternativensuche

---

[67] vgl. **Schierenbeck, Dr. Henner**: Grundzüge der Betriebswirtschaftslehre, S. 83, 11. Aufl., Oldenbourg Verlag, München, 1993.

[68] vgl. **Schierenbeck, Dr. Henner**: Grundzüge der Betriebswirtschaftslehre, S. 84, 11. Aufl., Oldenbourg Verlag, München, 1993.

- Prognose und
- Bewertung[69]

Bei der **Zielbildung** steht zunächst die Einsicht im Vordergrund, dass in der Praxis stets gleichzeitig mehrere Ziele verfolgt werden, wobei die Ziele zueinander in bestimmten Beziehungen stehen. Demzufolge kann die Zielplanung nur im Rahmen eines Zielsystems erfolgen. Zielsysteme sind demnach zu entwickeln, die bestimmten Anforderungen genügen. Diese Anforderungen sind

- Realistik,
- Operationalität,
- Ordnung,
- Konsistenz,
- Aktualität,
- Vollständigkeit,
- Durchsetzbarkeit,
- Organisationskongruenz,
- Transparenz und
- Überprüfbarkeit.[70]

Weil Probleme gelöst werden sollen wird geplant. Da diese Probleme nicht immer klar definiert sind, in allen Bestandteilen bekannt sind und systematisch strukturiert sind, ist eine Problemanalyse erforderlich. Sind die Probleme analysiert, ihre Bestandteile bekannt und strukturiert, folgt die Alternativensuche, in der es darum geht, solche Handlungsmöglichkeiten zu finden und inhaltlich zu konkretisieren, die geeignet erscheinen, die erkannten Probleme zu lösen.[71] Logisch-genetisch schließt sich der Alternativensuche die Prognose der zukünftigen Wirkungen dieser Alternativen an. Hier handelt es sich um Wirkungsprognosen, welche die Frage beantworten sollen, welche Konsequenzen bei Verwirklichung der verschiedenen Handlungsalternativen zu erwarten sind. In der Bewertungsphase werden schließlich die Aussagen über die voraussichtlichen Auswirkungen der geprüften Handlungsalternativen auf ihre Zielwirksamkeit hin verglichen.[72]

Der Planungsphase, die mit der Bewertung ihren Abschluss findet, schließt sich die **Entscheidung** an. Die Tatsache, dass die Entscheidung an das Ende der Planung positioniert ist, schließt natürlich nicht aus, dass zahlreiche Vorentscheidungen schon im Zuge der

---

[69] vgl. **Schierenbeck, Dr. Henner**: Grundzüge der Betriebswirtschaftslehre, S. 84, 11. Aufl., Oldenbourg Verlag, München, 1993.

[70] vgl. **Schierenbeck, Dr. Henner**: Grundzüge der Betriebswirtschaftslehre, S. 75–76, 11. Aufl., Oldenbourg Verlag, München, 1993.

[71] vgl. **Schierenbeck, Dr. Henner**: Grundzüge der Betriebswirtschaftslehre, S. 84–85, 11. Aufl., Oldenbourg Verlag, München, 1993.

[72] vgl. **Schierenbeck, Dr. Henner**: Grundzüge der Betriebswirtschaftslehre, S. 85–86, 11. Aufl., Oldenbourg Verlag, München, 1993.

Planungsphase getroffen werden müssen. Die Entscheidungsphase schrumpft dann, wenn die Alternativenbewertung eine eindeutige Rangordnung geschaffen hat und hierbei möglicherweise sogar schon die Kombination verschiedener Einzelalternativen zu Maßnahmenprogrammen berücksichtigt worden ist, im Grenzfall auf den abschließenden Auswahlakt und auf die Akzeptanz der Entscheidungsprämisse zusammen. Aus diesem Grunde wird nach Schierenbeck die Entscheidung neben der Planung nicht als eigenständige Hauptfunktion des Management betrachtet, wenngleich diese Phase prozessgenetisch natürlich unerlässlich ist, um den Prozess der Willensbildung abzuschließen.[73]

Im Anschluss an die Entscheidung erfolgt die **Durchsetzung** der beschlossenen Maßnahmen. Als ein herausragendes Instrument zur Minimierung von etwaigen Durchsetzungsschwierigkeiten wird im allgemeinen die Einbeziehung, der von den Entscheidungen dann später betroffenen Personen und Gruppen in den Prozess der Planung und Entscheidungsfindung, angesehen. Die Durchsetzung selbst kann in der Form von Anordnungen, Vorgaben, Verhandlungen, Stellenbildung, Stellenbesetzung, Information, Instruktion oder Motivation stattfinden.[74]

Der Planung, Entscheidung und Durchsetzung schließt sich nach Schierenbeck die **Kontrolle** an, die prozessual gesehen als Bindeglied zu nachfolgenden Planungs-, Entscheidungs- und Durchsetzungsprozessen und zugleich als deren Impulsgeber dient. Die Kontrolle in diesem Sinne beinhaltet nicht nur einen Soll/Ist-Vergleich, sondern schließt auch die Abweichungsanalyse ein, in der die Ursachen für etwaige Soll/Ist-Abweichungen untersucht werden. Rückkopplungen, in die vorgelagerten Phasen des Managementprozesses, sind also in beiden Fällen erforderlich.[75] Die Planung und Kontrolle bilden nach Schierenbeck die erste Hauptfunktion des Managements.[76]

Die zweite Hauptfunktion des Management ist die **Organisation und Disposition**. Mit der Organisation und Disposition wird eine andere Sichtweise eingenommen, denn Management wird nun als Funktion mit strukturbildender Kraft betrachtet, die aber umgekehrt selbst auch strukturdeterminiert ist, also sich in bestimmte Strukturen fügt. Während die Organisation als Funktion zur Strukturierung von Daueraufgaben zu kennzeichnen ist, ist die Disposition gekennzeichnet durch fallweise verfügende Anordnungen, die nur für den Einzelfall getroffen werden. Organisation hat den Vorteil, dass sie zu einer Vereinheitlichung in der Aufgabenerfüllung führt und damit Stabilität schafft und Disposition hat den Vorteil, dass sie Elastizität und Anpassungsfähigkeit gewährleistet.[77]

---

[73] vgl. **Schierenbeck, Dr. Henner**: Grundzüge der Betriebswirtschaftslehre, S. 87, 11. Aufl., Oldenbourg Verlag, München, 1993.

[74] vgl. **Schierenbeck, Dr. Henner**: Grundzüge der Betriebswirtschaftslehre, S. 88–89, 11. Aufl., Oldenbourg Verlag, München, 1993.

[75] vgl. **Schierenbeck, Dr. Henner**: Grundzüge der Betriebswirtschaftslehre, S. 89, 11. Aufl., Oldenbourg Verlag, München, 1993.

[76] vgl. **Schierenbeck, Dr. Henner**: Grundzüge der Betriebswirtschaftslehre, S. 82, 11. Aufl., Oldenbourg Verlag, München, 1993.

[77] vgl. **Schierenbeck, Dr. Henner**: Grundzüge der Betriebswirtschaftslehre, S. 89–90, 11. Aufl., Oldenbourg Verlag, München, 1993.

Die dritte Hauptfunktion des Managements ist nach Schierenbeck die **Führung**. Er vertritt die Auffassung, dass bei arbeitsteiliger Aufgabenerfüllung Management stets auch immer mit Führung gleichzusetzen ist. Die Führungsschwerpunkte liegen prozessual gesehen in der Durchsetzungsphase, wenn es darum geht, sicherzustellen, dass vom Management getroffene Entscheidungen von den dafür zuständigen oder beauftragten Mitarbeitern zielgerecht ausgeführt werden. Die Führung unterscheidet sich von den bisher behandelten Fachfunktionen des Managements, wie Planung, Organisation und Kontrolle, durch die Betonung der personalen Komponente von Managementaktivitäten.[78] Die Führungsaspekte durchdringen, wegen der Bedeutung des Faktors Mensch im arbeitsteiligen Wirtschaftsprozess, grundsätzlich alle Fachfunktionen des Managements und relativieren sie damit zugleich.[79]

Der Ansatz von Schierenbeck zur Unternehmensführung knüpft zunächst auch an die institutionale und an die funktionale Sicht des Managements an. Im Anschluss daran unterscheidet er jedoch drei Hauptfunktionen des Managements. Er stellt Planung und Kontrolle, Organisation und Disposition sowie Führung als Hauptfunktionen gesondert heraus. Diese Struktur des Managements ist an dieser Stelle neu. Des Weiteren unterscheidet er die prozessuale, die strukturelle und die personelle Dimension. Diese Dimensionen decken sich zumindest auf der groben Ebene mit den Führungsdimensionen von Rahn, allerdings hat Rahn in diesem Zusammenhang zusätzlich noch die aufgabenbezogene Dimension abgegrenzt. Besonders hervorzuheben ist, dass Schierenbeck von Management als zyklischen Prozess spricht und diese Auffassung umfangreich und detailliert darstellt. Damit ist dieser Ansatz von Schierenbeck sehr prozessorientiert und sehr ganzheitlich. Die Komplexität und Struktur dieses Ansatzes führt jedoch dazu, dass die Übersichtlichkeit und Einfachheit, bezogen auf die praktische Anwendung, an der ein oder anderen Stelle fehlt.

2.1.6   Ansatz zur Unternehmensführung nach Braunschweig

Unternehmensführung ist nach **Dr. Christoph Braunschweig** die zielorientierte Gestaltung und Steuerung aller Entscheidungen in dem sozio-technischen System Unternehmung. Diese Definition schließt die Menschführung, das heißt die Mitarbeiterbeeinflussung bezüglich der gesetzten Unternehmensziele mit ein. In diesem Sinne wird deutlich, dass Unternehmensführung nicht nur das Treffen eigener Sachentscheidungen ist, sondern auch, dass über Entscheidungszergliederung und über die Delegation von Entscheidungen zu befinden ist. Folglich tritt die organisatorische Komponente, die Mitarbeiterbeeinflussung, die gemeinsamen Zielsetzungen im sozialen System Unternehmung in den Vordergrund und

---

[78] vgl. **Schierenbeck, Dr. Henner**: Grundzüge der Betriebswirtschaftslehre, S. 93, 11. Aufl., Oldenbourg Verlag, München, 1993.

[79] vgl. **Schierenbeck, Dr. Henner**: Grundzüge der Betriebswirtschaftslehre, S. 93, 11. Aufl., Oldenbourg Verlag, München, 1993.

auf diese Weise wird der überragenden Bedeutung des Menschen für die Entscheidungsfindung in der Unternehmung Rechnung getragen.[80]

Des Weiteren kann der Begriff Unternehmensführung, oder synonym Management, auf zweifache Art inhaltlich ausgefüllt werden: als Institution und als Funktion.[81] Demnach stütz sich auch Braunschweig auf diese von Gutenberg verbreitete und bereits mehrfach beschriebene Begriffsbestimmung.

Management ist nach Braunschweig die Gesamtheit der mit dispositiven Aufgaben beschäftigten Personen. Zum Management zählen somit Personen der Unternehmensführung, der Unternehmensspitze und Personen der Unternehmensleitung. Auf der Grundlage des Managements als Institution im Sinne einer Zusammenfassung sämtlicher mit Weisungs- und Anordnungsbefugnis ausgestatteter Personen, welche sich von der Unternehmensspitze über den Abteilungsleiter bis zum Meister erstrecken, erfolgt eine klare Abgrenzung zu den Mitarbeitern mit rein ausführender Funktion. Während unter dem Begriff Top-Management die Unternehmensführung subsumiert wird, womit die Funktion der Unternehmensführung zum Teilbereich des allgemeiner gefassten Begriffs den Managements wird, gilt der Begriff Middle-Management oder Lower-Management als Unternehmensleitung mit ihren betrieblichen Funktionen.[82]

Führung wird in der wissenschaftlichen Literatur wie in der Managementpraxis unterschiedlich abgegrenzt und verwendet. Zum einen kann dieser Begriff als Menschenführung, also als personenbezogene Führung definiert werden, und zum anderen kann er als Unternehmensführung, im Sinne von sachbezogener Führung, definiert werden. Die Unternehmensführung ist als institutionalisierender Träger die primäre, dynamische und kreative Komponente der Unternehmung und stellt das oberste Entscheidungszentrum dar. Die unternehmerische Führungsentscheidung trifft die Unternehmensführung als Inbegriff der unternehmerischen Funktion. Selbstständigkeit, die Bereitschaft der Verantwortung sowie eine entsprechende Entscheidungsbefugnis sind für diese Führungsentscheidungen erforderlich. Führungsentscheidungen sind Grundsatzentscheidungen von richtungsweisender Relevanz für den Erfolg des Unternehmens und können deshalb nur unter Berücksichtigung sämtlicher Interdependenzen, also ganzheitlich getroffen werden. Des Weiteren sind unternehmerische Führungsentscheidungen, bezüglich ihrer Übertragbarkeit stark eingeschränkt und können nicht delegiert werden.[83]

Das heißt, unternehmerische Führungsentscheidungen sind zu charakterisieren als nicht delegierbare, autonome, richtungsweisende, strategisch ganzheitliche Entscheidungen, wobei

---

[80] vgl. **Braunschweig, Dr. Christoph**: Unternehmensführung, S. 15, Oldenbourg Verlag, München, Wien, 1998.

[81] vgl. **Braunschweig, Dr. Christoph**: Unternehmensführung, S. 17, Oldenbourg Verlag, München, Wien, 1998.

[82] vgl. **Braunschweig, Dr. Christoph**: Grundlagen der Managementlehre, S. 13, Oldenbourg Wissenschaftsverlag, München, Wien, 2001.

[83] vgl. **Braunschweig, Dr. Christoph**: Grundlagen der Managementlehre, S. 11, Oldenbourg Wissenschaftsverlag, München, Wien, 2001.

eine Entscheidung immer einer Auswahl unter mehreren relevanten Handlungsalternativen bedarf. Diesen unternehmerischen Führungsentscheidungen liegen entsprechende unternehmerische Führungsaufgaben zugrunde.[84]

Braunschweig zählt zu den originären unternehmerischen Führungsaufgaben unter anderem die Konzipierung von Grundsätzen und Basisgrundlagen für eine rationale Unternehmenspolitik sowie die Lösung der Koordinationsanforderungen bezüglich der Kombination der betrieblichen Produktionsfaktoren Boden, Arbeit und Kapital. Die anzustrebenden Unternehmensziele sind unter Einbeziehung der Mitarbeiter zu definieren und zu fixieren. Des Weiteren sind die Grundlagen für eine betriebliche Personalpolitik unter Sicherung des personalbezogenen Datenschutzes zu bestimmen und Aufgaben der Repräsentation unter Interessenvertretern zu berücksichtigen. Aus diesen Vorgaben werden die entsprechenden Entscheidungen für die nachgeordnete Leitung des Unternehmens gebildet. Die Aufgaben der Unternehmensleitung bestehen somit darin, im Rahmen der von der Unternehmensführung gefassten Richtlinien zu agieren, um somit die vorgegebenen und erwarteten Grundsätze, Werte und Ziele der Unternehmung mittels konkreter Anweisungen zu realisieren.[85] Führen im Zusammenhang mit der Unternehmensführung ist insofern nicht nur eine Teilaufgabe, denn jede dispositive Entscheidung der Managementebene ist durch eine führungsmäßige Komponente der Menschenführung charakterisiert. Dadurch sind nicht nur die Mitglieder der Unternehmensspitze Führungskräfte, denn sämtliche Vorgesetzten, welche über personelle Entscheidungs- und Dispositionsbefugnisse verfügen, sind auch Führungskräfte in diesem Sinne.[86]

Die Führungsfunktionen lassen sich zum einen aus einer prozessualen Perspektive und zum anderen aus einer systemischen Perspektive betrachten. Aus der prozessualen Perspektive werden die Teilfunktionen als Phasen eines komplexen, sich ständig wiederholenden Managementzyklus betrachtet, der durch Vor- und Rückkopplungsprozesse gekennzeichnet ist. Aus der systemischen Perspektive werden hingegen die institutionellen Voraussetzungen für den reibungslosen Ablauf und die optimale Steuerung dieser Prozesse betrachtet.[87] Die erste Phase dieses Managementprozesses ist die Planungsphase, welche die Zielbildung, die Problemanalyse, die Alternativsuche, die Prognose, die Bewertung und die Entscheidung beinhalte. Die zweite Phase ist die Durchsetzung und die dritte Phase ist die Kontrolle.[88] Diese Struktur des Managementprozesses ist uns, bis auf eine kleine Abweichung bereits von Schierenbeck bekannt.

---

[84] vgl. **Braunschweig, Dr. Christoph**: Grundlagen der Managementlehre, S. 11, Oldenbourg Wissenschaftsverlag, München, Wien, 2001.

[85] vgl. **Braunschweig, Dr. Christoph**: Grundlagen der Managementlehre, S. 12, Oldenbourg Wissenschaftsverlag, München, Wien, 2001.

[86] vgl. **Braunschweig, Dr. Christoph**: Grundlagen der Managementlehre, S. 12, Oldenbourg Wissenschaftsverlag, München, Wien, 2001.

[87] vgl. **Braunschweig, Dr. Christoph**: Unternehmensführung, S. 22, Oldenbourg Verlag, München, Wien, 1998.

[88] vgl. **Braunschweig, Dr. Christoph**: Unternehmensführung, S. 25–29, Oldenbourg Verlag, München, Wien, 1998.

Braunschweig hat, in einem diesen Ausführungen zugrunde liegenden Werk, einen neuen Begriff in der wissenschaftlichen Managementlehre eingeführt. Der Begriff des **Simultan-Managements** bezieht sich auf eine werturteilsfreie Theorie einer ganzheitlichen Unternehmensführung, welche auf dem neuen Simultan-Management-System-Konzept beruht. Simultan-Management stützt sich auf Berücksichtigung sämtlicher führungsrelevanter Determinanten zwischen denen interdependente Beziehungen bestehen. Somit ist das **Simultan-Management-System**, kurz SMS, und das daraus abgeleitete Führungskonzept des Simultan-Management werturteilsfrei und nicht normativ.[89]

Das soziale Verhalten, insbesondere das Leistungsverhalten von Individuen in der Unternehmung oder Organisation ist die Basis des **SMS-Modells**. Sowohl das Leistungsverhalten der Mitarbeiter, als auch das Führungsverhalten des Managements sowie deren Lernprozesse, spielen hier eine Rolle. Dabei ist der Unternehmenserfolg eine Resultante aus einer Vielzahl von Determinanten, welche im Managementprozess simultan zu optimieren sind. Dieser hängt letztlich ab von der Einsatzbereitschaft und Motivation der Mitarbeiter und Gruppen, vom Manager und Führer selbst und von der Führungssituation. Die Führungssituation ergibt sich aus betriebsinternen Zusammenhängen, wie beispielsweise Führungsauftrag, organisatorische Gegebenheiten, personelle Gegebenheiten und aus betriebsexternen Zusammenhängen, wie beispielsweise Arbeitsmarkt, technischer Fortschritt und Umwelt. Die Mitarbeiter und Gruppen Determinante ist abhängig von der Größe, der Altersstruktur, vom Integrationsgrad, von Normen, Werten, Zielen, Traditionen, internen Konflikten, Erwartungen, Vorurteilen, Gruppendisziplin, Gruppenmoral und informellen Prozessen. Schließlich trägt das Management selbst oder der Führende wesentlich zum Führungserfolg bei, insbesondere die Persönlichkeitsstruktur, Erfahrungen, Führungseigenschaften, Veranlagung, Umsetzung des Führungsstils, Überzeugungskraft und Lebenseinstellung.[90]

Aus methodisch-didaktischen Gründen wird an dieser Stelle auf eine ausführliche Darstellung des SMS-Modells verzichtet, da es den Rahmen dieses Kapitels sprengen würde.

Zu dem Ansatz vom Braunschweig zur Unternehmensführung ist zunächst anzumerken, dass er neben der bekannten Aufteilung der Unternehmensführung in eine institutionale und funktionale Sicht, die Begriffe Management und Führung abgrenzt, wobei er den Begriff Management ehr aus der institutionalen Perspektive betrachtet. Den Begriff Führung verknüpft er mit dem Begriff Entscheidung, beschäftigt sich umfangreich mit dem Konstrukt der Führungsentscheidung und fasst das Unternehmen als sozio-technisches System auf. Er leitet aus der Führungsentscheidung die wesentlichen Führungsaufgaben ab. Seine Auffassung von Unternehmensführung ist als äußerst entscheidungszentriert zu bezeichnen. Zusätzlich grenzt er die Begriffe Unternehmensführung und Unternehmensleitung ab. Sein Phasenschema des Managementprozesses entspricht dabei, bis auf eine kleine Abweichung,

---

[89] vgl. **Braunschweig, Dr. Christoph**: Grundlagen der Managementlehre, S. 14, Oldenbourg Wissenschaftsverlag, München, Wien, 2001.

[90] vgl. **Braunschweig, Dr. Christoph**: Grundlagen der Managementlehre, S. 155–156, Oldenbourg Wissenschaftsverlag, München, Wien, 2001.

der Darstellung von Schierenbeck. Besonders interessant ist jedoch die von ihm beschriebene Notwendigkeit für die Konzeption des Simultan-Management-Systems. Seiner Meinung nach fordert die Problematik der theoretischen Führungskonzeptionen, Management-Prinzipien sowie Führungsstile hinsichtlich ihrer Anwendbarkeit in der Managementpraxis die Konzeptionierung einer neuen Theorie, aus welcher sich Konsequenzen für die praktische Unternehmensführung herleiten lassen.[91] Es fällt schwer diesem Grundgedanken zu widersprechen, allerdings folgt auf die von ihm geschilderte Notwendigkeit zur Konzeptionierung eine äußerst mathematische und wissenschaftstheoretische Abhandlung, deren praktische Umsetzbarkeit differenziert betrachtet werden muss. Zusätzlich sind seine abschließenden Darstellungen, dass sein SMS-Modell die „Lösung aller Probleme sei" mit Vorsicht zu sehen. Besondere Anerkennung und Respekt verdient jedoch sein Mut einen derartig detaillierten Versuch zur Konzeptionierung von Managementprozessen zu unternehmen.

2.1.7   Ansatz zur Unternehmensführung nach Steinmann/Schreyögg

Nach **Dr. Horst Steinmann und Dr. Georg Schreyögg** wird Management einerseits als Institution und andererseits davon deutlich unterschieden – als Komplex von Aufgaben verstanden, die zur Steuerung eines Systems erfüllt werden müssen; entsprechend wird ein institutioneller und ein funktionaler Ansatz in der Managementlehre unterschieden.[92] Demnach schließen sich also auch Steinmann/Schreyögg der bekannten Zweiteilung an, sodass sich die weiteren Ausführungen lediglich auf die wirklich neuen Gedanken und Perspektiven zur Unternehmensführung beschränken können.

Nach Steinmann/Schreyögg stehen **Managementfunktionen** zu den originären betrieblichen Sachfunktionen wie Einkauf, Produktion oder Verkauf in einem komplementären Verhältnis. Demnach kann man sich das Management als eine komplexe Verknüpfungsaktivität vorstellen, die den Leistungsprozess gleichsam netzartig überlagert und in alle Sachfunktionsbereiche steuernd eindringt. Folglich ist ein gutes Betriebsergebnis nur dann erzielbar, wenn Sach- und Managementfunktionen eng zusammenwirken und gut aufeinander abgestimmt sind. Das von Steinmann/Schreyögg vertretene funktionale Managementkonzept sieht somit das Management als Querschnittsfunktion, die den Einsatz der Ressourcen und das Zusammenwirken der Sachfunktionen steuert.[93]

Daraus ergibt sich ein matrixartiges Schema, das die Abb. 2.3 zeigt

---

[91] vgl. **Braunschweig, Dr. Christoph**: Grundlagen der Managementlehre, S. 150, Oldenbourg Wissenschaftsverlag, München, Wien, 2001.

[92] vgl. **Steinmann, Dr. Horst; Schreyögg, Dr. Georg**: Management, S. 5–6, 5. Aufl., Betriebswirtschaftlicher Verlag Dr. Th. Gabler, Wiesbaden, 2000.

[93] vgl. **Steinmann, Dr. Horst; Schreyögg, Dr. Georg**: Management, S. 6–7, 5. Aufl., Betriebswirtschaftlicher Verlag Dr. Th. Gabler, Wiesbaden, 2000.

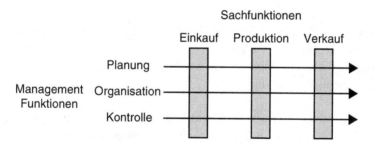

Abb. 2.3 Management als Querschnittsfunktion (vgl. **Steinmann, Dr. Horst; Schreyögg, Dr. Georg**: Management, S. 7, 5. Aufl., Betriebswirtschaftlicher Verlag Dr. Th. Gabler, Wiesbaden, 2000)

Wie aus der Darstellung ersichtlich ist, fallen Managementfunktionen in und zwischen jedem Bereich des Unternehmens an, gleichgültig, ob es sich nun um den Einkaufs-, Produktions-, Verkaufs-, oder einen sonstigen betrieblichen Bereich handelt. Im funktionalen Managementverständnis ist somit Management ein Komplex von Steuerungsaufgaben, die bei der Leistungserstellung und Leistungssicherung in arbeitsteiligen Systemen erbracht werden müssen.[94] Es empfiehlt sich, um eine so komplexe Funktion wie die des Managements besser verstehen zu können, sie zunächst einmal in eine begrenzte Menge von Teilaufgaben zu zerlegen. Da die Managementlehre von dieser Möglichkeit umfangreich Gebrauch gemacht hat, ist heute die Zahl der entwickelten Managementfunktionskataloge unüberschaubar. Im Laufe der Zeit hat sich dennoch ein im Großen und Ganzen akzeptierter Kranz von Basis-Funktionen herausgebildet. Die Funktions-Klassifikation von **Gulick** hat dabei besonderen Einfluss ausgeübt, die mit dem nicht weiter bedeutungsvollen Akronym POSDCORB betitelt ist. Folgende Funktionen werden in diesem Konzept unterschieden:

- **P**lanning (deutsch: Planung)
- **O**rganizing (deutsch: Organisation)
- **S**taffing (deutsch: Personaleinsatz)
- **D**irecting (deutsch: Führung)
- **CO**ordinating (deutsch: Koordinierung)
- **R**eporting (deutsch: Berichten)
- **B**udgeting (deutsch: Budgetierung)[95]

Für die klassische Managementlehre hat der aus diesem und anderen Konzepten herausgebildete Fünferkanon von Managementfunktionen bis heute Geltung. **Harold Koontz und Cyril O'Donnell** haben diesen Kanon erstmals wie folgt beschrieben.

---

[94] vgl. **Steinmann, Dr. Horst; Schreyögg, Dr. Georg**: Management, S. 7, 5. Aufl., Betriebswirtschaftlicher Verlag Dr. Th. Gabler, Wiesbaden, 2000.

[95] vgl. **Steinmann, Dr. Horst; Schreyögg, Dr. Georg**: Management, S. 8, 5. Aufl., Betriebswirtschaftlicher Verlag Dr. Th. Gabler, Wiesbaden, 2000.

- Planung (englisch: planning)
- Organisation (englisch: organizing)
- Personaleinsatz (englisch: staffing)
- Führung (englisch: directing)
- Kontrolle (englisch: controlling)[96]

In diesem Konzept wird zu Recht die Koordination nicht als eine eigenständige Funktion angesehen. Sie ist von ihrem Charakter her keine Teilfunktion, sondern funktionsübergreifend, das heißt sie wird durch eine Vielzahl unterschiedlicher Managementhandlungen bewirkt. Für die oftmals gesondert ausgewiesene Managementfunktion Entscheidung gilt nach Steinmann/Schreyögg das gleiche. Sie ist gewissermaßen auch eine Meta-Funktion, die jede der aufgeführten Managementfunktionen betrifft. Beispielsweise beinhaltet jede Planungs-, Organisations- oder Personaleinsatzaufgabe eine Vielzahl von Entscheidungen. Aus diesem Grunde ergibt die Eigenständigkeit auch dieser Funktion in diesem Rahmen keinen Sinn.[97] Die fünf Managementfunktionen stehen in der Konzeption von Koontz und O'Donnell nicht lose nebeneinander, sondern werden in eine bestimmte Ordnung und Abfolge gebracht, sodass die Vorstellung eines Prozesses entsteht. In diesem **Managementprozess** werden die Managementfunktionen dynamisch als Phasen im Sinne einer aufeinander aufbauenden Abfolge von Aufgaben angesehen und in der Reihenfolge Planung, Organisation, Personaleinsatz, Führung und Kontrolle angeordnet.[98]

Die **Planung** als Primärfunktion umfasst das Nachdenken darüber, was erreicht werden soll und wie es am besten zu erreichen ist. Dabei geht es im Wesentlichen um die Bestimmung der Zielrichtung, die Entfaltung zukünftiger Handlungsoptionen und die optimale Auswahl unter diesen. Fortschreitend von der langfristigen zur kurzfristigen Orientierung beinhalten die Pläne unter anderem die Festsetzung von Zielen, Rahmenrichtlinien, Programmen und Verfahrensweisen zur Programmrealisierung für die Gesamtunternehmung oder einzelne ihrer Teilbereiche. Alle anderen Funktionen erfahren aus der Planung ihre Bestimmung.[99]

Während die Planung lediglich gedankliche Arbeit ist, obliegt es der Managementfunktion **Organisation** in einem ersten Umsetzungsschritt ein Handlungsgefüge herzustellen, das alle notwendigen Aufgaben spezifiziert und so aneinander anschließt, dass eine Realisierung der Pläne gewährleistet ist. Im Zentrum steht die Schaffung von überschaubaren plangerechten Aufgabeneinheiten, Stellen und Abteilungen mit Zuweisung von entsprechenden Kompetenzen und Weisungsbefugnissen, sowie die horizontale und vertikale

---

[96] vgl. **Steinmann, Dr. Horst; Schreyögg, Dr. Georg**: Management, S. 8–9, 5. Aufl., Betriebswirtschaftlicher Verlag Dr. Th. Gabler, Wiesbaden, 2000.

[97] vgl. **Steinmann, Dr. Horst; Schreyögg, Dr. Georg**: Management, S. 9, 5. Aufl., Betriebswirtschaftlicher Verlag Dr. Th. Gabler, Wiesbaden, 2000.

[98] vgl. **Steinmann, Dr. Horst; Schreyögg, Dr. Georg**: Management, S. 9, 5. Aufl., Betriebswirtschaftlicher Verlag Dr. Th. Gabler, Wiesbaden, 2000.

[99] vgl. **Steinmann, Dr. Horst; Schreyögg, Dr. Georg**: Management, S. 9, 5. Aufl., Betriebswirtschaftlicher Verlag Dr. Th. Gabler, Wiesbaden, 2000.

Verknüpfung der ausdifferenzierten Stellen und Abteilungen zu einer Einheit. Die Einrichtung eines Kommunikationssystems, das die eingerichteten Stellen mit den zur Aufgabenerfüllung notwendigen Informationen versorgt, gehört ebenfalls dazu.[100]

Im Rahmen der Managementfunktion **Personaleinsatz** werden die in der Organisation geschaffenen Stellen anforderungsgerecht mit Personal besetzt, um eine plangemäße Umsetzung der organisierten Tätigkeiten zu ermöglichen. Diese Funktionen beinhaltet aber nicht nur die einmalige Stellenbesetzung, sondern im Fortlauf des Prozesses auch die fortwährende Sicherstellung und Erhaltung der Human-Ressourcen, vor allem die Aufgaben der Personalbeurteilung und der Personalentwicklung. Die qualifizierte Aufgabenerfüllung sowie eine leistungsgerechte Entlohnung sind ferner zu gewährleisten.[101]

Die **Führung** schließt sich idealtypisch der Planung, der Organisation und der personellen Ausstattung an, da somit die generellen Voraussetzungen für den Aufgabenvollzug geschaffen wurden. Führung beinhaltet hier die konkrete Veranlassung der Arbeitsausführung und ihre zieladäquate Feinsteuerung im vorgegebenen Rahmen. Führung im engeren Sinne steht nun im Vordergrund und bezieht sich auf den täglichen Arbeitsvollzug und seine Formung durch die Vorgesetzten. Die herausragenden Themen dieser Managementfunktion sind Motivation, Kommunikation und Konfliktbereinigung.[102]

Schließlich folgt die **Kontrolle**, als letzte Phase dieses so konzipierten Managementprozesses. Sie soll die erreichten Ergebnisse registrieren und mit den Plandaten vergleichen und stellt insofern logisch den letzten Schritt dar. Im Rahmen des Soll/Ist-Vergleiches wird gezeigt, ob es gelungen ist, die Pläne in die Tat umzusetzen. Abweichungen sind daraufhin zu prüfen, ob sie die Einleitung von Korrekturmaßnahmen oder grundsätzliche Planrevision erfordern. Im Sinne eines Zyklus bildet die Kontrolle mit ihren Informationen zugleich den Ausgangspunkt für die Neuplanung und damit den neu beginnenden Managementprozess. Planung und Kontrolle werden aus diesem Grunde auch als Zwillingsfunktionen bezeichnet, da keine Planung ohne Kontrolle und keine Kontrolle ohne Planung stattfinden kann.[103]

Der hier beschriebene Managementprozess wird in Abb. 2.4 noch einmal zusammenfassend dargestellt.

Anknüpfend an die historische Entwicklung des Managementbegriffes stützen sich auch Steinmann/Schreyögg auf den institutionellen und funktionalen Ansatzes von Management. Im Rahmen der funktionalen Sicht charakterisieren sie die Personengruppen, die zum Management gehört. Ihr Funktionsansatz bringt allerdings ein funktionales Managementkonzept hervor, das auf zweifache Art und Weise bedeutsam ist. Zum einen beschreiben sie

[100] vgl. **Steinmann, Dr. Horst; Schreyögg, Dr. Georg**: Management, S. 9, 5. Aufl., Betriebswirtschaftlicher Verlag Dr. Th. Gabler, Wiesbaden, 2000.

[101] vgl. **Steinmann, Dr. Horst; Schreyögg, Dr. Georg**: Management, S. 10, 5. Aufl., Betriebswirtschaftlicher Verlag Dr. Th. Gabler, Wiesbaden, 2000.

[102] vgl. **Steinmann, Dr. Horst; Schreyögg, Dr. Georg**: Management, S. 10, 5. Aufl., Betriebswirtschaftlicher Verlag Dr. Th. Gabler, Wiesbaden, 2000.

[103] vgl. **Steinmann, Dr. Horst; Schreyögg, Dr. Georg**: Management, S. 10, 5. Aufl., Betriebswirtschaftlicher Verlag Dr. Th. Gabler, Wiesbaden, 2000.

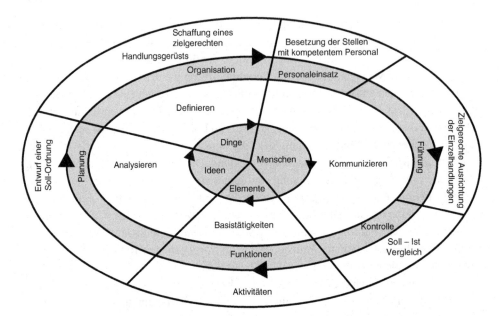

Abb. 2.4 Der Managementprozess (vgl. **Steinmann, Dr. Horst; Schreyögg, Dr. Georg**: Management, S. 11, 5. Aufl., Betriebswirtschaftlicher Verlag Dr. Th. Gabler, Wiesbaden, 2000)

Management als Querschnittsfunktion und stellen dar, wie in Abgrenzung zu den Sachfunktionen Einkauf, Produktion und Verkauf horizontal Managementfunktionen einsteuern. Diese Sichtweise erscheint sowohl einfach als auch plausibel. Zum anderen leiten sie aus der in der Managementlehre bedeutenden Funktions-Klassifikation von Gulick unter zu Hilfenahme der Arbeiten von Koontz und O'Donnell einen Fünferkanon von Managementfunktionen ab und fügen diese zu einem Managementprozess zusammen. Die nähere Analyse der Beschreibung der einzelnen Schritte in diesem Managementprozess gebärt die Vermutung, dass hier keine grundlegenden Aufgaben und Funktionen des Managements vergessen wurden. Sowohl die kreisförmige Darstellung des Managementprozesses als auch die Auffassung des Zyklus als nie endender Prozess erscheinen an dieser Stelle äußerst wertvoll. Alles in allem ein sehr gut strukturierter, historisch fundierter und ganzheitlicher Ansatz zur Unternehmensführung von Steinmann und Schreyögg.

2.1.8 Ansatz zur Unternehmensführung nach Hahn/Taylor

„Führen heißt verändern!"[104] Mit dieser Aussage beginnen **Dietger Hahn** und **Bernard Taylor** die Darstellung ihres Grundkonzeptes zur strategischen Unternehmensführung. Sie vertreten demnach die Auffassung, dass auf Veränderungen in unseren Umfeldern Veränderungen in unseren Unternehmen folgen müssen.

---

[104] **Hahn, Dietger; Taylor, Bernard**: Strategische Unternehmensplanung – strategische Unternehmensführung, S. 28, 8. Aufl., Physica-Verlag, Heidelberg, 1999.

Die **Entwicklungen** mit Langfristwirkung und Vernetzung in den sozio-kulturellen, binnen- und außenwirtschaftlichen, technologischen und natürlichen Umfeldern bilden ein Konzentrat neuer Herausforderungen und Aufgaben für die Führung unserer Unternehmen. In diesen Umfeldern finden gravierende Entwicklungen wie beispielsweise Europäisierung und Globalisierung, Wissensexplosion, technische Perfektionierung, Bevölkerungswachstum, Wertewandel, Demokratisierung, Wohlstandsdifferenzierung, Wohlstandsoptimierung und Ökologisierung statt. Um auch in Zukunft im internationalen Wettbewerb bestehen zu können, gilt es diese Herausforderungen zu bewältigen, Herausforderungen an die Führungskräfte und an die Führungskonzepte. Zum einen wird mehr denn je der Entrepreneur als Führungskraft gebraucht und zum anderen werden Führungskonzepte gebraucht, die nicht nur vernetzte, visionsorientierte und dialogische Planung, sondern vor allem auch schnelle und wirksame Durchsetzung gewährleisten.[105]

Nach Hahn und Taylor ist **Führung** stets ein Prozess der Willensbildung und Willensdurchsetzung spezifischer Personen gegenüber anderen Personen zur Erreichung eines oder mehrerer Ziele unter Übernahme der hiermit verbundenen Verantwortung. Diese Verantwortung, das Einstehen für ein Tun oder Unterlassen, das Rechtfertigen und Vertreten des unternehmerischen Entscheidens und Handelns, hat durch die Führungskraft in Zukunft nicht nur gegenüber sich selbst, gegenüber Kapitalgebern und Mitarbeitern, sondern auch gegenüber allen an der Unternehmung interessierten Gruppen und damit letztlich auch gegenüber der Öffentlichkeit zu geschehen.

Des Weiteren beinhaltet Führung nach Hahn und Taylor einen Entscheidungs- und Planungsprozess sowie einen Steuerungs- und Kontrollprozess, der stets verbunden mit einem spezifischen Führungsverhalten steht. Hier geht es um die Erarbeitung, Vorgabe und Überwachung von Zielen, Maßnahmen und Ressourcen, stets verbunden mit einem nicht nur rationalen, sondern auch geforderten und gewollten emotionalen Führungsverhalten.[106]

Die Abb. 2.5 fasst diese Gedanken zusammen.

Führung wird jedoch auch als ein System vermischter Entscheidungs-, Steuerungs-, und Kontrollprozesse verstanden und ist ein multipersonaler, mehrstufiger, zum Teil nach dem Regelkreisprinzip ablaufender Prozess. Dieser Informationsverarbeitungsprozess ist durch eine Vielzahl notwendiger Abstimmungsprozesse strategischer und operativer Art gekennzeichnet.[107] Hierbei bedingen sich innovative Prozesse, ein innovationsförderndes Verhalten und ein kooperatives Führungsverhalten. Dieses Führungsverhalten benötigt, bei allgemein erhöhtem Zeitdruck, mehr Zeit als jedes andere Führungsverhalten. Den Erfolg sichern nicht mehr Zielsetzung, sondern Zielvereinbarung, nicht mehr primär Fremdkontrolle, sondern primär Selbstkontrolle, nicht mehr primär Einzelarbeit, sondern primär Teamarbeit, nicht mehr streng rhythmische, strukturierte, sondern vornehmlich

---

[105] vgl. **Hahn, Dietger; Taylor, Bernard**: Strategische Unternehmensplanung – strategische Unternehmensführung, S. 28–29, 8. Aufl., Physica-Verlag, Heidelberg, 1999.

[106] vgl. **Hahn, Dietger; Taylor, Bernard**: Strategische Unternehmensplanung – strategische Unternehmensführung, S. 29–30, 8. Aufl., Physica-Verlag, Heidelberg, 1999.

[107] vgl. **Hahn, Dietger; Taylor, Bernard**: Strategische Unternehmensplanung – strategische Unternehmensführung, S. 30, 8. Aufl., Physica – Verlag, Heidelberg, 1999.

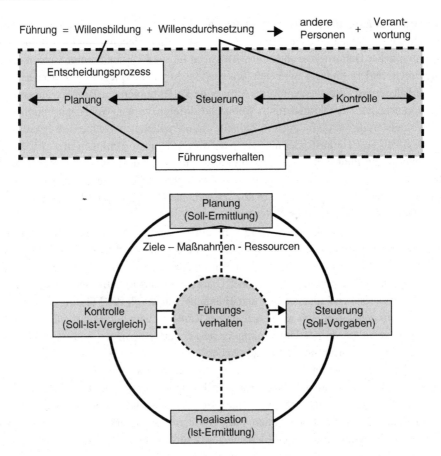

Abb. 2.5 Grundschema des Führungs- und Realisationsprozesses (vgl. **Hahn, Dietger; Taylor, Bernard**: Strategische Unternehmensplanung – strategische Unternehmensführung, S. 30, 8. Aufl., Physica-Verlag, Heidelberg, 1999)

weitgehend fei gestaltbare Arbeit. Das veränderte Selbstverständnis, insbesondere der jüngeren Generation, wird auf diese Weise berücksichtigt.[108]

Wenn ein Unternehmen also dem Zeitdilemma entrinnen will und seine Chancen und Potenziale nutzen will, ist es gezwungen unternehmerische Entscheidungs- und Handlungsspielräume zu schaffen, damit auch erhöhte Motivation zu generieren, zu einem kooperativen Führungsstil zu finden und vor allem verstärkter Dezentralisation und Delegation zu betreiben. Diese Dezentralisation wiederum zwingt zur Integration, die vornehmlich über entsprechende Planungs-, Steuerungs-, und Kontrollsysteme zur Zielvereinbarung, zum Zwecke der Entscheidungs- und Handlungskoordination, führt. Diese zielorientierte, motivierende Dezentralisation aber erfordert strategische Führung bezüglich Richtung, Ausmaß,

---

[108] vgl. **Hahn, Dietger; Taylor, Bernard**: Strategische Unternehmensplanung – strategische Unternehmensführung, S. 31, 8. Aufl., Physica – Verlag, Heidelberg, 1999.

Struktur und Träger langfristig festgelegter Unternehmensentwicklung, bei weitgehenden Freiräumen im operativen Bereich.[109] Aus diesen Gedanken leiten Hahn und Taylor folgende **Kernaufgaben der Unternehmensführung** ab, die

- Festlegung von unternehmenspolitischen Zielen und generelle Zielplanung,
- strategische und operative Planung,
- umsetzende Steuerung und Kontrolle und
- die den Führungsprozess prägende Unternehmensphilosophie und Unternehmenskultur.[110]

Die **Führungsaufgaben** in der Unternehmung beinhalten folglich Planung, Steuerung und Überwachung von Richtung, Ausmaß, Struktur und Träger der Unternehmensentwicklung auf der Basis abgestimmter Werte und Ziele ihrer obersten Willenbildungszentren.[111]
Die Abb. 2.6 fasst dies zusammen.
Folglich beinhalten die konkreten **Aufgabenkomplexe der strategischen Unternehmensführung** nach Hahn/Taylor die

- Festlegung der Unternehmensphilosophie,
- Festlegung unternehmungspolitischer Ziele,
- Geschäftsfeld- sowie grundlegende Funktionsbereichs- und Regionalstrategieplanung,
- Organisations-, Rechtsform- und Rechtsstrukturplanung,
- Führungskräftesystemplanung mit
- Planung des Führungskräfteplanungssystems und daraufaufbauender personenbezogener Führungskräfteplanung,
- Planung des Führungskräfteanreizsystems und
- Planung des Führungskräfteinformationssystems sowie
- die zu deren Umsetzung erforderlichen Steuerungs- und Kontrollprozesse und die
- angestrebte Gestaltung der Unternehmenskultur.[112]

Im Hinblick auf diese Gestaltungs- und Umsetzungsaufgaben lässt sich der Prozess strategischer Unternehmensführung somit formalisieren. Dieser Prozess folgt den generellen Phasen des Führungsprozesses sowohl als einmaliger, projektbezogener strategischer Führungsprozess als auch im Rahmen von periodisch wiederkehrenden strategischen Führungsaufgaben. Nach der sorgfältigen Analyse und Prognose der Umfelder, werden auch

[109] vgl. **Hahn, Dietger; Taylor, Bernard**: Strategische Unternehmensplanung – strategische Unternehmensführung, S. 31–32, 8. Aufl., Physica – Verlag, Heidelberg, 1999.

[110] vgl. **Hahn, Dietger; Taylor, Bernard**: Strategische Unternehmensplanung – strategische Unternehmensführung, S. 32, 8. Aufl., Physica – Verlag, Heidelberg, 1999.

[111] vgl. **Hahn, Dietger; Taylor, Bernard**: Strategische Unternehmensplanung – strategische Unternehmensführung, S. 32, 8. Aufl., Physica – Verlag, Heidelberg, 1999.

[112] vgl. **Hahn, Dietger; Taylor, Bernard**: Strategische Unternehmensplanung – strategische Unternehmensführung, S. 35, 8. Aufl., Physica-Verlag, Heidelberg, 1999.

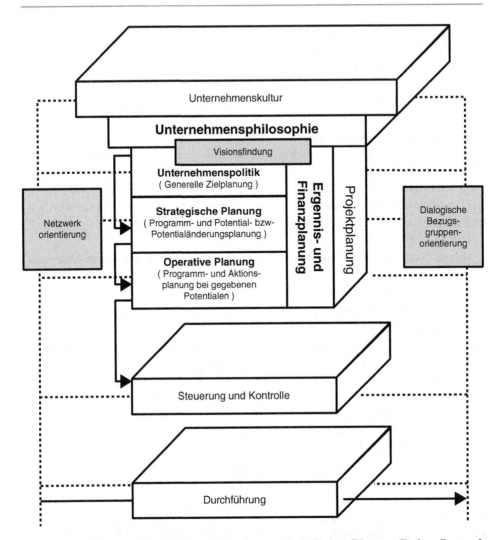

Abb. 2.6 Führungsaufgaben in der Unternehmung (vgl. **Hahn, Dietger; Taylor, Bernard**: Strategische Unternehmensplanung – strategische Unternehmensführung, S. 33, 8. Aufl., Physica-Verlag, Heidelberg, 1999)

hier Probleme durch Alternativensuche, -bewertung, -auswahl unter Berücksichtigung entsprechender Umsetzungsverantwortung gelöst.[113]

Hahn und Taylor wählen als Ausgangspunkt für ihre Grundkonzeption die Darstellung der Entwicklungen in den verschiedenen Umfeldern einer Unternehmung und die sich daraus ergebenen Herausforderungen für die Unternehmensführung aus. Auf der Grundlage

---

[113] vgl. **Hahn, Dietger; Taylor, Bernard**: Strategische Unternehmensplanung – strategische Unternehmensführung, S. 35, 8. Aufl., Physica-Verlag, Heidelberg, 1999.

dieser Außenperspektive bauen sie ihr Grundkonzept auf. Natürlich berücksichtigen auch andere Wissenschaftler und Autoren diesen Aspekt beispielsweise im Rahmen einer Umwelt- oder Umfeldanalyse, jedoch ist es interessant zu beobachten, dass Hahn und Taylor ihre Gesamtkonzeption auf diese Sicht aufbauen und deren übergeordnete Bedeutung für den Erfolg von Unternehmen an dieser Stelle platzieren. Weiter ist bei sorgfältiger Betrachtung zu erkennen, dass dieser Ansatz zur Unternehmensführung die eigentliche Führung in den Mittelpunkt stellt und von diesem Punkt aus den Führungsprozess, den Entscheidungsprozess, den Realisationsprozess, den mehrstufigen Führungsprozess, die Führungsaufgaben und die strategische Führung ableitet. Folglich sprechen Hahn und Taylor von der Führung der Unternehmung. Augenscheinlich weicht diese Auffassung des Führungsbegriffes ein wenig von den Auffassungen der bisher dargestellten Ansätze ab. Dadurch bereichert der Ansatz von Hahn/Taylor diese Arbeit um eine weitere interessante Perspektive auf die Unternehmensführung.

2.1.9   Ansatz zur Unternehmensführung nach Macharzina

Nach **Klaus Macharzina** ergibt sich Führungsbedarf daraus, dass das Handeln von Personen immer nach Koordination im Hinblick auf angestrebte Ziele verlangt. Diese Koordination erstreckte sich in Unternehmen, neben den Menschen aber auch auf die im Wertschöpfungsprozess eingesetzten Sachmittel sowie immaterielle Güter, insbesondere Informationen, Werte, Rechte und Pflichten.[114] Die **institutionelle Sichtweise** der Unternehmensführung wird nach Macharzina durch die Unternehmensverfassung abgedeckt und bildet deren Handlungsrahmen. Die Notwendigkeit für eine Unternehmensverfassung wird häufig mit dem Phänomen der Interessendivergenz der an Unternehmen beteiligten Akteure und Gruppen begründet. Bei einem gewissen Grundkonsens verfolgen diese voneinander abweichende Interessen und sind daher darum bemüht, die Entscheidungsprozesse in den Unternehmen zu ihrem Vorteil zu beeinflussen. Es können jedoch nicht alle Ansprüche der Beteiligten gleichermaßen befriedigt werden, da die im Unternehmen erwirtschaftete Menge an materiellen und immateriellen Werten begrenzt ist. Aus diesem Grunde ist ein Regulativ erforderlich, welches das konkurrenzorientierte Streben nach individuellem Vorteil normiert und zum Ausgleich bringt. Es existieren unterschiedliche Ansätze zur Entwicklung und Analyse der Unternehmensverfassung auf die jedoch an dieser Stelle aus methodisch-didaktischen Gründen nicht näher eingegangen wird, da detailliertere Ausführung den Umfang dieses Kapitels sprengen würden und nur wenig hilfreich für den in dieser Arbeit betrachteten Forschungsansatz wären.[115]

Die **funktionale Sichtweise** der Unternehmensführung gliedert sich nach Macharzina in

---

[114] vgl. **Macharzina, Klaus**: Unternehmensführung, S. 34, 2. Aufl., Betriebswirtschaftlicher Verlag Dr. Th. Gabler, Wiesbaden, 1995.

[115] vgl. **Macharzina, Klaus**: Unternehmensführung, S. 118, 2. Aufl., Betriebswirtschaftlicher Verlag Dr. Th. Gabler, Wiesbaden, 1995.

- Entwicklung von Unternehmenszielen, Unternehmensgrundsätzen und Unternehmenskultur,
- Formulierung von Strategien
- Controlling,
- Organisation,
- Personal- und
- Verhandlungsführung.[116]

Im Rahmen der Funktion **Entwicklung von Unternehmenszielen, Unternehmensgrundsätzen und Unternehmenskultur** wird zunächst festgehalten, dass der Zielbegriff, ob als Unternehmens- oder Organisationsziel aufgefasst, in der theoretischen Zielforschung nicht einheitlich verwendet wird. Unterschiedliche Definitionen setzten unterschiedliche Schwerpunkte. Die Präzisierung von Unternehmenszielen nach den Dimensionen Zielinhalt, Ausmaß der Zielerreichung und zeitlicher Bezug hat dagegen in der Zielforschung weite Verbreitung gefunden. Während der Zielinhalt die sachliche Festlegung dessen bezeichnet, was angestrebt wird, legt das Zielausmaß in absoluter oder relativer Form das im Hinblick auf den Zielinhalt verfolgte Anspruchsniveau fest. Schließlich bestimmt der zeitliche Bezug, zu welchem Zeitpunkt ein Ziel erfüllt wird und damit implizit den Zeitraum, welcher zur Zielerreichung zur Verfügung steht. Die Zielformulierung wird in der Betriebswirtschaftslehre als Voraussetzung betrieblichen Entscheidens verstanden und somit haben Ziele die Funktion eines Entscheidungskriteriums, was nichts anderes bedeutet, als dass sich die Auswahl von Alternativen an zuvor festgelegten Zielen orientiert.[117]

Da in Unternehmen die Handlungen im Regelfall auf mehrere Ziele hin ausgerichtet sind, handelt es sich um eine vereinfachte Darstellung, wenn im allgemeinen Sprachgebrauch und häufig auch in der wirtschaftswissenschaftlichen Literatur, von den Zielen eines Unternehmens gesprochen wird. Die in Unternehmen verfolgten Ziele können, um der Realität besser gerecht zu werden, als nach explizit oder implizit festgelegten Kriterien geordnete Elemente eines Zielsystems aufgefasst werden. Dieses Zielsystem besteht in einer strukturierten Gesamtheit von Zielelementen, zwischen denen horizontale und vertikale Beziehungen bestehen oder hergestellt werden können.

Ordnungskriterien sind im Allgemeinen der Rang, die Präferenz, die Zielbeziehung, der Zuordnungsbereich und der Planungshorizont. Die Zielplanung kann zum einen Zentral und zum anderen Dezentral erfolgen.[118]

In der Unternehmenspraxis werden **Unternehmensgrundsätze** auch als Grundordnungen oder Unternehmensphilosophien bezeichnet und bestehen aus einer Ansammlung

---

[116] vgl. **Macharzina, Klaus**: Unternehmensführung, S. 175 ff., 2. Aufl., Betriebswirtschaftlicher Verlag Dr. Th. Gabler, Wiesbaden, 1995.

[117] vgl. **Macharzina, Klaus**: Unternehmensführung, S. 176–179, 2. Aufl., Betriebswirtschaftlicher Verlag Dr. Th. Gabler, Wiesbaden, 1995.

[118] vgl. **Macharzina, Klaus**: Unternehmensführung, S. 180–182, 2. Aufl., Betriebswirtschaftlicher Verlag Dr. Th. Gabler, Wiesbaden, 1995.

von allgemeinen Zwecken, Zielen, Potenzialen und Verhaltensweisen, die gemeinsam und ohne Ausnahme sowohl für Mitarbeiter und Führungskräfte, Eigentümer, Aktionäre, und gegenüber der Gesellschaft gelten. Die Unternehmensgrundsätze sollen insbesondere eine Verbindung zwischen Markt und Unternehmen schaffen. Sie sind in aller Regel verbal formuliert, wobei idealtypisch davon ausgegangen wird, dass sie die Grundlage der Zielfestlegung für das operative Geschäft der Unternehmensführung bilden.[119] Ähnlich wie das auch bei dem Realphänomenen Kultur an sich der Fall ist, wurde bislang trotz intensiven Auseinandersetzungen mit dem Begriff der Unternehmenskultur noch kein begrifflicher Konsens erzielt.

Macharzina stellt folgende **Merkmale der Unternehmenskultur** zur inhaltlichen Präzisierung dieses Begriffes zusammen:

- Die Unternehmenskultur ist durch die Geschichte des Unternehmensund seiner Umwelt geprägt.
- Die Unternehmenskulturen sind als Ergebnis des Zusammenspiels der Handlungen vieler anzusehen.
- Die Unternehmenskultur ist erlernbar.
- Die Unternehmenskultur ist vorwiegend impliziter Natur.
- Die Unternehmenskultur zeigt und materialisiert sich in vielfältigen Ausdrucksformen, beispielsweise durch Symbole.
- Die Unternehmenskultur ist dadurch gekennzeichnet, dass die in ihr zusammengefassten Werte und Normen von der Mehrzahl der Unternehmensangehörigen getragen werden.
- Die Unternehmenskultur weist affektive Bezüge auf, das heißt sie spricht die emotionale Ebene des Daseins und Handelns an.[120]

Im Rahmen der **Formulierung von Strategien** geht Macharzina davon aus, dass Strategien komplexe Maßnahmenbündel darstellen und dass zur Erreichung eines angestrebten Ziels eine Vielzahl von Einzelmaßnahmen zu realisieren sind, die in einem stimmigen Verhältnis zueinander stehen müssen. Somit bestehen Strategien aus einer Vielzahl von miteinander verwobenen Einzelentscheidungen. Strategien sind also nicht als isolierte Einzelentscheidungen aufzufassen, sondern als ein Gesamtpaket von Entscheidungen, die einem gemeinsamen übergeordneten Ziel dienen. Diese komplexe Gestalt einer Strategie ist von verschiedenen Einheiten im Unternehmen und nicht vom Top-Management allein zu formulieren. Die Strategieformulierung ist ein arbeitsteiliger Prozess. Strategien werden jedoch vom Top-Management und nachgelagerten Entscheidungseinheiten bewusst gestaltet und somit geplant. Sie sind nicht die zukünftigen Maßnahmen selbst, sondern Planungen und Absichten hinsichtlich dieser Maßnahmen. Strategien werden aus den fundamentalen

---

[119] vgl. **Macharzina, Klaus**: Unternehmensführung, S. 177, 2. Aufl., Betriebswirtschaftlicher Verlag Dr. Th. Gabler, Wiesbaden, 1995.

[120] vgl. **Macharzina, Klaus**: Unternehmensführung, S. 204–207, 2. Aufl., Betriebswirtschaftlicher Verlag Dr. Th. Gabler, Wiesbaden, 1995.

Unternehmenszielen abgeleitet und sind daher eher der Weg als das Ziel. Sie beeinflussen die Interaktion zwischen Unternehmen und Umwelt substanziell. Die Strategieüberwachung und die Strategieentwicklung ist ein kontinuierliches Problem von Unternehmen.[121]

Nach Macharzina werden in der Unternehmenspraxis, trotz ihres unterschiedlichen Charakters die Planungs- und Kontrollaktivitäten häufig zu einem geschlossenen Aufgabenkomplex zusammengefasst und einer eigenständigen Funktion **Controlling** zugewiesen. Der deutsche Begriff der Kontrolle wird hier mit den englischen Begriffen to control und controlling zusammengeführt. Neben dem Bedeutungsinhalt des Kontrollierens wird insbesondere derjenige des Steuerns angesprochen und damit ein umfassenderes Verständnis zugrundegelegt. Die Planung ist für Macharzina zukunftsgerichtet und bildet die Grundlage für zukünftiges Handeln des Unternehmens und seiner Mitglieder.[122] Die Aufgaben des Controllings richten sich vorwiegend auf die Planungs- und Kontrollfunktion, wobei die Verknüpfung und die gegenseitige Abstimmung von Planung, Vorgabe, Kontrolle und Informationsversorgung im Mittelpunkt des Controlling steht. Dabei spielen drei Kernbereich des Controllings eine besondere Rolle, die Informationsversorgung im Planungsprozess, die Aufgabe der Koordination im Entscheidungsprozess und schließlich die Aufgabe der Kontrolle.[123]

Im Rahmen der **Organisation** geht es, wie auch bei der Planung, um ein rationales, bewusstes, zweckorientiertes Handeln. Gegenstand der Unternehmensorganisation ist die Gestaltung eines Ordnungsrahmens, um die vielfältigen und arbeitsteiligen Aufgaben des Wertschöpfungsprozesses den in der Planung entwickelten Handlungsprogrammen entsprechend erfüllen zu können. Die Unternehmensorganisation liefert somit die strukturelle Basis für das Zusammenwirken von Personen, Sachmitteln und Informationen im Beziehungsgefüge zwischen Unternehmen und Umwelt. Das Ergebnis dieser organisatorischen Gestaltung ist eine bestimmte Konfiguration der Unternehmens-Umwelt-Interaktion. Während es bei der Organisation im Hinblick auf die inneren und äußeren Kontextbedingungen des Unternehmens um die dauerhafte Festlegung von Regeln zur Aufgabenerfüllung geht, verfolgt die Disposition eine lediglich fallweise, auf die momentane Situation bezogene Ordnung der Handlungen. Bei der Improvisation geht es schließlich um eine vorläufige Ordnung für einen begrenzten Zeitraum.[124] Die Differenzierung, die Integration und die Koordination bilden die Kerninstrumente der organisatorischen Gestaltung. Die Differenzierung vollzieht sich durch Arbeitsteilung über die Zerlegung von größeren Aufgabenkomplexen in Teilaufgaben sowie die Zuweisung der Teilaufgaben an die einzelnen Mitglieder des Unternehmens. Während Integration die zielorientierte Zusammenfassung

---

[121] vgl. **Macharzina, Klaus**: Unternehmensführung, S. 220–222, 2. Aufl., Betriebswirtschaftlicher Verlag Dr. Th. Gabler, Wiesbaden, 1995.

[122] vgl. **Macharzina, Klaus**: Unternehmensführung, S. 335, 2. Aufl., Betriebswirtschaftlicher Verlag Dr. Th. Gabler, Wiesbaden, 1995.

[123] vgl. **Macharzina, Klaus**: Unternehmensführung, S. 370–372, 2. Aufl., Betriebswirtschaftlicher Verlag Dr. Th. Gabler, Wiesbaden, 1995.

[124] vgl. **Macharzina, Klaus**: Unternehmensführung, S. 384, 2. Aufl., Betriebswirtschaftlicher Verlag Dr. Th. Gabler, Wiesbaden, 1995.

von Prozessen und Regeln ist, wird unter Koordination die Abstimmung der interdependenten Teilaufgaben eines Unternehmens verstanden.[125]

Die **Personalführung und Verhandlungsführung** spricht die interpersonelle Dimension des Verhaltens und Handelns von Mitgliedern eines Unternehmens an. Diese Prozesse werden mit dem Ziel der Beeinflussung der jeweils anderen Interaktionspartner initiiert und vollziehen sich in aller Regel auf der Ebene von Individuen oder Gruppen, bei der Verhandlungsführung aber auch zwischen Institutionen. **Führungsgrundsätze** auf der Unternehmensebene normieren das Führungsverhalten und Führungshandeln der Manager auf nachgelagerten Hierarchieebenen und zugleich begrenzen sie den Gestaltungsspielraum der Führung im Verhältnis zwischen Führungskraft und Mitarbeiter auf der individuellen Ebene. Dieser auch als Mitarbeiterführung bezeichnete Prozess der Interaktion zwischen Vorgesetzten und Mitarbeitern ist nach Macharzina die zielgerichtete Beeinflussung von Personen durch Personen.[126] Die Bedeutung der Verhandlungsführung als Funktion der Unternehmensführung lässt sich dadurch erklären, dass neuere theoretische und praktische Konzepte der Unternehmensführung eine Beteiligung hierarchisch untergeordneter Entscheidungseinheiten an grundlegenden Entscheidungen vorsehen und damit ein höheres Maß an Entscheidungsdezentralisation fordern. Diesen Konzepten liegt die Auffassung zugrunde, dass an dem Prozess der Entwicklung grundsätzlicher Entscheidungen nicht ausschließlich die Mitglieder des Top-Managements beteiligt sein müssen. Die wesentlichen Unterschiede zwischen der Verhandlungsführung und der Mitarbeiterführung verweisen auf die Notwendigkeit einer eigenständigen Behandlung, zumindest im Hinblick auf die im Verhandlungsprozess zum Einsatz kommenden Techniken und Instrumente.[127]

Der vorliegende Ansatz zur Unternehmensführung von Klaus Macharzina liefert neben der bekannten Aufteilung des Begriffes in eine institutionelle und in eine funktionale Sichtweise auch eine Reihe von neuen Aspekten. Zum einen sind seine Funktionen der Unternehmensführung die Entwicklung von Unternehmenszielen, Unternehmensgrundsätzen und Unternehmenskultur, Formulierung von Strategien, Controlling, Organisation sowie Personal- und Verhandlungsführung zum Teil neu. Zum anderen beinhalten diese Funktionen einige neue Begrifflichkeiten. Beispielsweise die Darstellung der Unternehmensgrundsätze und der Unternehmenskultur ist gemeinsam mit den Unternehmenszielen eine eigenständige Funktion. Aus diesen drei Begriffen baut er interessanterweise das Grundgerüst für das Unternehmen auf. Besonders herauszustellen ist jedoch seine Auffassung über die Verhandlungsführung. Seine These, dass moderne Entscheidungsprozesse keine Personalführung sondern Verhandlungsführung benötigen argumentiert er stichhaltig und belegt sie gleichzeitig mit entsprechenden praktischen Studien. Damit wurde ein neuer ernst zu nehmender Begriff im Umfeld der Unternehmensführung eingeführt.

---

[125] vgl. **Macharzina, Klaus**: Unternehmensführung, S. 387–388, 2. Aufl., Betriebswirtschaftlicher Verlag Dr. Th. Gabler, Wiesbaden, 1995.

[126] vgl. **Macharzina, Klaus**: Unternehmensführung, S. 430, 2. Aufl., Betriebswirtschaftlicher Verlag Dr. Th. Gabler, Wiesbaden, 1995.

[127] vgl. **Macharzina, Klaus**: Unternehmensführung, S. 465–467, 2. Aufl., Betriebswirtschaftlicher Verlag Dr. Th. Gabler, Wiesbaden, 1995.

2.1.10 Ansatz zur Unternehmensführung nach Rühli, der Zürcher Ansatz

Nach **Dr. Edwin Rühli** ist Führung ein außerordentlich vielfältiges Phänomen. Es ist daher seiner Meinung nach unerlässlich, um solche komplexen Phänomene einigermaßen systematisch und ganzheitlich erfassen zu können, sie mit Hilfe eines konzeptionellen Rahmens, mit einem Framework, einer Art disziplinären Systems, zu strukturieren, um damit einen Ordnungs- und Bezugsrahmen zu schaffen und dadurch grundlegende Zusammenhänge, oft sogar Gesetzmäßigkeiten, aufzuzeigen. Die Konzeptualisierung mit der Hilfe von Frameworks nimmt in der modernen Wissenschaftstheorie eine bedeutende Stellung ein. Ein Framework in diesem Sinne klärt den Forschungsgegenstand, weist auf Fragestellungen hin und eröffnet als erkenntnisleitender Rahmen Forschungsperspektiven. Der Zürcher Ansatz ist ein derartiges Framework, das primär „concept driven" und deduktiv ausgerichtet ist.[128]

Zunächst nimmt der Zürcher Ansatz zwei **Hauptperspektiven** ein. Zum einen ist das die Innenwelt mit Strategie, Struktur und Kultur und zum anderen ist das die Umwelt mit den Stakeholderbeziehungen im Wirtschafts-, Gesellschaft-, und Ökosystem. Daraus leitet er das **Erfahrungsobjekt** ab.[129] Das Erfahrungsobjekt ist das soziale System Unternehmung als Element des marktwirtschaftlichen Systems. Aus dem Erfahrungsobjekt heraus wird anschließend das **Erkenntnisobjekt** definiert, das die effiziente Steuerung der multipersonalen Problemlösung in Unternehmungen beschreibt.[130] Aus diesem Erkenntnisobjekt ergibt sich zum einen die formale Seite der Führung und zum anderen die inhaltliche Seite der Führung, mit insgesamt vier fundamentalen Merkmalen der Unternehmensführung, die sich auch als **Hauptdimensionen** des Managements interpretieren lassen.

- Führungstechnik
- Menschenführung
- Innenpolitik
- Außenpolitik[131]

Immer dann, wenn Menschen gemeinsam Probleme lösen und dieser Vorgang gesteuert, gelenkt oder koordiniert werden muss, entsteht die Notwendigkeit zur Führung. Die **Führungstechnik** bezeichnet die Art und Weise dieser Steuerung der multipersonalen Problemlösung und stellt daher eine unabdingbare Dimension jeder Form der Unternehmensführung

---

[128] vgl. **Rühli, Dr. Edwin**: Unternehmungsführung und Unternehmungspolitik, S. 28–29, Bd. 1, 3. Aufl., Verlag Paul Haupt, Bern, Stuttgart, Wien, 1996.

[129] vgl. **Rühli, Dr. Edwin**: Unternehmungsführung und Unternehmungspolitik, S. 56, Bd. 1, 3. Aufl., Verlag Paul Haupt, Bern, Stuttgart, Wien, 1996.

[130] vgl. **Rühli, Dr. Edwin**: Unternehmungsführung und Unternehmungspolitik, S. 30, Bd. 1, 3. Aufl., Verlag Paul Haupt, Bern, Stuttgart, Wien, 1996.

[131] vgl. **Rühli, Dr. Edwin**: Unternehmungsführung und Unternehmungspolitik, S. 30–31, Bd. 1, 3. Aufl., Verlag Paul Haupt, Bern, Stuttgart, Wien, 1996.

dar. Da in jeder Führungssituation Interaktionen zwischen Menschen bestehen, ergeben sich zwangsläufig zwischenmenschliche Beziehungen. Unternehmensführung ist daher immer auch **Menschenführung**, weil Individuen und Kollektive mit all ihren Eigenheiten, Werten und Normen dabei eine Rolle spielen. Die Führungstechnik und die Menschenführung treten in allen Führungssituationen auf, wenn auch in unterschiedlichen Ausprägungen je nach Problemstellung. Aus diesem Grunde werden sie von Rühli auch als **formale Seite** der Unternehmensführung bezeichnet.[132]

Führung in Unternehmen dient immer der Lösung von Problemen und hat keinen originären Zweck, wie etwa die Wahl von Produkt-Markt-Kombinationen. Nach Rühli gilt es hierbei vorrangig die Handlungen der Problemlösungsgemeinschaft und die von ihr verfolgte Politik, inhaltlich-materiell zu bestimmen. Die dritte Dimension der Unternehmensführung ist somit diese Handlungsbestimmung in der Unternehmung.

Die Entwicklung und Durchsetzung dieser Politik im Innern der Unternehmung ist folglich die **Innenpolitik**. In der Realität handeln die Problemlösungsgemeinschaften nie in völliger Isolation. Sie sind stets in ein sich wandelndes Umfeld, in eine dynamische Umwelt eingebettet. Nach Rühli entsteht daraus die unausweichliche Notwendigkeit, den adäquaten Bezug zur Umwelt und den dynamischen Fit mit der Umwelt immer wieder zu suchen und die Politik nach außen zu vertreten. Die vierte Dimension der Unternehmensführung ist somit die **Außenpolitik**. Die Innenpolitik und die Außenpolitik werden von Rühli auch als **inhaltliche Seite** der Unternehmensführung bezeichnet.[133]

In einem weiteren Konkretisierungsschritt werden nun grundlegende Teilkategorien, sogenannte **konstitutive Elemente**, für jede Dimension herausgearbeitet, welche die Essenz der jeweiligen Sicht ausmachen.[134] Im Rahmen der Dimension Führungstechnik, kann als Ansatzpunkt für eine weiterschreitende Gliederung, das Problemlösungsverhalten gewählt werden.[135] Der Zürcher Ansatz beschreibt die idealtypische Struktur des Problemlösungsvorganges und damit auch die **konstitutiven Elemente der Führungstechnik** mit den folgenden vier Begriffen:

- Planung
- Entscheidung
- Ausführung
- Kontrolle[136]

---

[132] vgl. **Rühli, Dr. Edwin**: Unternehmungsführung und Unternehmungspolitik, S. 30, Bd. 1, 3. Aufl., Verlag Paul Haupt, Bern, Stuttgart, Wien, 1996.

[133] vgl. **Rühli, Dr. Edwin**: Unternehmungsführung und Unternehmungspolitik, S. 31–32, Bd. 1, 3. Aufl., Verlag Paul Haupt, Bern, Stuttgart, Wien, 1996.

[134] vgl. **Rühli, Dr. Edwin**: Unternehmungsführung und Unternehmungspolitik, S. 31, Bd. 1, 3. Aufl., Verlag Paul Haupt, Bern, Stuttgart, Wien, 1996.

[135] vgl. **Rühli, Dr. Edwin**: Unternehmungsführung und Unternehmungspolitik, S. 32, Bd. 1, 3. Aufl., Verlag Paul Haupt, Bern, Stuttgart, Wien, 1996.

[136] vgl. **Rühli, Dr. Edwin**: Unternehmungsführung und Unternehmungspolitik, S. 33, Bd. 1, 3. Aufl., Verlag Paul Haupt, Bern, Stuttgart, Wien, 1996.

Die Planung umfasst das Erkennen, Erfassen des Problems und Vorbereitung der Problemlösung. Diese Tätigkeiten werden als präparative Aktivitäten bezeichnet. Bei der Entscheidung wird eine Selektion zwischen verschiedenen Varianten vorgenommen. Diese Selektion wird als Wahlakt bezeichnet. Die Ausführung bezieht sich dann auf die Umsetzung in praktisches Handeln und die Verwirklichung der gewählten Varianten. Dieser Schritt wird auch als Realisierung bezeichnet. Schließlich dient die Kontrolle der Überwachung des Vollzuges der Resultate und der Einleitung von Korrektur oder Lernprozessen. Zusammenfassend können diese Schritte als Überprüfung bezeichnet werden. Während die Planung und die Entscheidung idealtypisch Elemente der Willensbildung sind, wird die Ausführung oder Anordnung und die Kontrolle idealtypisch als Willensdurchsetzung bezeichnet.[137]

Die Frage, ob es bei der Steuerung der multipersonalen Problemlösung bezogen auf die Menschenführung auch konstitutive Elemente im zwischenmenschlichen Bereich gibt, wird nun verfolgt.[138] Beim Zürcher Ansatz wird davon ausgegangen, dass sich bei jeder multipersonalen Problemlösung im Rahmen der Unternehmung zwecks Abgleichung von Absichten, Erwartungen und Handlungsvorstellungen sehr komplexe Beeinflussungsvorgänge zwischen Menschen abspielen.

Dieser wechselseitige Beeinflussungsvorgang im Rahmen der Menschführung kann in drei Komponenten gegliedert werden, die hier als **konstitutive Elemente der Menschenführung** bezeichnet werden.

- Absichtskundgebung
- Absichtübertragung
- Absichtsannahme[139]

Im institutionellen Rahmen der Unternehmung lassen sich diese konstitutiven Elemente unter dem Aspekt der daran beteiligten Akteure betrachten. Der Beeinflussungsvorgang wird einmal von den Persönlichkeitsmerkmalen der beteiligten Individuen bestimmt. Sie prägen mit ihren differenzierten Eigenschaften und Verhaltensweisen maßgeblich die Beeinflussungsvorgänge und damit das Führungsgeschehen in den Unternehmungen. Diese Ausrichtung bezeichnet man als die individualistische Perspektive.

Ein besonderer Stellenwert kommt bei der Führung von Unternehmungen dem Vorgesetzten-Mitarbeiter-Verhältnis zu. Trotz wechselseitiger Beeinflussungen, bedingt die Steuerung bei der multipersonalen Problemlösung, dass einzelne Individuen das Verhalten anderer formal legitimiert bestimmen können. Dieser Zusammenhang in der Unternehmungsführung

---

[137] vgl. **Rühli, Dr. Edwin**: Unternehmungsführung und Unternehmungspolitik, S. 33–34, Bd. 1, 3. Aufl., Verlag Paul Haupt, Bern, Stuttgart, Wien, 1996.

[138] vgl. **Rühli, Dr. Edwin**: Unternehmungsführung und Unternehmungspolitik, S. 36, Bd. 1, 3. Aufl., Verlag Paul Haupt, Bern, Stuttgart, Wien, 1996.

[139] vgl. **Rühli, Dr. Edwin**: Unternehmungsführung und Unternehmungspolitik, S. 39, Bd. 1, 3. Aufl., Verlag Paul Haupt, Bern, Stuttgart, Wien, 1996.

wird als dualistischer Aspekt bezeichnet. In der unternehmerischen Realität vollzieht sich schließlich das Führungsgeschehen immer im soziokulturellen Kontext. Das bedeutet, dass die Problemlösungsgemeinschaft und die dazu gehörenden Individuen Teil größerer Gemeinschaften sind, die in einem differenzierten inner- und außerbetrieblichen sozialen Beziehungsnetz stehen. Nach diesem Aspekt ist die Unternehmungsführung immer auch ein kollektivistisches Phänomen.[140]

In der Realität ergeben sich im Rahmen der Unternehmungspolitik immer wieder Wirkungszusammenhänge sowohl im **Innern** der Unternehmung wie auch im **Außen**verhältnis.

Die Unternehmungspolitik lässt sich nun in einem ersten Differenzierungsschritt weiter gliedern. Folgende vier Teilkategorien werden im Zürcher Ansatz als **konstitutive Elemente einer Unternehmungspolitik** bezeichnet.

- Die Grundlagen,
- die Ziele,
- die Maßnahmen zur Erreichung der Ziele,
- die Strategien und der Mitteleinsatz,
- die Ressourcen sowie die Potentialgestaltung.[141]

Die Klärung der unternehmenspolitischen Grundlagen, die Wahl und Anpassung der Unternehmensziele, die Entwicklung, Ausgestaltung und Durchsetzung von Maßnahmen und Strategien sowie die Bereitstellung und der Einsatz der erforderlichen Mittel und Ressourcen, werden damit im Zürcher Ansatz zu Kernproblemen der Unternehmungspolitik. Es lässt sich in diesem Zusammenhang nur situativ sagen, welches die Grundlagen sowie die erfolgsversprechenden Ziele, Strategien und Mitteleinsätze im konkreten Einzelfall oder in einer bestimmten realen Lage sind. Beispielsweise gibt es nicht die richtige, sondern stets nur die situationsadäquate Strategie einer Unternehmung.[142]

Der von Dr. Edwin Rühli vorgelegte Zürcher Ansatz liefert eine an dieser Stelle neue Annäherung an die Unternehmensführung. Er unterscheidet zunächst zwei Hauptperspektiven und zwar die Innenwelt und die Umwelt. Daraus leitet er die Gestalt des sozialen Systems Unternehmung ab, nennt es Erfahrungsobjekt und beschreibt dieses näher. Die Führung und Steuerung dieses Erfahrungsobjektes bezeichnet er als Erkenntnisobjekt. Diese Begriffe und deren Bedeutung sind an dieser Stelle neu. Das Erkenntnisobjekt gliedert sich dann auf der nächsten Stufe in eine formale und in eine inhaltliche Seite der Führung, welche die Hauptdimensionen Führungstechnik, Menschenführung, Innenpolitik und Außenpolitik beinhaltet. Diese Aufteilung in das formale WIE und in das inhaltliche

---

[140] vgl. **Rühli, Dr. Edwin**: Unternehmungsführung und Unternehmungspolitik, S. 36, Bd. 1, 3. Aufl., Verlag Paul Haupt, Bern, Stuttgart, Wien, 1996.

[141] vgl. **Rühli, Dr. Edwin**: Unternehmungsführung und Unternehmungspolitik, S. 41–42, Bd. 1, 3. Aufl., Verlag Paul Haupt, Bern, Stuttgart, Wien, 1996.

[142] vgl. **Rühli, Dr. Edwin**: Unternehmungsführung und Unternehmungspolitik, S. 42, Bd. 1, 3. Aufl., Verlag Paul Haupt, Bern, Stuttgart, Wien, 1996.

WAS ist ein wertvoller neuer Beitrag dieses Ansatzes für die vorliegende Arbeit. Die bis zu diesem Punkt schon gut nachvollziehbare Struktur wird vollendet durch die jeweiligen konstitutiven Elemente. Auf diese Weise gelangt der Ansatz systematisch und gut strukturiert auf die Ebene der einzelnen Aktivität und Handlung. Besonders interessant ist die Tatsache, dass er dieses System Framework nennt, was wörtlich übersetzt Gerüst, Gerippe aber auch Struktur und Rahmen bedeutet. Damit beschreibt dieser in diesem Kontext neue englische Begriff exakt, was der Zürcher Ansatz im Konzert der Ansätze zur Unternehmensführung ist.

2.1.11 Ansatz zur Unternehmensführung nach Bleicher

Hans Ulrich und seine Schüler haben an der Universität St. Gallen das **St. Galler Managementkonzept** entwickelt.[143] Dieses Managementkonzept wurde in dem Werk „Das Konzept integriertes Management" von **Knut Bleicher** zugrundegelegt. Da die Auffassung dieses integrierten Managementkonzeptes von Knut Bleicher eine wertvolle Ergänzung zu den bisher vorgestellten Ansätzen zur Unternehmensführung darstellt, wird es nun vorgestellt und analysiert. **Ausgangpunkt** der damaligen Untersuchungen an der Universität St. Gallen war die Suche nach einem Bezugsrahmen, der den Anforderungen eines Paradigmenwechsels hin zu einem Führungsverständnis, das sich mit der gestiegenen Komplexität und Dynamik bewusst auseinandersetzt, gerecht wird. Die Kernelemente sind die Ganzheitlichkeit der Betrachtung bei einer Integration vielfältiger Einflüsse in einem Netzwerk von Beziehungen. Das Ziel ist die Bereitstellung eines Denkmusters für den Umgang mit Systemen, das es der Führungskraft erleichtern soll, den Weg zu einer veränderten Managementphilosophie zu finden und die vielfältigen Gestaltungsprobleme bei deren Umsetzung zu meistern.[144]

Der folgende Bezugsrahmen zur Betrachtung, Diagnose und Lösung von Managementproblemen wird einen differenzierten Überblick über **Dimensionen und Module eines integrierten Managements** vermitteln.[145] Die Integration der einzelnen Dimensionen des Managements bedarf zunächst einer paradigmatisch geprägten Leitidee. Nach dieser Leitidee richten sich die normativen, strategischen und operativen Ebenen, vermittelt über die Wahl von Aktivitäten, Strukturen und Verhalten. Für die in diesem Kapitel verfolgte Darstellung eines Managementkonzeptes ist die Bezeichnung Managementphilosophie für diese Leitidee geeignet. Dieser Begriff ist vom dem der Unternehmungsphilosophie

---

[143] vgl. **Bleicher, Knut**: Das Konzept integriertes Management, S. 70, 4. Aufl., Campus Verlag, Frankfurt a. M., New York, 1996.

[144] vgl. **Bleicher, Knut**: Das Konzept integriertes Management, S. 70, 4. Aufl., Campus Verlag, Frankfurt a. M., New York, 1996.

[145] vgl. **Bleicher, Knut**: Das Konzept integriertes Management, S. 71, 4. Aufl., Campus Verlag, Frankfurt a. M., New York, 1996.

abgeleitet, welche die paradigmatisch geprägte Einstellung der Unternehmung zu ihrer Rolle und ihrem Verhalten in der Gesellschaft kennzeichnet.[146]

Nach Bleicher wirft die Betrachtung der **Managementphilosophie** grundsätzlich Fragen der Rolle des Managements im sozialen Kooperationszusammenhang der Unternehmung im Hinblick, auf das zugrundegelegte Menschenbild und die verfolgten Wertstrukturen auf. In direkter Verbindung dazu stehen Fragen der Sinnfindung für wesentliche Bezugsgruppen im Umgang mit der Unternehmung. Aus diesen Fragen leiten sich in der Unternehmungsphilosophie Vorstellungen über eine zukünftige Positionierung der Unternehmung in Wirtschaft und Gesellschaft durch die Bereitstellung eines Nutzens für wesentliche Bezugsgruppen ab, die ihren Niederschlag in einer Vision finden.[147]

Das normative und strategische Management gestaltet das operative Management und lenkt die Unternehmensentwicklung. Nach Bleicher beschäftigt sich die Ebene des **normativen Managements** mit den generellen Zielen der Unternehmung, mit Prinzipien, Normen und Spielregeln, die darauf ausgerichtet sind, die Lebens- und Entwicklungsfähigkeit der Unternehmung zu ermöglichen. Die Notwendigkeit zur Sicherstellung der Lebensfähigkeit einer Unternehmung über eine Gewährleistung ihrer Identität wird überlagert durch das Streben, Voraussetzungen für die Fähigkeit zur Unternehmensentwicklung zu schaffen. Die Entwicklungsfähigkeit umschließt eine qualifizierte Veränderung in Richtung eines positiven, sinnvollen Wandels. Das unternehmenspolitische Handeln und Verhalten ist, ausgehend von einer unternehmerischen Vision, zentraler Inhalt des normativen Management, wobei die Unternehmenspolitik durch die Unternehmensverfassung wie durch die Unternehmenskultur getragen wird. Des Weiteren richtet sich das normative Management auf die Nutzenstiftung für Bezugsgruppen aus. Es definiert die zweckorientierten Ziele der Unternehmung im Umfeld der Gesellschaft und Wirtschaft und vermittelt auf diese Weise den Mitgliedern des sozialen Systems Sinn und Identität im Inneren und Äußeren. Damit wirkt das normative Management in seiner konstitutiven Rolle begründend für alle Handlungen der Unternehmung. Die unternehmenspolitische Konkretisierung erfolgt als Vorgabe einer Mission für die Unternehmensentwicklung.[148]

Das **strategische Management** ist auf den Aufbau, die Pflege und die Ausbeutung von Erfolgspotenzialen gerichtet, für die Ressourcen eingesetzt werden müssen. Knut Bleicher definiert Erfolgspotenziale als das gesamte Gefüge aller jeweils produkt- und marktspezifischen erfolgsrelevanten Voraussetzungen, die spätestens dann bestehen müssen, wenn es um die Realisierung geht. Damit drücken bestehende Erfolgspotenziale die im Zeitablauf gewonnen Erfahrungen einer Unternehmung mit Märkten, Technologien und sozialen Strukturen sowie Prozessen aus und schlagen sich in der realisierten strategischen

---

[146] vgl. **Bleicher, Knut**: Das Konzept integriertes Management, S. 72, 4. Aufl., Campus Verlag, Frankfurt a. M., New York, 1996.

[147] vgl. **Bleicher, Knut**: Das Konzept integriertes Management, S. 72, 4. Aufl., Campus Verlag, Frankfurt a. M., New York, 1996.

[148] vgl. **Bleicher, Knut**: Das Konzept integriertes Management, S. 73–74, 4. Aufl., Campus Verlag, Frankfurt a. M., New York, 1996.

Erfolgsposition am Markt relativ zu Wettbewerbern nieder. Dabei stellen neue Erfolgs-potenziale auf die Entwicklung von Fähigkeiten ab, die zukünftig geeignet sind, ent-sprechende Vorteile gegenüber dem Wettbewerb zu erzielen. In diesem Zusammenhang sagt jedoch eine starke Prägung einer Unternehmung durch gegebene, herausragende Erfolgspotenziale und -positionen am Markt noch nichts darüber aus, ob auch hinreichen-de Anstrengungen zum Aufbau neuer, zukunftsführender Erfolgspotenziale unternommen werden. Die entsprechende Bezugsgröße des strategischen Managements leitet sich von den Missionen des normativen Managements ab. Im Mittelpunkt strategischer Über-legungen stehen neben Programmen die grundsätzliche Auslegung von Strukturen und das System des Managements sowie das Problemlösungsverhalten ihrer Träger. Das normati-ve Management begründet folglich Aktivitäten, während es Aufgabe des strategischen Managements ist, ausrichtend auf Aktivitäten einzuwirken.[149]

Schließlich finden das normative und das strategische Management ihre Umsetzung im **operativen Management**, dem Vollzug, der im Ökonomischen auf leistungs-, finanz-, informationswirtschaftliche Prozesse ausgerichtet ist. In dieser operativen Dimension tritt zum Aspekt der wirtschaftlichen Effizienz die Effektivität des Mitarbeiterverhaltens im sozialen Zusammenhang hinzu. Vor allem drückt sie sich in der Kooperation und vertika-len sowie horizontalen Kommunikation von sozial-relevanten Inhalten aus. Damit besteht die Funktion des operativen Managements darin, die normativen und strategischen Vor-gaben vollziehend in Operationen, die sich an Fähigkeiten und Ressourcen ausrichten, umzusetzen.[150]

Nach Bleicher durchziehen drei Aspekte die Dimensionen des Normativen, Strate-gischen und Operativen und zwar die Aktivitäten, die Strukturen und das Verhalten. Zunächst wird die Integration des normativen, strategischen und operativen Managements durch **Aktivitäten** dargestellt. Aus der normativen Dimension heraus sind unter dem As-pekt der Handlungsaufforderung unternehmungspolitische Missionen als Vorgaben für das strategische und operative Vorgehen zur Zweckerfüllung der Unternehmung zu entwi-ckeln. Diese Missionen werden nun in der strategischen Dimension durch Programme konkretisiert, die Handlungsträgern zugeordnet werden, für längere Zeiträume gelten und vielfältige Teilaspekte zum Aufbau, zur Nutzung und Pflege strategischer Erfolgspositionen umfassen. In der operativen Dimension erfahren die daraus abgeleiteten Einzelhandlungen in Form von Aufträgen eine weitere handlungsauffordernde Konkretisierung. Integrations-probleme können hier aus der gegenseitigen Abstimmung von missionarischem unterneh-menspolitischem Wollen, strategischen Programmen und operativen Aufträgen heraus entstehen.[151]

---

[149] vgl. **Bleicher, Knut**: Das Konzept integriertes Management, S. 74–75, 4. Aufl., Campus Verlag, Frankfurt a. M., New York, 1996.

[150] vgl. **Bleicher, Knut**: Das Konzept integriertes Management, S. 75–77, 4. Aufl., Campus Verlag, Frankfurt a. M., New York, 1996.

[151] vgl. **Bleicher, Knut**: Das Konzept integriertes Management, S. 80, 4. Aufl., Campus Verlag, Frankfurt a. M., New York, 1996.

Weiter wird nun die Integration des normativen, strategischen und operativen Managements durch **Strukturen** beschrieben. Dabei geht Bleicher davon aus, dass das Managementhandeln in der normativen Dimension von der Unternehmensverfassung legitimiert und kanalisiert wird. Eine weitere Konkretisierung erfährt dieser strukturelle Aspekt in der strategischen Dimension durch die Gestaltung der Organisation und des Managementsystems. Dieser strukturelle Aspekt drückt sich im Operativen durch den im raum-zeitlich gebundenen Ablauf von Prozessen aus, die durch Dispositionssysteme gesteuert werden. Die strukturelle Integration erfolgt dann durch eine wechselseitige Gestaltung von Normen der Unternehmensverfassung, der Aufbauorganisation und von Managementsystemen sowie der operativen Ausrichtung von Prozessorganisationen und Dispositionssystemen.[152]

Schließlich wird die Integration des normativen, strategischen und operativen Managements durch **Verhalten** präsentiert. In der normativen Dimension bestimmen vergangenheitsgeprägte Unternehmenskulturen das Zukunftsverhalten der Mitarbeiter einer Unternehmung. Hier steht die Verhaltensbegründung im Mittelpunkt des politischen Prozesses der Unternehmung. In der strategischen Dimension steht jedoch eine Konkretisierung des erstrebten Verhaltens im Hinblick auf die Rollen der Träger und ihres Problemverhaltens im Mittelpunkt. Es ist also Aufgabe des strategischen Managements, verhaltensleitend zu wirken. In der operativen Dimension wird dann auf das Leistungs- und Kooperationsverhalten im Arbeitsprozess abgestellt, das durch die Führung zu fördern ist. Sie sollte verhaltensrealisierend wirken. Über alle drei Dimensionen hinweg ist eine Verhaltensintegration herbeizuführen.[153]

Die dargestellten Zusammenhänge werden in der Abb. 2.7 zusammengefasst.

Der Ansatz zur Unternehmensführung von Knut Bleicher hat eine weitere neue Sicht auf Unternehmensführung und Management eröffnet. Ausgehend von dem St. Galler Managementkonzept baut er mit seinem Konzept integriertes Management eine Bezugsrahmen auf, der verschiedene Dimensionen und Aspekte integriert. Dabei berücksichtigt er sowohl die klassische Unterteilung in normatives, strategisches und operatives Management als auch Aspekte wie Strukturen, Aktivitäten und Verhalten. Diese sechs Ordnungsmerkmale beschreibt er darüber hinaus wissenschaftlich fundiert und praktisch schlüssig. Daraus leitete er dann die Begrifflichkeiten Unternehmensverfassung, -politik, -kultur, Organisationsstrukturen, Managementsysteme, Problemverhalten, organisatorische Prozesse, Dispositionssysteme sowie Leistungs- und Kooperationsverhalten ab. Auf Basis dieser Vorgehensweise gelangt auch er sehr systematisch und strukturiert von der Ebene der Managementphilosophie bis auf die Ebene der Arbeitsprozesse. Besonders hervorzuheben ist jedoch die Tatsache, dass er die Begriffe Vision, Mission und Programme einführt und definiert. Diese Begriffe und deren Bedeutung

---

[152] vgl. **Bleicher, Knut**: Das Konzept integriertes Management, S. 81–82, 4. Aufl., Campus Verlag, Frankfurt a. M., New York, 1996.

[153] vgl. **Bleicher, Knut**: Das Konzept integriertes Management, S. 82, 4. Aufl., Campus Verlag, Frankfurt a. M., New York, 1996.

Abb. 2.7 Zusammenhang von normativem, strategischem und operativem Management (vgl. **Bleicher, Knut**: Das Konzept integriertes Management, S. 81, 4. Aufl., Campus Verlag, Frankfurt a. M., New York, 1996)

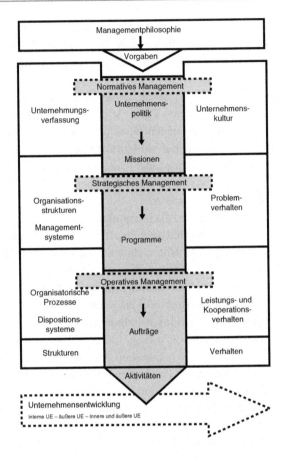

sind an dieser Stelle neu und leisten daher einen weiteren wertvollen und interessanten Beitrag für die theoretische Auseinandersetzung mit den Ansätzen zur Unternehmensführung.

2.2 Theoretische Ansätze zur Unternehmensentwicklung

Heute scheint das olympische Motto „höher – schneller – weiter" durchaus auch für Unternehmungen zu gelten. Immer rascher müssen sie sich den sich diskontinuierlich wandelnden Rahmenbedingungen anpassen. Ihre Prozesse müssen laufend optimiert werden und sie suchen kontinuierlich nach innovativen Lösungen, die ihnen einen Wettbewerbsvorteil verschaffen können. Die Unternehmungen sind gezwungen immer schneller zu reagieren, da sich die Innovations- und Veränderungszyklen erheblich verkürzt haben. Dadurch geraten viele Unternehmungen in eine sogenannte **Beschleunigungsfalle**. Sie sind überfordert und verstehen den Wandel als Sonderfall, weil eine Reorganisation die andere jagt. Die Mitarbeiter haben nicht mehr die Zeit, sich in einem neuen Zustand zurechtzufinden, weil sie gleichzeitig mit neuen Anforderungen konfrontiert werden. Die Konsequenzen dieser Entwicklung sind die Zunahme von Gesundheitsproblemen, Fehlzeiten, Frühpensionierungen, Verschlechterung des Arbeitsklimas und der Anstieg von Fehlerquoten. Aus unternehmerischer Sicht leidet darunter die Marktleistung, die Kundenzufriedenheit sinkt und die Umsätze gehen zurück. Die Folge ist ein neuer Kostendruck, der wiederum zu Reorganisationen zwingt. Diesen Teufelskreis gilt es zu durchbrechen.[154]

Ein primär reaktiv angelegtes Verständnis der Unternehmensentwicklung kann diesem extremen Veränderungsdruck nicht mehr standhalten. Gefragt sind daher **Formen der Unternehmensentwicklung**, die vom Wandel als kontinuierlichen-evolutorischen Prozess ausgehen, der auf allen Ebenen der Unternehmung ansetzt. Dieser evolutorischer Wandel wird häufig dahingehend missverstanden, dass sich immer alles ändert. Hier wird jedoch von einem konfigurationalen Wandel ausgegangen, bei dem sich Phasen der Kontinuität und Diskontinuität abwechseln. Der Unterschied zu dem herkömmlichen Verständnis ist, dass sich die durchaus wünschbare kontinuierliche und langfristige Unternehmensentwicklung aus einer Kette von Episoden der Transformation zusammensetzt, die bewusste Phasen der Konsolidierung einschließen.[155]

Diese Darstellung über die aktuelle Notwendigkeit für Prozesse der Unternehmensentwicklung und das damit verbunden Verständnis dieser Prozesse diente der Vorbereitung und Einstimmung für das nun folgende Kapitel der theoretischen Ansätze zur Unternehmensentwicklung.

Theoretische Ansätze zur Unternehmensentwicklung existieren nicht in derart großem Umfang wie theoretische Ansätze zur Unternehmensführung. Dennoch erscheint es an dieser Stelle sinnvoll, eine Auswahl der zu bearbeitenden Ansätzen zu treffen. Aus Gründen der Konsistenz werden zur **Auswahl** der Ansätze zur Unternehmensentwicklung zunächst die gleichen Kriterien festgelegt, die der Auswahl der Ansätze zur Unternehmensführung dienten. Da jedoch wie bereits erwähnt der Umfang an einschlägigen theoretischen Ansätzen zur Unternehmensentwicklung relativ gering ist, wurde sich hier auf fünf Ansätze beschränkt. Darüber hinaus erfolgte die Auswahl der hier dargestellten Theorien wiederum zum einen nach ihrer historischen Relevanz und zum anderen nach ihrer Anerkennung in der aktuellen wissenschaftlichen Diskussion. Da im Rahmen dieser Arbeit wie bereits erwähnt sowohl die wissenschaftstheoretische als auch die praxisorientierte Perspektive eingenommen werden soll, ist es naheliegend bei der Auswahl von theoretischen Ansätzen zur Unternehmensentwicklung auch hier zum einen auf wissenschaftstheoretische Ansätze und zum anderen auf praxisorientierte Ansätze einzugehen. Die fünf Auswahlkriterien sind im Überblick:

- historisch relevante Ansätze
- aktuell anerkannte Ansätze

---

[154] vgl. **Thom, Dr. Norbert; Zaugg, Dr. Robert J.**: Excellence durch Personal- und Organisationskompetenz, S. 2, Haupt, Bern, Stuttgart, 2001.

[155] vgl. **Thom, Dr. Norbert; Zaugg, Dr. Robert J.**: Excellence durch Personal- und Organisationskompetenz, S. 2, Haupt, Bern, Stuttgart, 2001.

- wissenstheoretische Ansätze
- praxisorientierte Ansätze
- maximal fünf Ansätze

Zunächst wird auch in diesem Kapitel ein historischer Rahmen aufgespannt, da auch die Theorie der Unternehmensentwicklung eine äußerst interessante Entstehungsgeschichte hinter sich hat. Daran anschließend folgt die Darstellung der systematisch ausgewählten theoretischen Ansätze zur Unternehmensentwicklung an.

2.2.1 Historie der Unternehmensentwicklung

„Panta rhei" ist griechisch und bedeutet „alles fließt". Diese zwei Wörter genügten dem Philosophen Heraklit aus Ephesos und alles Sein war weise reduziert. Er lebte von 550 bis ca. 480 vor Christus. Alle Zustände, Bedingungen und Zusammenhänge sind demnach in fortlaufender Bewegung und Veränderung. Welch einfaches und zugleich starkes Bild doch von Heraklit mit diesen Wörtern gezeichnet wurde, übertrefflich. Heute geht man davon aus, dass alles möglichst präzise, detailliert sowie umfassend beschrieben werden muss. Eine immense Wissensfülle hat zusätzlich dazu beigetragen, dass nahezu sämtliche Sachverhalte eher kompliziert erscheinen, dabei wäre es doch ideal, man könnte auch die Unternehmensentwicklung nur mit diesen zwei Wörtern abhandeln, „Panta rhei". Die Art des Gegenstandes in seiner sachlichen, inhaltlichen und zeitlichen Dimension erlaubt dies jedoch nicht.[156]

Die Welt erscheint uns umso komplexer, je schneller sie sich verändert. Dadurch steigt das Bedürfnis nach Selbstvergewisserung. Hilfreich für eine bessere Beurteilung dieser Zusammenhänge ist das Verständnis historischer Abläufe, Handlungsmuster, Spielräume und Begrenzungen. Aus diesem Grunde wurde auch in diesem Kapitel der historische Einstieg gewählt, denn Erkenntnisse aus der Vergangenheit werden gewonnen, um diese jetzt, sowie zukünftig zu nutzen. Auf Grundlage der entsprechenden Publikationen kann die Entstehung der Unternehmensentwicklung auf das Jahr 1970 festgelegt werden.[157]

Der Begriff **Unternehmensentwicklung** oder amerikanisch **Corporate Development** hat jedoch im Laufe der Zeit einen Bedeutungswandel erlebt. Von dem frühen Vorläufer E. Gutenbergs und seiner Veröffentlichung „Zur Frage des Wachstums und der Entwicklung von Unternehmungen" abgesehen, ist festzustellen, dass der Begriff Unternehmensentwicklung zunächst mehr beiläufig in Textbeiträgen erscheint, dann aber als Überschrift von Unterkapiteln auftaucht.[158]

---

[156] vgl. **Schlick, Gerhard H.**: Unternehmensentwicklung, S. 105, Schäffer-Poeschel Verlag, Stuttgart, 1998.

[157] vgl. **Schlick, Gerhard H.**: Unternehmensentwicklung, S. 11, Schäffer-Poeschel Verlag, Stuttgart, 1998.

[158] vgl. **Schlick, Gerhard H.**: Unternehmensentwicklung, S. 13, Schäffer-Poeschel Verlag, Stuttgart, 1998.

Schließlich erscheinen Bücher und Beiträge in Zeitschriften zur Unternehmensent-
wicklung, sodass Unternehmensentwicklung von der Nebensache zur Hauptsache wird.[159]
Zur Veranschaulichung dieser Entwicklung folgen nun einige beispielhaft ausgewählte
Publikationen zur Unternehmensentwicklung im Zeitraum von 1970 bis 1996.

- 1976: Kritische Wachstumsschwellen in der Unternehmensentwicklung(Albach)
- 1979: Strategische Planung zur Steuerung der langfristigen Unternehmensentwicklung
  (Zahn)
- 1983: Zielorientierte Unternehmensentwicklung Sichert den Erfolg (Bisani)
- 1990: 16 Module für die Unternehmensentwicklung (Keiler)
- 1995: Von der Betriebsführung zur Unternehmensentwicklung (Stroh)[160]

Wie dieser Veranschaulichung zu entnehmen ist, hat sich die Auffassung zur Unternehmensentwicklung über Jahrzehnte verändert. Daraus kann gelernt werden, dass jede
Form der Veränderungsprozesse, seien sie nun innovatorischer oder evolutorischer Art,
Zeit benötigt und zwar meist mehr als allgemein angenommen wird. Dieser wichtige
Lernschritt erhellt, warum es darauf ankommt, rechtzeitig genug zu erkennen, zu prüfen,
zu entscheiden und zu handeln. Während in der Technik die Generationen von Geräten
einander immer schneller folgen, beispielsweise zur Zeit etwa 6 Monate bei Mikrochips,
benötigen organisatorische und insbesondere soziale Veränderungen Jahre bis Jahrzehnte.
Ähnlich wie bei technischen Produkten unterliegen auch Themen wie Unternehmensentwicklung einer Art Lebenszyklus. Ihre Inhalte verändern sich, mutieren im Zeitablauf
und sind gewissen Zeitströmungen mit anderen Schwerpunktsetzungen unterworfen.
Hier geht es wie im Pilgerschrittverfahren voran und zurück, denn mal gewinnt man ver-
tiefende Einsichten und mal stellen sich weitergehende Fragen. In der Unternehmensentwicklung ist zu verzeichnen, dass das Erkenntnisniveau zwar über die Jahre gestiegen ist,
jedoch der menschliche Geist immer wieder dafür sorgt, dass es ein Ende in Veränderungsprozessen nicht gibt.[161]
Geschichtlich rückblickend ist an fünf Grundtypen von **Modellen zur Unternehmensentwicklung** zwischen 1970 und 1991 gearbeitet worden, auf die nun eingegangen wird.
Diese Grundtypen sind die:

- Metamorphosemodelle,
- Krisenmodelle,
- Marktentwicklungsmodelle,

---

[159] vgl. **Schlick, Gerhard H.**: Unternehmensentwicklung, S. 13, Schäffer-Poeschel Verlag, Stuttgart,
1998.

[160] vgl. **Schlick, Gerhard H.**: Unternehmensentwicklung, S. 15–16, Schäffer-Poeschel Verlag,
Stuttgart, 1998.

[161] vgl. **Schlick, Gerhard H.**: Unternehmensentwicklung, S. 17, Schäffer-Poeschel Verlag, Stuttgart,
1998.

- Strukturänderungsmodelle und
- Verhaltensänderungsmodelle.[162]

Die **Metamorphosemodelle** beschreiben eine mehr oder weniger zwingende Abfolge von typischen Unternehmenszuständen oder durchlaufenden Entwicklungsphasen. Die Kontexte der Unternehmenstätigkeit verändern sich als Folge von Wachstum derart, dass im Zeitablauf bestimmte sprunghafte Veränderungen, in Bezug auf das zur Anwendung gelangende Führungskonzept, erforderlich werden, wodurch das Unternehmen jeweils in eine neue Phase tritt.[163] Die **Krisenmodelle** behandeln hingegen die Existenz von Entwicklungskrisen, wie sie idealtypisch an bestimmten Alters- oder Größenschwellen auftreten. Erreicht das Unternehmen eine solche Schwelle, erfährt eine bis dahin kontinuierlich verlaufene Unternehmensentwicklung einen markanten Einschnitt. In einigen Krisenmodellen markieren die identifizierten Krisenpunkte den Übergang zwischen verschiedenen Entwicklungsphasen, während in anderen Krisenmodellen der explizite oder implizite Bezug zu einem Phasenmodell fehlt.[164] Weiter erklären die **Marktentwicklungsmodelle** die Unternehmensentwicklung als Funktion der Entwicklung der vom Unternehmen erschlossenen Absatzmärkte. Folglich wird der jeweilige Entwicklungsstand des Unternehmens aus der Addition der einzelnen Produkt-Lebenszyklen ermittelt. Somit führen die Marktentwicklungsmodelle die Unternehmensentwicklung hauptsächlich auf externe Faktoren zurück, während Faktoren wie das Unternehmensalter von untergeordneter Bedeutung bleiben.[165]

Die **Strukturänderungsmodelle** beschreiben demgegenüber die Unternehmensentwicklung schwerpunktmäßig anhand der im Zuge des Wachstums auftretenden Änderungen in den Bereichen Organisationsstruktur und Managementsystem. In diesem Zusammenhang zeigt sich, dass bestimmte Organisationsformen, wie beispielsweise Funktional-, Divisional- oder Matrixstruktur, als geeignet während bestimmter Entwicklungsphasen, aber als weniger geeignet für vorhergehende und nachfolgende Stadien der Unternehmensentwicklung zu bewerten sind.[166] Schließlich bestimmen die **Verhaltensänderungsmodelle** den Entwicklungsstand eines Unternehmens über phasentypische Verhaltensweisen und Einstellungen, wobei die wichtigsten Indikatoren im Unternehmen die Grundausrichtung des Managements, der Führungsstil sowie das Innovationsverhalten sind. Die Zuordnung

---

[162] vgl. **Pümpin, Cuno; Prange, Jürgen**: Management der Unternehmensentwicklung, S. 45, Campus Verlag, Frankfurt a. M., New York, 1991.

[163] vgl. **Pümpin, Cuno; Prange, Jürgen**: Management der Unternehmensentwicklung, S. 45, Campus Verlag, Frankfurt a. M., New York, 1991.

[164] vgl. **Pümpin, Cuno; Prange, Jürgen**: Management der Unternehmensentwicklung, S. 45–46, Campus Verlag, Frankfurt a. M., New York, 1991.

[165] vgl. **Pümpin, Cuno; Prange, Jürgen**: Management der Unternehmensentwicklung, S. 46, Campus Verlag, Frankfurt a. M., New York, 1991.

[166] vgl. **Pümpin, Cuno; Prange, Jürgen**: Management der Unternehmensentwicklung, S. 46, Campus Verlag, Frankfurt a. M., New York, 1991.

bestimmter Typen von Führungskräften zu spezifischen Entwicklungsstadien der Unternehmung, ist eine wesentliche Folgerung aus den Verhaltensänderungsmodellen. Natürlich können nicht immer einzelne Modelle einem dieser fünf Grundtypen eindeutig zugeordnet werden, da viele dieser Modelle Elemente der Grundtypen miteinander kombinieren.[167]

Soweit die Historie der Unternehmensentwicklung. Nachfolgend werden systematisch die ausgewählten Ansätze zur Unternehmensentwicklung dargestellt.

2.2.2   Ansatz zur Unternehmensentwicklung nach Pümpin/Prange

In dem Modell zur Unternehmensentwicklung nach **Cuno Pümpin und Jürgen Prange** werden vier idealtypische Unternehmensentwicklungskonfigurationen unterschieden, die sich zugleich für eine Beschreibung von Phasen der Unternehmensentwicklung eignen. Diese vier nachfolgend aufgeführten Grundtypen stellen die Basis für die Unternehmensentwicklung dar und sind daher an dieser Stelle von besonderem Interesse. Es werden

- Pionier-Unternehmen,
- Wachstums-Unternehmen,
- Reife-Unternehmen und
- Wende-Unternehmen voneinander abgegrenzt.[168]

Pionier-Unternehmen sind typischerweise junge Unternehmen, wo sich ein Unternehmer entschlossen hat, ein Unternehmen zu gründen und mit diesem bestimmte Geschäftsaktivitäten aufzunehmen. Er versucht auf innovative Weise seine Geschäftsidee zu verwirklichen, die sich oftmals auf völlig neuartige Nutzenpotenziale bezieht. Diese neuen Nutzenpotenziale lassen sich derzeit beispielsweise bei den vielen Unternehmensneugründungen in den Bereichen der Gentechnologie, Telekommunikation und im Umfeld des Internets beobachten. Jedoch bei weitem nicht alle Start-up-Unternehmen sind darauf ausgerichtet, derart bahnbrechende Innovationen zu realisieren und viele Pionierunternehmer beschränken sich darauf, bereits bekannte Nutzenpotenziale zu erschließen. Hier sind grundsätzlich alle Handlungsoptionen zwischen der bloßen Kopie bereits erprobter Geschäftsaktivitäten bis zur innovativen Modifikation existierender Geschäftsaktivitäten zu beobachten. Die Differenzierung des Pionier-Unternehmens erfolgt dabei entweder durch eine qualitativ hochstehende oder durch eine besonders kostengünstige Ausführung der betreffenden Aktivität.[169] Nach Pümpin und Prange stützt das stark technologieorientierte

---

[167] vgl. **Pümpin, Cuno; Prange, Jürgen**: Management der Unternehmensentwicklung, S. 46, Campus Verlag, Frankfurt a. M., New York, 1991.

[168] vgl. **Pümpin, Cuno; Prange, Jürgen**: Management der Unternehmensentwicklung, S. 83, Campus Verlag, Frankfurt a. M., New York, 1991.

[169] vgl. **Pümpin, Cuno; Prange, Jürgen**: Management der Unternehmensentwicklung, S. 84–85, Campus Verlag, Frankfurt a. M., New York, 1991.

Pionier-Unternehmen seine Existenz auf technologische Fortschritte, die im eigenen Haus oder bei anderen Institutionen erzielt worden sind. Dabei verfolgt dieses Pionier-Unternehmen das Ziel, diese Innovationen oftmals zunächst technisch zu beherrschen und erst in einer späteren Phase kommerziell zu verwerten. Das stärker marktorientierte Pionier-Unternehmen hat demgegenüber ein neu entstehendes Kundenbedürfnis oder eine Marktnische entdeckt, die bisher von der Konkurrenz nicht spezifisch bearbeitet worden ist. Das Ziel dieses Unternehmenstypus ist es hier für die anvisierte Kundengruppe eine adäquate Marktleistung im Sinne einer echten Problemlösung zu entwickeln. Des Weiteren macht sich das vornehmlich humanpotenzialorientierte Pionier-Unternehmen Veränderungen auf der Seite der Arbeitsanbieter zunutze, die beispielsweise als Folge einer generell veränderten Einstellung zur Arbeit eingetreten sind.[170]

Das Pionier-Unternehmen weist zumindest zu Anfang eine relativ niedrige Komplexität bezüglich Mitarbeiterzahl, Produktprogramm, Kunden und Vertriebskanäle auf und ist durch eine unkomplizierte und unmittelbar auf den Unternehmer an der Spitze ausgerichtete Organisationsstruktur gekennzeichnet. Folglich existieren formale Managementsysteme, etwa zur Regelung des Informationsflusses oder im Sinne einer strategischen Planung, in Pionier-Unternehmen allenfalls in Ansätzen. Zusätzlich gehen viele Pionier-Unternehmer auch recht „hemdsärmelig" mit ihren Untergebenen um, und sie praktizieren öfters einen autoritären oder patriarchalischen Führungsstil. Die Unternehmenskultur wird demzufolge sehr homogen durch den Pionier und seinen Werdegang geprägt.[171]

Die **Hauptvorteile des Pionier-Unternehmens** sind

- der Pionier als treibende und richtungsweisende Kraft,
- die innovations- und kreativitätsförderliche Grundhaltung,
- das hohe Maß an Flexibilität und Adaptivität,
- der hohe Arbeitseinsatz und starkes Verpflichtungsgefühl aller Beteiligten,
- die rasche Entscheidungsfindung und Entscheidungsumsetzung und
- die Unterschätzung bis Nichtbeachtung durch die Konkurrenz.[172]

Die **Hauptnachteile des Pionier-Unternehmens** sind die

- Fehlende Erfahrung aller Beteiligten,
- der geringe Eigenfinanzierungsgrad,
- tendenziell ungenügende Personalausstattung,
- hohe Abhängigkeit von der Einzelperson des Pionier-Unternehmers,

---

[170] vgl. **Pümpin, Cuno; Prange, Jürgen**: Management der Unternehmensentwicklung, S. 85–86, Campus Verlag, Frankfurt a. M., New York, 1991.

[171] vgl. **Pümpin, Cuno; Prange, Jürgen**: Management der Unternehmensentwicklung, S. 87–89, Campus Verlag, Frankfurt a. M., New York, 1991.

[172] vgl. **Pümpin, Cuno; Prange, Jürgen**: Management der Unternehmensentwicklung, S. 96, Campus Verlag, Frankfurt a. M., New York, 1991.

- ungenügende Risikodiversifikation und die
- unter Umständen zu starke Techniklastigkeit.[173]

Mit dem Übergang in die Wachstumsphase wird ein neues Kapitel in der Unternehmensgeschichte aufgeschlagen und der Grundtyp **Wachstums-Unternehmen** entsteht. Gekennzeichnet ist dieser Typ durch eine massive Expansion der Geschäftstätigkeit. Das Unternehmen hat ein oder mehrere attraktive, schnell wachsende Nutzenpotenziale gefunden und ist in der Lage diese erfolgreich zu erschließen. Die Suche nach interessanten Nutzenpotenzialen und deren innovative Erschließung wird mehr und mehr durch die bewusste Multiplikation von Geschäftsaktivitäten ersetzt. In dieser Entwicklungsphase werden jedoch auch weitere Nutzenpotenzial erschlossen, was idealtypisch durch

- die Erschließung zusätzlicher Absatzmärkte,
- die Nutzung von Organisationspotenzialen im Sinne der formalen Strukturierung und Standardisierung von bisher informal geregelten Vorgängen und durch
- die Nutzung von Kostensenkungspotenzialen, die sich aus der wiederholten Durchführung standardisierter Aktivitäten ergeben, geschieht.[174]

Das Wachstums-Unternehmen strebt bezogen auf den Absatzmarkt nicht nur nach einer umfassenderen Ausschöpfung des entdeckten Marktpotenzials, sondern es versucht zusätzlich neue Kunden oder Kundengruppen zu gewinnen. Ferner ist im Verlauf der Wachstumsphase in der Regel eine zunehmende Entfremdung vom Stammgeschäft zu verzeichnen. Die Komplexität der Führungsaufgabe nimmt beispielsweise durch die Bearbeitung neuer Produkte, Kundengruppen und Regionen deutlich zu. Die Unternehmensleitung hat in dieser typischerweise zunächst funktionalen Organisationsstruktur die Aufgabe, die gesamthaften Ziele und Strategien in abgestimmte operative Vorgaben für die Funktionsbereiche umzusetzen. Diese funktionalen Organisationsstrukturen stoßen mit weiterem Wachstum jedoch an ihre Grenzen. Beispielsweise sieht sich das Wachstums-Unternehmen in seinen verschiedenen Produkt-/Markt-Bereichen mit einer jeweils sehr spezifischen Umwelt konfrontiert. Ferner läuft die Unternehmensspitze, der in der Funktionalstruktur eine Vielzahl von Lenkungs- und Koordinationsaufgaben zufällt, zusehends Gefahr mit operativen Tagesfragen überlastet zu werden. Denn einerseits wird die Leitungsspanne immer größer und andererseits verfügt die Spitze über immer weniger Detailkenntnis von den anstehenden Aufgaben. Auf die erste diskontinuierliche Entwicklung reagiert das Unternehmen dann infolge der standardisierten Arbeitsabläufe, spezialisierter Sachmittel und in Funktionskategorien denkender Mitarbeiter, nur sehr schwerfällig und starr. Eine Reorganisation wird somit notwendig. Das Ergebnis dieser Reorganisation muss nach Pümpin und Prange

---

[173] vgl. **Pümpin, Cuno; Prange, Jürgen**: Management der Unternehmensentwicklung, S. 96, Campus Verlag, Frankfurt a. M., New York, 1991.

[174] vgl. **Pümpin, Cuno; Prange, Jürgen**: Management der Unternehmensentwicklung, S. 97–98, Campus Verlag, Frankfurt a. M., New York, 1991.

eine weitgehende Dezentralisierung der Führungsaufgaben auf kleinere Einheiten mit Kenntnissen vor Ort sein.[175]

Die **Hauptvorteile des Wachstums-Unternehmens** sind die

- rasante, echte Nutzensteigerung für die Bezugsgruppen,
- sinkenden Stückkosten,
- hohe Motivation und Zufriedenheit unter den Mitgliedern,
- unternehmerische Eigendynamik,
- erste Stabilisierung, Routinisierung und Professionalisierung,
- Verbreiterung des Managements und die
- bewusste Beschäftigung mit strategischen Fragen.[176]

Die **Hauptnachteile des Wachstums-Unternehmens** sind die

- komplexer werdende Managementaufgabe,
- Gefahr einer in Relation zu den verfügbaren Ressourcen, wie Finanzen, Humankapital, Infrastruktur, zu starken Expansion und die
- Gefahr des überoptimistischen Einstiegs in neue Geschäfte fernab des Stammgeschäfts.[177]

Nach Pümpin und Prange sieht sich das **Reife-Unternehmen** der Situation gegenüber, dass das Anfangsgeschäft, auf dem sein Erfolg in den vorhergehenden Phasen wesentlich basierte, in seine Reifephase getreten ist und auch die Möglichkeiten zur Multiplikation allmählich an Attraktivität verlieren. Auch die Mehrheit der im Zuge der Wachstumsphase neu aufgenommenen Geschäfte befindet sich nun in der Reifephase, jedoch nehmen von dem nunmehr großen und ertragsstarken Unternehmen zunehmend externe Interessengruppen Notiz. Forderungen, die mit gesellschaftlichen Anliegen begründet werden, ergehen an das Reife-Unternehmen, wie beispielsweise einer stärkeren Berücksichtigung der Arbeitnehmerrechte und der Konsumentenrechte, karitative Anliegen, Umweltschutzanliegen, Interessen der Dritten Welt sowie Kultur-, Sport- und Öko-Sponsoring. Auch das Bedürfnis zum Wohle der Allgemeinheit beizutragen steigt. Das Unternehmensimages und letztlich eine erhöhte Legitimität in der Umwelt ist Ziel weiterer Aktivitäten der Unternehmensleitung. Zur Harmonisierung dieser verschiedenen internen und externen Interessen wird die Unternehmensverfassung als Instrument des institutionalisierten

---

[175] vgl. **Pümpin, Cuno; Prange, Jürgen**: Management der Unternehmensentwicklung, S. 98–99, Campus Verlag, Frankfurt a. M., New York, 1991.

[176] vgl. **Pümpin, Cuno; Prange, Jürgen**: Management der Unternehmensentwicklung, S. 107, Campus Verlag, Frankfurt a. M., New York, 1991.

[177] vgl. **Pümpin, Cuno; Prange, Jürgen**: Management der Unternehmensentwicklung, S. 107, Campus Verlag, Frankfurt a. M., New York, 1991.

Interessensausgleiches und der Zusammenarbeit unterschiedlicher Interessengruppen im Laufe der Reifephase immer weiter perfektioniert.[178]

Das Reife-Unternehmen weist typischerweise eine mehrdimensionale Organisationsstruktur, wie beispielsweise die Matrixstruktur, auf. Im Laufe der Zeit wird die Primärstruktur von einer zweiten oder dritten Struktur überlagert, was dem Unternehmen ermöglichen soll, die vielfältigen Veränderungen in einer mehrdimensionalen Umwelt mit größerer Sensibilität aufzunehmen und Spezialwissen in Bezug auf eine zweite oder dritte Dimension zu entwickeln. Folgende zwei Ausprägungen der Matrixstruktur sind in Reife-Unternehmen häufig anzutreffen:

- Neben der funktionalen Grundstruktur existieren Einheiten mit Verantwortung für bestimmte Produkte oder Kunden. Sie werden als Produktmanagement oder Key Account Management bezeichnet.
- Über eine divisionale Grundstruktur nach Produkten oder Produktbereichen wird eine Sekundärstruktur gelegt, die nach Kunden, Kundengruppen oder Regionen geordnet ist.[179]

Die Einheiten der Sekundärstruktur haben die Aufgabe alle Tätigkeiten der Linie mit Bezug auf ihr Objekt zu koordinieren. Gegenüber den Linienmanagern verfügen sie jedoch in der Regeln lediglich über eine eingeschränkte Entscheidungskompetenz. Die gesamthaften Unternehmensziele werden in Teilziele für die verschiedenen Organisationseinheiten aufgegliedert und die Mitarbeiter können an der Zielformulieren partizipieren. Im Gegensatz zu Pionier- und Wachstums-Unternehmen sind hier die unternehmenspolitischen Missionen wie auch die strategischen Programme das Ergebnis eines systematischen und vielstufigen Planungsprozesses. Folglich wenden sich die Manager vermehrt den sozio-emotionalen Bedürfnissen ihrer Mitarbeiter zu und pflegen einen partizipativen Führungsstil, um ein angenehmes Betriebsklima zu erzeugen. Die Grundstimmung nimmt jedoch formalere Züge an.[180]

Die **Hauptvorteile des Reife-Unternehmens** sind die

- Existenz eines funktionsfähigen, eingespielten Apparates,
- Verfügbarkeit über beachtliche Ressourcen,
- Know-how und Erfahrungen mit Märkten, Technologien und Distributionskanälen,
- existente Verbindungen und Beziehungen zu Händlern, Kunden und Regierung,
- Risikoausgleich über einen Geschäftsbereichs- und Entwicklungsprojekte-Mix und
- Stabilität in Bezug auf Geschäftsvolumen und finanzielle Ergebnisse.[181]

---

[178] vgl. **Pümpin, Cuno; Prange, Jürgen**: Management der Unternehmensentwicklung, S. 108–109, Campus Verlag, Frankfurt a. M., New York, 1991.

[179] vgl. **Pümpin, Cuno; Prange, Jürgen**: Management der Unternehmensentwicklung, S. 109, Campus Verlag, Frankfurt a. M., New York, 1991.

[180] vgl. **Pümpin, Cuno; Prange, Jürgen**: Management der Unternehmensentwicklung, S. 109–110, Campus Verlag, Frankfurt a. M., New York, 1991.

[181] vgl. **Pümpin, Cuno; Prange, Jürgen**: Management der Unternehmensentwicklung, S. 121, Campus Verlag, Frankfurt a. M., New York, 1991.

Die **Hauptnachteile des Reife-Unternehmens** sind die

- mangelnde Flexibilität bei der Anpassung an veränderte Umweltdaten,
- Barrieren gegen Innovationen,
- zunehmende Marktferne des Top-Managements,
- steigende Risikoaversion,
- zunehmende Kurzfrist- und quantitative Orientierung des Managements,
- Mangel an Freiräumen für unternehmerisch veranlagte Mitarbeiter und
- Ressourcenvergeudung in Machtkämpfen und Konflikten.[182]

Nach Pümpin und Prange kommen schließlich beim **Wende-Unternehmen** die bereits beim Reife-Unternehmen zu beobachtenden kontraproduktiven Verhaltensweisen, insbesondere die starke Vergangenheitsorientierung und Innweltorientierung, voll zum Durchbruch. Beim Wende-Unternehmen befinden sich zum einen die ausgeschöpften Nutzenpotenziale, namentlich die Markt- und Technologiepotenziale, mehrheitlich in ihrer Niedergangphase. Während das Marketing versucht den Absatz alter Produkte zu fördern fließen die Forschungsgelder in ausgereizte Technologien. Da praktisch alle Konkurrenten ähnliche Wege beschreiten sind die letzten Möglichkeiten zur Multiplikation ebenfalls ausgereizt. Zum anderen ist die innere Entscheidungsstruktur erstarrt. Gruppen haben sich durch machtpolitische Auseinandersetzungen gebildet und derart fest gefügt positioniert, dass Veränderungen nur noch sehr schwer durchzusetzen sind. Machtkämpfe, Intrigen, bereichsegoistisches Denken und eine Selbst-Isolation von seiner Umwelt kennzeichnen das Wende-Unternehmen. Schließlich löst die Kombination dieser Hauptmerkmale eine gefährliche Abwärtsspirale aus.[183]

　　Das Unternehmen kann den Absatz nur noch durch Preissenkungen fördern. Auf die daraus resultierende verschlechterte Ertragslage reagiert das Management mit der Suche nach weiteren Möglichkeiten zur Rationalisierung. Hier steht die Steigerung der Effizienz im Vordergrund, wobei Investitionen in effektivere oder innovativere Vorhaben, die mittel- bis langfristig neue Erfolgspotenziale in attraktiven Märkten generieren könnten, angesichts der schlechten Gewinnsituation immer schwieriger durchsetzbar sind. Ohne Innovationen gerät die Gewinnmarge immer mehr unter Druck. In dieser Phase des Wende-Unternehmens gehört traurigerweise auch die Vernachlässigung der Produktqualität. Qualitätsmängel werden, ohne dass eine fundierte Ursachenanalyse durchgeführt wurde, notdürftig und billig kaschiert und Beschwerden ignoriert. Die draus resultierende sinkende Kundenzufriedenheit lässt die erzielbaren Preise nur noch weiter sinken. Auf Basis dieser wenig rosigen Zukunftsaussichten des Unternehmens entsteht bei den Mitgliedern breite Frustration und Misstrauen, sodass jeder um sein persönliches Überleben und um das

---

[182] vgl. **Pümpin, Cuno; Prange, Jürgen**: Management der Unternehmensentwicklung, S. 121, Campus Verlag, Frankfurt a. M., New York, 1991.

[183] vgl. **Pümpin, Cuno; Prange, Jürgen**: Management der Unternehmensentwicklung, S. 122, Campus Verlag, Frankfurt a. M., New York, 1991.

seiner Abteilung kämpft. Folglich findet die Kommunikation zwischen den verschiedenen Abteilungen und Hierarchieebenen nur schwach ausgeprägt und nur noch über die formalen Kanäle statt. Die Unternehmensleitung konzentriert sich auf die Kosten- und Gewinnsituation und systematische Umweltbeobachtungen finden praktisch nicht statt. Die letzte kreative Idee des Managements eines Wende-Unternehmens ist die Nutzung des Regulierungspotenzials, sprich der Ruf nach staatlicher Unterstützung.[184]

Die **Hauptvorteile des Wende-Unternehmens** sind die

- vorübergehende Stützung durch den Staat,
- vorübergehende Gewinne durch Einschränkung des Wettbewerbs und
- Möglichkeiten zur Bilanzkosmetik.[185]

Die **Hauptnachteile des Wende-Unternehmens** sind die

- geringe Nutzenstiftung angesichts veralteter Produkte und ausgereizter Technologien,
- der Mittelabfluss und die Aufzehrung der stillen Reserven,
- miserable Stimmung im Management und bei den Mitarbeitern sowie niedrige Motivation,
- Unbeweglichkeit, interne Erstarrung in fest gefügten Machtgruppen,
- der allgemeine Innovationsmangel,
- Marktferne des oberen Managements und
- das Festhalten an illusorischen Vorstellungen über die Zukunft.[186]

Das Management dieser vier Grundtypen der Unternehmensentwicklung muss nach Pümpin und Prange der normativen, strategischen und operativen Dimension der Unternehmensführung Rechnung tragen.[187] Da sich Pümpin und Prange in ihren Ausführungen zu diesen drei Dimensionen auf das bereits dargestellte Konzept integriertes Management von Knut Bleicher beziehen, kann an dieser Stelle auf detailliertere Ausführung verzichtet werden.

Die Präsentation der vier Grundtypen der Unternehmensentwicklung oder Entwicklungsphasen hat gezeigt, in welcher charakteristischen Situation sich die entsprechenden Unternehmen befinden. Dabei beschreiben Pümpin und Prange die Entwicklungsphasen sehr systematisch, detailliert und praxisorientiert. Die Gegenüberstellungen der jeweiligen

---

[184] vgl. **Pümpin, Cuno; Prange, Jürgen**: Management der Unternehmensentwicklung, S. 122–125, Campus Verlag, Frankfurt a. M., New York, 1991.

[185] vgl. **Pümpin, Cuno; Prange, Jürgen**: Management der Unternehmensentwicklung, S. 131, Campus Verlag, Frankfurt a. M., New York, 1991.

[186] vgl. **Pümpin, Cuno; Prange, Jürgen**: Management der Unternehmensentwicklung, S. 131, Campus Verlag, Frankfurt a. M., New York, 1991.

[187] vgl. **Pümpin, Cuno; Prange, Jürgen**: Management der Unternehmensentwicklung, S. 142, Campus Verlag, Frankfurt a. M., New York, 1991.

Hauptvorteile und Hauptnachteile runden diese Ausführungen ab. Damit stellen Pümpin und Prange die Chancen und Risiken eines Unternehmens in der entsprechenden Entwicklungsphase gegenüber und problematisieren sehr gut die entsprechende Lage des Unternehmens. Doch es bleibt nicht nur bei reiner Problematisierung. Sie stellen dar, dass entsprechende Aktivitäten und Verhaltensweisen im Rahmen des normativen, strategischen und operativen Managements realisiert werden müssen, um das Unternehmen in der jeweiligen Phase erfolgreich zu führen. Dabei stützen sich Pümpin und Prange auf das bereits dargestellte St. Galler Managementkonzept. Diese Verbindung ist in diesem Zusammenhang sowohl methodisch sinnvoll als auch praktisch wertvoll.

2.2.3   Ansatz zur Unternehmensentwicklung nach Bleicher

Nach **Knut Bleicher** stellt der Begriff Unternehmungsentwicklung auf ein zeitbezogenes Phänomen ab, und zwar auf die Evolution eines ökonomisch orientierten sozialen Systems im Spannungsfeld von Forderungen und Möglichkeiten der Umwelt und Innwelt. Für diese Evolution ist die Stiftung eines höheren Nutzens relativ zum Angebot vergleichbarer anderer Wettbewerbssysteme durch die Bereitstellung und Inanspruchnahme strategischer Erfolgspotenziale ausschlaggebend. Folglich stellt das Wesen der Unternehmungsentwicklung auf die Veränderung der Potenziale einer Unternehmung zur Stiftung von Nutzen für Teilnehmer und Mitglieder ab. In diesem Zusammenhang ist zwischen der intendierten und realisierten Unternehmungsentwicklung zu unterscheiden. Die Abweichung beider akzentuiert das Problem der Gestaltbarkeit und Lenkbarkeit einer Unternehmungsentwicklung. Bleicher stuft die Unternehmungsentwicklung als nur begrenzt machbar ein. Nach seiner Auffassung definiert die Unternehmenspolitik zwar einen erstrebten Pfad der Entwicklung in die Zukunft hinein und Strategien konkretisieren den Weg hierzu, dennoch bleiben eigenevolutorische, nicht determinierbare Kräfte am Werk, die je nach Kontext und Situation mehr oder weniger starken Einfluss auf die Unternehmungsentwicklung nehmen.[188]

Auftretende Abweichungen zwischen intendierter und realisierter Unternehmungsentwicklung lösen Anpassungsprozesse sowohl bei den Zielansprüchen der Beteiligten, als auch bei den Maßnahmen der Gestaltung und Lenkung aus, die in Richtung eines Abstellens von Störfaktoren bei der Realisierung gehen. Diese Abweichungen bewirken daher im Management eine arteigene Dynamik des unternehmungspolitischen, strategischen und operativen Vorgehens im Inneren der Unternehmung. Die Tendenz der Unternehmungsentwicklung ist nur vordergründig durch eine Betrachtung quantifizierbarer Maßgrößen, wie beispielsweise Umsatz, Bilanzsumme oder Beschäftigtenzahl, in ihrer Veränderung in der Zeit messbar. Die Veränderungen in der langfristigen Nutzenstiftung drücken sich letztlich gegenüber den Bezugsgruppen und einer qualifizierten sowie relativen Positionierung einer Unternehmung gegenüber anderen Unternehmungen durch den Aufbau von strategischen Erfolgspotenzialen aus.

---

[188] vgl. **Bleicher, Knut**: Das Konzept integriertes Management, S. 407, 4. Aufl., Campus Verlag, Frankfurt a. M., New York, 1996.

Folglich kann ein kurzfristiger Rückgang im Ausweis quantifizierbarer Maßgrößen über erhöhte Anstrengungen, um neue strategische Erfolgspotenziale zu entwickeln, durchaus als positive Unternehmungsentwicklung eingestuft werden, wenn damit eine Verbesserung der relativen Positionierung durch eine Qualifizierung einer Unternehmung gegenüber anderen, verbunden ist.[189]

Die Unternehmungsentwicklungen können demnach durchaus einen unterschiedlichen **Verlauf** nehmen. Allerdings ist festzustellen, dass wachsende Unternehmungen jedoch häufig eine recht ähnliche formale Struktur ihrer Entwicklungen aufweisen, die auch inhaltlich zu ähnlichen Problemlagen führt, die durch das Management zu bewältigen sind. Folgende wesentliche **Stadien einer derartigen Unternehmungsentwicklung** unterscheidet Bleicher:

- Innere Unternehmungsentwicklung
- Pionierphase
- Markterschließungsphase
- Diversifikationsphase
- Äußere Unternehmungsentwicklung
- Akquisitionsphase
- Kooperationsphase
- Innere und äußere Unternehmungsentwicklung
- Restrukturierungsphase[190]

Seiner Auffassung nach stellt jede dieser Phasen das Management vor eine arteigene **Problemlandschaft**, die sich in den folgenden Dimensionen

- Unternehmungspolitik getragen von der Unternehmungsverfassung und der Unternehmungskultur,
- den strategischen Programmen, Organisationsstrukturen und Managementsystemen, wie dem Problemverhalten des Managements
- und der operativen Führung, vollzieht.[191]

Nach Bleicher geht die **innere Unternehmungsentwicklung** immer von einer unternehmerischen Idee aus, die zum Aufbau von Nutzen- und strategischen Erfolgspotenzialen führt.[192] Damit stützt er sich auf die bereits dargestellte Auffassung von Pümpin und

---

[189] vgl. **Bleicher, Knut**: Das Konzept integriertes Management, S. 408, 4. Aufl., Campus Verlag, Frankfurt a. M., New York, 1996.

[190] vgl. **Bleicher, Knut**: Das Konzept integriertes Management, S. 438, 4. Aufl., Campus Verlag, Frankfurt a. M., New York, 1996

[191] vgl. **Bleicher, Knut**: Das Konzept integriertes Management, S. 440, 4. Aufl., Campus Verlag, Frankfurt a. M., New York, 1996.

[192] vgl. **Bleicher, Knut**: Das Konzept integriertes Management, S. 446, 4. Aufl., Campus Verlag, Frankfurt a. M., New York, 1996.

Prange und deren Phasen der Unternehmensentwicklung. Die **Pionierphase der Unter-nehmungsentwicklung** in Industriebetrieben wird demnach zumeist von einer Erfindung getragen, die nach erfolgreichen Versuchen zur Technologiebeherrschung und schließlich zu einer kompletten Produktgestaltung mutiert. Diese Produktgestaltung wird anschließend einem begrenzten Kundenkreis bekannt und hilft ihnen bei der Lösung ihrer Probleme.[193] Die **Markterschließungsphase der Unternehmungsentwicklung** bringt die Multiplikation der unternehmerischen Idee über die Erschließung breiterer Kundenkreise. Diese Phase ist durch bedeutendes und schnelles Wachstum gekennzeichnet und verlangt folglich eine dem tatsächlichen Auftragsvolumen vorauseilende Anpassung aller Ressourcen.[194]

Die **Diversifikationsphase der Unternehmungsentwicklung** bringt einen anfänglichen Wechsel von der Multiplikation zur Innovation, denn neue Erfolgspotenziale verändern die bisherigen Strategien und Strukturen und erfordern andere Rollen und ein anderes Verhalten von ihren Trägern. Ziel ist es nunmehr einen Ausgleich zwischen Chancen und Risiken einzelner Geschäftsfelder zu erreichen.[195]

Die **äußere Unternehmungsentwicklung** sprengt nach Bleicher die Grenzen des Wachstums aus eigener Kraft, indem sie sich der Erfolgspotenziale anderer Unternehmungen bemächtigt. Dies kann durch eine Übernahme oder durch eine gemeinsame Entwicklung dergestalt erfolgen, dass mehrere Marktpartner ihre Erfolgspotenziale zusammentragen, um auf diesem Wege der gemeinsamen Nutzung von Potenzialen einen höherwertigen Nutzen zu entwickeln. Dabei kann die letzte Möglichkeit der zwischenbetrieblichen Kooperation langfristig zu strategischen Allianzen führen, die entweder auf Dauer oder auf Zeit globale Netzwerke der Zusammenarbeit aufbauen.[196]

Die **Akquisitionsphase der Unternehmungsentwicklung** ist durch die Übernahme anderer Unternehmungen oder Geschäftsbereiche gekennzeichnet, die entweder die in der eigenen Markterschließung unzureichend angelegte Multiplikation der ursprünglichen unternehmerischen Idee verstärken oder die den Mangel in den an sich nicht gegebenen oder nicht ausreichend schnell entwickelten Erfolgspotenzialen durch eine Diversifikation heilen.[197] In der **Kooperationsphase der Unternehmungsentwicklung** versucht die Unternehmung neue Produkt-/Marktkombinationen und eine Erschließung neuer regionaler Märkte nicht im zeitraubenden Alleingang zu erreichen, sondern durch Formen der

---

[193] vgl. **Bleicher, Knut**: Das Konzept integriertes Management, S. 446, 4. Aufl., Campus Verlag, Frankfurt a. M., New York, 1996.

[194] vgl. **Bleicher, Knut**: Das Konzept integriertes Management, S. 450, 4. Aufl., Campus Verlag, Frankfurt a. M., New York, 1996.

[195] vgl. **Bleicher, Knut**: Das Konzept integriertes Management, S. 455, 4. Aufl., Campus Verlag, Frankfurt a. M., New York, 1996.

[196] vgl. **Bleicher, Knut**: Das Konzept integriertes Management, S. 462, 4. Aufl., Campus Verlag, Frankfurt a. M., New York, 1996.

[197] vgl. **Bleicher, Knut**: Das Konzept integriertes Management, S. 462, 4. Aufl., Campus Verlag, Frankfurt a. M., New York, 1996.

Zusammenarbeit, seien es Arbeitsgemeinschaften auf Zeit, Lizenzen, Franchising, Joint Ventures oder strategische Allianzen, zu verwirklichen. Dabei ist die Art des Vertragsverhältnisses entscheidend.[198]

Nach Bleicher kann sich die Restrukturierung sowohl in Form einer **inneren** als auch einer **äußeren Unternehmungsentwicklung** vollziehen. Dabei versucht die **innere Restrukturierung,** über ein Aufgeben nicht mehr zukunftsträchtiger Geschäftsfelder oder eine Schrumpfung stagnierender Bereiche, Ertragskraft zurückzugewinnen. Hier wird versucht über eine unternehmungspolitische Implosion einen Quantensprung zurück zu einem früheren Stadium der Unternehmungsentwicklung zu wagen, der noch einmal Möglichkeiten des pionierhaften Eigenentwickelns, der Markterschließung, der Diversifikation, Akquisition und Kooperation eröffnet. In dieser Phase sind alle strategischen Anstrengungen darauf ausgerichtet, die äußerst eingeschränkten Optionen zu erhöhen, was häufig eine völlige verhaltensmäßige Umorientierung verlangt. Im Gegensatz zu den vorhergehenden Phasen der Expansion ist nun eine Schrumpfung angezeigt, die zusätzlich andere Organisationsstrukturen und Managementsysteme erfordert. Diese Schrumpfung ist jedoch nicht nur größenbedingt zu sehen, sie bezieht beispielsweise auch das bewusste Aufgeben von Synergien mit ein, indem vorausgehend voll integrierte Betriebsteile selbstständig gemacht werden, damit sie am Markt für Unternehmen angeboten werden können. Bleicher bezeichnet diesen Prozess als rückwärtsgerichtete Restrukturierung.[199]

Im Zuge der **äußeren Restrukturierung** nehmen externe auf Restrukturierung spezialisierte Unternehmungen eine Beurteilung und eine Neuverteilung der brauchbaren Aktiva durch Übernahme und Weiterveräußerung vor. Fällt allerdings eine diesbezügliche Beurteilung für die entsprechenden Unternehmungen und deren Betriebsteile negativ aus, erscheint der Untergang der Unternehmung vorprogrammiert.[200]

Das **normative, strategische und operative Management** üben in diesen Phasen der Unternehmungsentwicklung unterschiedliche Einflüsse aus. Das normative Management steckt den sachlichen und formalen Rahmen für die weitere Unternehmungsentwicklung in Form einer missionarischen Verfolgung des Aufbaus von Nutzenpotenzialen für Bezugsgruppen generell ab. Das strategische Management gibt einzelne Aktionskurse vor, die mittelfristig zur Veränderung von strategischen Erfolgspositionen führen. Das kurzfristige operative Management verdichtet die normativen und strategischen Vergaben zu Aktionen und überprüfbaren Ergebnissen in Erfolg und Liquidität.[201]

---

[198] vgl. **Bleicher, Knut**: Das Konzept integriertes Management, S. 467, 4. Aufl., Campus Verlag, Frankfurt a. M., New York, 1996.

[199] vgl. **Bleicher, Knut**: Das Konzept integriertes Management, S. 473–474, 4. Aufl., Campus Verlag, Frankfurt a. M., New York, 1996.

[200] vgl. **Bleicher, Knut**: Das Konzept integriertes Management, S. 474–475, 4. Aufl., Campus Verlag, Frankfurt a. M., New York, 1996.

[201] vgl. **Bleicher, Knut**: Das Konzept integriertes Management, S. 475, 4. Aufl., Campus Verlag, Frankfurt a. M., New York, 1996.

Zusätzlich nehmen **Aktivitäten, Strukturen und das Verhalten des Managements** über die normativen und strategischen Konzepte und die operative Führung Einfluss auf die Unternehmungsentwicklung. Nach Bleicher mag die sich dabei ergebende Problemlandschaft zwar unter dem Druck der Ereignisse situativ oder mit Weitsicht präsituativ angegangen werden, es wäre jedoch illusorisch zu glauben, dass die damit aufgeworfenen Probleme im Zuge der Zeit endgültig zu lösen seien. Gerade bei sozial-evolutorischen Entwicklungen ergeben sich gleiche oder ähnliche Problemstellungen zeit-zyklisch immer wieder. Diese zyklische Wiederkehr der Erkenntnis von Problemen und von Versuchen zu ihrer Lösung überlappt sich in Bezug auf Aktivitäten, Strukturen und Verhalten. Verschiedene Ansätze zu ihrer Bewältigung gewinnen im Zeitablauf unterschiedliche Priorität und binden einen Großteil der Managementkapazität.[202]

Aus diesen Erkenntnissen ergeben sich nach Bleicher **Anforderungen an ein dynamisches Management** im Rahmen der Unternehmungsentwicklung. Einige ausgewählte Anforderungen werden nachfolgend aufgeführt.

- Das Bezugsobjekt eines dynamischen Managements ist die qualifizierte Unternehmungsentwicklung in der Zeit.
- Dynamisches Management muss erkennen, wann es die Unternehmung in Richtung auf Stabilität und wann auf Veränderunglenken muss.
- Phasen einer Unternehmungsentwicklung stellen unterschiedliche Anforderungen an Strategie, Strukturen und Kulturen, die durch eindynamisches Management frühzeitig erkannt und in verändernde Maßnahmen umgesetzt werden müssen.
- Übergänge zwischen den Phasen einer Unternehmungsentwicklung stellen Krisenpotenziale dar, wenn sie durch die Art des Managementsund sein Verhalten nicht ausgegliedert werden.
- Ein dynamisches Management muss mit Polaritäten und sich draus ergebenden Widersprüchen leben lernen. Dynamik erwächst aus dem Ringen unterschiedlicher Prinzipien um ihre Durchsetzung.[203]

Knut Bleicher sieht die Unternehmungsentwicklung als evolutorischen Prozess an, der nur begrenzt gestaltbar oder lenkbar ist. Aufgabe des Managements ist es nun, auf Abweichungen in diesem Prozess mit Anpassungsmaßnahmen zu reagieren. Folglich ist Management seiner Auffassung nach nicht Agierend sondern Reagierend, was seine höchst interessante Auffassung über die Anforderungen an ein dynamisches Management unterstreicht. Neben quantitativen Messgrößen ist Bleicher in diesem Zusammenhang jedoch der Aufbau von strategischen Erfolgspotenzialen besonders wichtig. Seine Darstellung über den Verlauf und die einzelnen Phasen der Unternehmungsentwicklung erinnern an

---

[202] vgl. **Bleicher, Knut**: Das Konzept integriertes Management, S. 479–480, 4. Aufl., Campus Verlag, Frankfurt a. M., New York, 1996.

[203] vgl. **Bleicher, Knut**: Das Konzept integriertes Management, S. 488, 4. Aufl., Campus Verlag, Frankfurt a. M., New York, 1996.

die Auffassung von Pümpin und Prange, allerdings unterscheidet Bleicher die innere und äußere Unternehmungsentwicklung und benennt einige Phase etwas anders. Alle drei Wissenschaftler orientieren sich augenscheinlich an dem St. Galler Management Konzept. Die Verbindung der Phasen der Unternehmungsentwicklung mit normativem, strategischen und operativen Management und Aktivitäten, Strukturen und Verhalten ist in jedem Fall eine der besonderen positiven Merkmale dieses Ansatzes. Genau hier befindet sich auch die Schnittstelle zwischen der Ausführung von Knut Bleicher als Ansatz der Unternehmensführung und seinen Darstellungen zur Unternehmungsentwicklung. Im Hinblick auf das Ziel und das methodische Vorgehen in diesem Buch erschien es wertvoll die Auffassung von Knut Bleicher zum einen aus der Perspektive der Unternehmensführung und zum anderen aus der Perspektive der Unternehmungsentwicklung zu präsentieren. Im weiteren Verlauf dieses Buches werden diese Erkenntnisse hilfreich sein.

2.2.4 Ansatz zur Unternehmensentwicklung nach Schwaninger

Markus Schwaninger hat den Begriff **Unternehmungsentwicklungssystem kurz UES** kreiert und bezeichnet damit ein Managementsystem 2. Ordnung, das als Meta-System den anderen Managementsystemen logisch übergeordnet ist. Dieses Unternehmungsentwicklungssystem hilft, im Rahmen der von der Managementphilosophie geleiteten Unternehmungsentwicklung

- die Voraussetzungen für Entwicklung zu schaffen und zu kultivieren,
- zu gewährleisten, dass die Unternehmung ihre Fähigkeit, die Ansprüche ihrer internen und externen Bezugsgruppen zu erfüllen, laufend verbessert,
- den Ausgleich von Ordnung und Wandel, von Transformation und Konsolidierung zu gewährleisten und
- das Management bei der Gestaltung, Lenkung und Entwicklung von organisationsweiten Evolutionsprozessen zu unterstützen.[204]

Unternehmungsentwicklungssysteme sind unter dieser Bezeichnung in Unternehmungen noch selten anzutreffen, jedoch existieren in vielen Bereichen Systeme, Instrumente und Anstrengungen die der Unternehmungsentwicklung dienen. Nach Schwaninger steckt jedoch die institutionelle, konzeptionell gesteuerte Verankerung eines Systems, das unternehmungsweite Entwicklungsprozesse regelmäßig und kohärent unterstützt, noch in den Kinderschuhen.[205] Diese in seinem 1994 veröffentlichten Werk „Managementsysteme" getroffene Aussage kann im Rahmen dieses Buches durch empirische Daten leider nicht

---

[204] vgl. **Schwaninger, Markus**: Managementsysteme, S. 249, Campus Verlag, Frankfurt a. M., New York, 1994.

[205] vgl. **Schwaninger, Markus**: Managementsysteme, S. 250, Campus Verlag, Frankfurt a. M., New York, 1994.

wiederlegt und auch nicht bestätigt werden. Eine diesbezügliche Untersuchung des aktuellen Entwicklungsstandes, beispielsweise deutscher Unternehmungen, erscheint an dieser Stelle sehr sinnvoll und interessant, würde jedoch den Rahmen dieser Arbeit sprengen.

Konzeptionell wird das Unternehmungsentwicklungssystem als Komponente des Managementkonzeptes eingeordnet und hat doch das Managementkonzept als Ganzes im Auge. Folglich soll das Unternehmungsentwicklungssystem einen instrumentalen Beitrag zum Gelingen dieses Ganzen leisten.[206] Das Unternehmungsentwicklungssystem besteht nach Schwaninger aus zwei **Dimensionen** und diese aus je zwei Spannungsfeldern.

Die **erste horizontale Dimension** beschreibt die Zweck-Orientierung und beinhaltet das Spannungsfeld zwischen Bewahrung und Veränderung. Hier wird also determiniert ob sich das Gesamtsystem Unternehmung offen und vorausschauend an eine sich wandelnde Umwelt anpasst und verändert, oder ob es überwiegend beharrlich stabilisiert wird. Die **horizontale Skalierung** besteht von links nach rechts gesehen aus den drei Bereichen

- Beharren auf Etabliertem
- Veränderung in begrenztem, weitgehend vorhersehbarem Rahmen und
- Offenheit für nicht vorhersehbare, völlig neue Entwicklungen.[207]

Die **zweite vertikale Dimension** beschreibt die Methodik-Orientierung und beinhaltet das Spannungsfeld zwischen Logisch und Meta-Logisch. Diese Dimension determiniert also ob der Ansatz der Unternehmungsentwicklung primär daran interessiert ist, Inhalte und Methoden zur Verfügung zu stellen, oder ob solche Bemühungen in einer Logik höheren Ordnung, die Meta-Logik des Managements von unternehmensweiten Entwicklungsprozessen, integriert werden. Das heißt Meta-Logisch gedacht, würde der Prozess der Management- und Unternehmungsentwicklung selbst Gegenstand von Gestaltungs-, Lenkungs- und Entwicklungsanstrengungen sein. Die **vertikale Skalierung** besteht von unten nach oben gesehen aus den drei Bereichen

- Konzentriert auf Inhalte der Entwicklung,
- Konzentriert auf Inhalte und Methoden zur Entwicklung und
- Einbezug der Methodik zur Steuerung von Entwicklungsprozessen.[208]

Die Abb. 2.8 zum Unternehmungsentwicklungssystem verdeutlicht diese Ausführung graphisch.

Diese Abb. 2.8 zeigt neben den beiden Dimensionen und den entsprechenden Spannungsfeldern zusätzlich die zwei Typen Stabilisierung und geplante Evolution als

---

[206] vgl. **Schwaninger, Markus**: Managementsysteme, S. 251, Campus Verlag, Frankfurt a. M., New York, 1994.

[207] vgl. **Schwaninger, Markus**: Managementsysteme, S. 252, Campus Verlag, Frankfurt a. M., New York, 1994.

[208] vgl. **Schwaninger, Markus**: Managementsysteme, S. 249, Campus Verlag, Frankfurt a. M., New York, 1994.

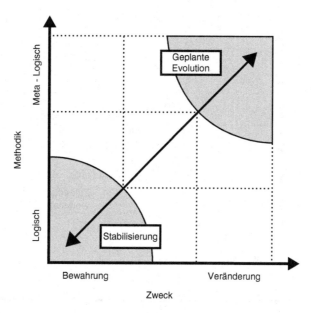

Abb. 2.8 Übersichtsschema Unternehmungsentwicklungssystem (vgl. **Schwaninger, Markus**: Managementsysteme, S. 251, Campus Verlag, Frankfurt a. M., New York, 1994)

Idealtypen der Unternehmungsentwicklung. Die Grundorientierung der **Stabilisierung** geht von einem Konzept der Unternehmungsentwicklung aus, das die Bewahrung inhaltlich eindeutig festgelegter Zielbilder in den Mittelpunkt rückt. Diese Orientierung kommt in bestimmter Hinsicht einer Zukunftsorientierung am Status quo gleich. Dies impliziert nicht zwangsläufig das Gleichbleiben aller Größen, sie kann beispielsweise auch Wachstum im Auge haben. Allerdings ist der Punkt, dass diese Orientierung grundsätzlich mehr vom selben anstrebt und damit eine prinzipiell zu geringe Offenheit für nicht vorhersehbare Entwicklungen aufweist. Das Leitmotiv der **geplanten Evolution** unterstreicht hingegen die grundlegende Veränderung als den Zweck oder zumindest als Grundcharakteristik der Unternehmungsentwicklung. Hier geht es jedoch nicht um Veränderungen an sich, sondern um Entwicklung, verstanden als die Zunahme der Fähigkeit eines Systems, eigene und fremde Ansprüche zu erfüllen.[209] Diese Ausführungen werfen die Frage auf, wie konzeptionelle und theoretische Ansätze in dieses sorgfältig aufgebaute Unternehmungsentwicklungssystem eingeordnet werden können. Die Abb. 2.9 zeigt die grob vereinfachte Darstellung von Schwaninger zu dieser Fragestellung.

Die **Rezepte für Wachstum** entstanden in großer Zahl in den sechziger und siebziger Jahren und sind auch heute noch in einer gewissen Art von pragmatisch orientierten Büchern vorhanden. Das Wachstum wird hier als originäres Unternehmungsziel gesehen

---

[209] vgl. **Schwaninger, Markus**: Managementsysteme, S. 254, Campus Verlag, Frankfurt a. M., New York, 1994.

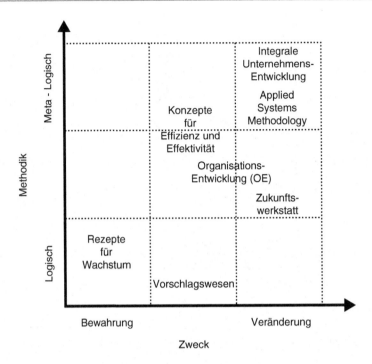

Abb. 2.9 Unternehmungsentwicklungssystem – konzeptionelle und theoretische Ansätze (vgl. **Schwaninger, Markus**: Managementsysteme, S. 259, Campus Verlag, Frankfurt a. M., New York, 1994)

und dem Begriff der Entwicklung gleichgesetzt. Die **Konzepte für Effizienz und Effektivität** verschiedener Autoren bieten Anleitungen an, die weiter greifen als reine Rezepte. Sie sollen in bestimmten Situationszusammenhängen nicht nur helfen, die Dinge richtig zu tun, sondern auch die richtigen Dinge zu tun, wie es beispielsweise die Konzepte zur Unternehmungsgründung vorsehen.

Das **Betriebliche Vorschlagswesen** hat die Aufgabe aus allen Bereichen einer Unternehmung Ideen für deren Führung nutzbar zu machen. Auf diese Weise können alle Mitarbeiter ihren Beitrag zur Unternehmungsentwicklung leisten. Dabei werden verwertbare Ideen mit angemessenen Prämien vergütet.[210]

Die Idee des Konzeptes **Zukunftswerkstatt** basiert auf der systematischen Einbeziehung vieler Mitarbeiter in die Problemlösungsprozesse. Die Regression und Resignation des einzelnen soll überwunden werden und die Mitarbeiter sollen zu aktiver Mitgestaltung der Zukunft eines sozialen Ganzen animiert werden. Dadurch werden neue Energiequellen für die Erneuerung der Unternehmung erschlossen. Bei der **Organisationsentwicklung** handelt es sich um ein langfristig angelegtes Bemühen, die Problemlösungs- und Erneuerungsprozesse

---

[210] vgl. **Schwaninger, Markus**: Managementsysteme, S. 258–260, Campus Verlag, Frankfurt a. M., New York, 1994.

in einer Organisation zu verbessern. Dabei ist die klassische Organisationsentwicklung, was ihre Urheber, praktizierenden Fachleute und die zur Anwendung kommenden Instrumente anbelangt, verhaltenswissenschaftlich, psychologisch, soziologisch und sozialpsychologisch geprägt. Die Förderung zur Kooperation durch Interventionen im Bereich der Organisationskultur, die Verbesserung des Organisationsklimas und damit die positive Beeinflussung der Funktions- und Lebensfähigkeit des betreffenden sozialen Organismus stehen hier im Vordergrund.[211]

Die **Applied Systems Methodology** Ansätze rücken die Methodologie selbst in den Vordergrund, mittels derer sich die Problemlösungsfähigkeit und die Evolution sozialer Systeme erhöhen soll. Das Lernen und vor allem die Lernformen höherer Ordnung sollen sich verbessern. Schließlich strebt das Konzept der **Integralen Unternehmungsentwicklung** an, die Grenzen sowohl rein betriebswirtschaftlich geprägter Entwicklungsansätze als auch der klassischen Organisationsentwicklung zu überwinden. Das technisch-strukturell orientierte wird auf der Grundlage eines systemorientierten Rahmens mit dem verhaltenswissenschaftlichen Instrumentarium der Unternehmungsentwicklung synthetisiert. Damit werden Entwicklungsprozesse unter Einbezug unterschiedlicher Methoden und Vorgehensweisen, unter Berücksichtigung verschiedener Gestaltungsdimensionen sowie gegebenenfalls Systemebenen, ganzheitlich konzipiert und situativ realisiert.[212]

Nach Schwaninger umfasst das Unternehmungsentwicklungssystem ein Instrumentarium von Heuristiken, Schemata und Modellen, welches die maßgeblichen Führungskräfte unterstützt, den langfristigen Entwicklungsprozess der Unternehmung weitsichtig zu konzipieren. Dieses System umfasst die Meta-Methodik der Gestaltung, Lenkung und Entwicklung eines unternehmungsweiten Evolutionsprozesses. Schwaninger stellt weiter fest, das ein Unternehmungsentwicklungssystem prinzipiell langfristig orientiert ist, nicht standardisiert oder mechanisiert werden kann und hauptsächlich vom Top-Management angewandt wird. Die **Kernelemente** dieses Unternehmungsentwicklungssystems bilden ein Unternehmensleitbild oder ein Visionstatement, das gegebenenfalls durch detailliertere unternehmungspolitische Konzepte ergänzt und konkretisiert wird. Das Unternehmungsleitbild soll auf einer Vision gründen, ein realistisches Idealbild, ein zukunftsorientiertes Selbstverständnis zum Ausdruck bringen und etwa als Leitplanke und nicht als Schiene für die zukünftige Entwicklung der Unternehmung dienen.[213] Hier befindet sich auch die Schnittstelle zu verschiedenen Ansätzen der Unternehmensführung, die bereits ausführlich dargestellt wurden. Die **Gestaltungsempfehlungen** für Unternehmungsentwicklungssysteme sehen nach Schwaninger so aus. Unternehmungsentwicklungssysteme sind Systeme, die der Selbststeuerung der Unternehmung als Ganzheit dienen. Dadurch wird eine Integration in dem Sinne bewirkt, dass ein Schulterschluss

---

[211] vgl. **Schwaninger, Markus**: Managementsysteme, S. 261–262, Campus Verlag, Frankfurt a. M., New York, 1994.

[212] vgl. **Schwaninger, Markus**: Managementsysteme, S. 263–264, Campus Verlag, Frankfurt a. M., New York, 1994.

[213] vgl. **Schwaninger, Markus**: Managementsysteme, S. 265–267, Campus Verlag, Frankfurt a. M., New York, 1994.

zwischen den Mitgliedern der Organisation zustande kommt. Nach Schwaninger ist diese Integration jedoch nicht funktional, sozial-technologisch oder fremdbestimmt, sondern diskursiv und selbstbestimmt. Folglich sind Unternehmungsentwicklungssysteme Produkte von Kommunikationsprozessen, in die prinzipiell alle, eine Unternehmung konstituierenden Individuen, einbezogen sind.[214]

Der Ansatz zur Unternehmensentwicklung nach Schwaninger führt einen neuen Begriff ein, den Begriff des Unternehmungsentwicklungssystems und ordnet dieses System in den Managementprozess ein. Damit stellt er die Verbindung zwischen einer Managementphilosophie oder Managementkonzeption und einem Unternehmensleitbild, einer Vision und einem planvollen Entwicklungsprozess her. Er konkretisiert anschließend dieses System durch zwei Dimensionen, zwei Spannungsfelder und zwei Idealtypen und beschreibt auf dies Weise sehr ganzheitlich das System der Unternehmungsentwicklung. Obgleich dieses System auf den ersten Blick sehr theoretisch wirkt, enthält es bei näherer Betrachtung äußerst praxisrelevante Aspekte, wie beispielsweise die Typenbildung der Stabilisierung als Zukunftsorientierung am Status quo, zeigt. Dies erinnert uns an zahlreiche Veröffentlichungen und praktische Erfahrungen bezogen auf Wandel in Unternehmungen. Die Einordnung der konzeptionellen und theoretischen Ansätze in dieses Unternehmungsentwicklungssystem stellt schließlich endgültig die Verbindung der konzeptionellen Ebene mit der ausführenden Ebene her, was besonders hervorzuheben ist. Die Abrundung seines Ansatzes durch Gestaltungsempfehlungen ist zusätzlich äußerst gelungen. Damit schlägt dieser Ansatz von Markus Schwaninger eine gelungene Brück zu den zwei nun folgenden ehr praxisorientierten Ansätzen zur Unternehmensentwicklung.

2.2.5   Ansatz zur Unternehmensentwicklung nach Womack, Jones und Roos

Die schnellen, umfassenden und stetigen Veränderungen in Unternehmungen und im Unternehmungsumfeld verlangen von der Unternehmungsführung ein hohes Maß an **Flexibilität**. Dabei beschreibt Flexibilität die Fähigkeit eines Unternehmens, innerhalb von kurzer Zeit für neue Aufgaben einsatzbereit zu sein. Folglich erfordert diese schnelle Reaktion auf Veränderungen flexible Mitarbeiter in flexiblen Unternehmen. In diesem Zusammenhang wird im Rahmen des Aufbaus von neuen Unternehmensstrukturen häufig der Begriff „Lean Management" gebraucht. Das „Lean Management" sieht unter anderem den Abbau von bremsenden Hierarchien, die Verschlankung der Unternehmensprozesse und den daraus resultierenden schnelleren Produktwechsel vor.[215] Nach **Dr. Notger Carl und Dr. Manfred Kiesel** ist in den vergangenen Jahren der Trend steigender Unternehmensgewinne bei gleichzeitiger

---

[214] vgl. **Schwaninger, Markus**: Managementsysteme, S. 267–268, Campus Verlag, Frankfurt a. M., New York, 1994.

[215] vgl. **Carl, Dr. Notger; Kiesel, Dr. Manfred**: Unternehmensführung – Methoden, Instrumente, Managementkonzepte, S. 242–243, Verlag Moderne Industrie, Landsberg/Lech, 2000.

Reduktion der Arbeitskräfte zu beobachten. Neue Ansätze der Unternehmensführung ermöglichen die Realisierung von gewaltigen Produktivitätsfortschritten. Beispielsweise stieg in der Automobilindustrie in der Dekade von 1980 bis 1990 die Produktivität um 12 % während sie in der Dekade 1991 bis 1995 bereits um 20 % stieg. Damit holen Deutschland und andere westliche Länder nach, was die Japaner beispielsweise in den Branchen Foto, HiFi und Automobilindustrie uns bereits seit längerem vorführten. Angesichts der erlittenen Verluste von Marktanteilen, Rentabilität und Image, befasste man sich jedoch erst in den 80er-Jahren intensiv mit den Gründen für den Erfolg asiatischer Wettbewerber. Diese verspätete Reaktion resultierte vor allem aus

- der bisher gewohnten Blickrichtung für Neuerungen in die USA,
- die fremde und schwer zugängliche Kultur Japans und
- das Nicht-Wahrnehmen-Wollen der Erfolge ehemaliger Imitatoren.[216]

Aus diesen Gründen beschränkten sich die ersten Erklärungsansätze für die japanischen Erfolge auf die dort vorherrschenden langen Arbeitszeiten, die geringen Löhne und die hohe Automatisierung.

Erst im Jahre 1991 wurde durch die Veröffentlichung der weltweiten Studie des **Massachusetts Institute of Technology (MIT)** durch **James P. Womack, Daniel T. Jones und Daniel Roos** ein umfassendes Bild über das japanische Konzept der schlanken Unternehmensführung vermittelt. Im Rahmen dieser Studie wurden europäische, amerikanische und japanische Automobilhersteller, deren Zulieferer und Autohändler untersucht und miteinander verglichen. Der Titel dieser Veröffentlichung ergab sich aus den Ergebnissen dieser Studie. Die Autoren hielten diese Ergebnisse für derart gravierend, dass sie in Anspielung auf die erste industrielle Revolution des Taylorismus ebenfalls von einer Revolution sprachen. Die Publikation heißt „Die zweite Revolution in der Autoindustrie". Womack, Jones und Roos prägten durch diese Veröffentlichung den Begriff „Lean Production", da die japanischen Unternehmen mit weniger mehr erreichen. Mittlerweile wird dieser Begriff auch auf andere Unternehmensbereiche als „Lean Development" oder „Lean Management" angewandt.[217]

Diese sogenannte **MIT-Studie** spricht jedoch nicht explizit von Unternehmensentwicklung. Warum wird also in diesem Kapitel zur Darstellung verschiedener Ansätze zur Unternehmensentwicklung diese Studie herangezogen? Die Antwort liegt auf der Hand. Nach Knut Bleicher stellt der Begriff Unternehmungsentwicklung wie bereits erwähnt auf ein zeitbezogenes Phänomen ab, und zwar auf die Evolution eines ökonomisch orientierten sozialen Systems im Spannungsfeld von Forderungen und Möglichkeiten der Umwelt

---

[216] vgl. **Carl, Dr. Notger; Kiesel, Dr. Manfred**: Unternehmensführung – Methoden, Instrumente, Managementkonzepte, S. 250, Verlag Moderne Industrie, Landsberg/Lech, 2000.

[217] vgl. **Carl, Dr. Notger; Kiesel, Dr. Manfred**: Unternehmensführung – Methoden, Instrumente, Managementkonzepte, S. 250–251, Verlag Moderne Industrie, Landsberg/Lech, 2000.

und Innwelt.[218] Bei zeitbezogenen Phänomen kommt man nicht umhin sich mit einschlägigen historisch relevanten Konzepten und Ansätzen zu beschäftigen, die im Laufe der Zeit entstanden sind und Unternehmen evolutionär entwickelt haben. Japanische, amerikanische und europäische Unternehmen haben sich in jedem Falle derartig entwickelt und zwar in unterschiedliche Richtungen, wie die MIT-Studie zeigt. Die Betrachtung des Vergleiches dieser verschiedenen Entwicklungen und deren Auswirkungen kann folglich nur wertvoll für dieses Buch sein. Zusätzlich beschäftigt man sich selbstverständlich gerade beim Vergleich von europäischen, amerikanischen und japanischen Automobilherstellern, deren Zulieferern und Autohändlern mit den entsprechenden ökonomisch orientierten sozialen System, die äußerst unterschiedlich funktionieren. Weiter gingen gerade von der MIT-Studie erhebliche Forderungen der Umwelt gegenüber deutschen Unternehmen aus, die mit vorhandenen Möglichkeiten der Innwelt umgesetzt werden mussten, um international wettbewerbsfähig zu bleiben. Durch Kennzahlenvergleiche wurde der dringenden Handlungsbedarf für deutsche Unternehmen sichtbar. Zusätzlich findet die MIT-Studie international in Wissenschaft und Praxis höchste Anerkennung, da in zahlreichen Publikationen zu Management und Unternehmensentwicklung auf die Ergebnisse dieser Studie verwiesen wird. Folglich ist die Berücksichtigung dieser MIT-Studie in dem vorliegenden Buch zwingend erforderlich.

Womack, Jones und Roos beginnen Ihr Buch mit folgenden Worten: „Eines Nachmittags im Herbst 1984 standen wir vor dem Eingang des Massachusetts Institute of Technology (MIT) und dachten über die Zukunft nach. Wir waren der Auffassung, dass die Autoindustrien in Nordamerika und Europa Techniken anwendeten, die sich seit Henry Fords Massenproduktionssystem wenig geändert hatten, und dass diese Techniken schlichtweg nicht mehr konkurrieren konnten mit einem neuen Denkschema, das von japanischen Unternehmen hervorgebracht worden war, für das wir noch nicht einmal einen Namen hatten."[219] Unter der Leitung von Womack, Jones und Roos wurde ein Projektteam ins Leben gerufen, dass fünf Jahre lang die Unterschiede zwischen der Massen- und der von ihnen so bezeichneten japanischen schlanken Produktion in einem gewaltigen Industriezweig, der Automobilindustrie, erforschen sollte. Dabei haben sie sowohl als Insider mit Zugang zu umfangreichem vertraulichen Informationsmaterial und täglichem Kontakt zu Industriemanagern, als auch als Außenstehende mit einer weiten, oft sehr kritischen Sicht der geübten Praktiken, agiert.[220]

Im Verlauf dieser Untersuchung sind Womack, Jones und Roos dann zu der Überzeugung gelangt, dass sich die Grundsätze der schlanken Produktion in gleicher Weise in jeder Industriebranche der Erde anwenden lassen und dass die Übernahme der schlanken

---

[218] vgl. **Bleicher, Knut**: Das Konzept integriertes Management, S. 407, 4. Aufl., Campus Verlag, Frankfurt a. M., New York, 1996.

[219] vgl. **Womack, James P.; Jones, Daniel T.; Roos, Daniel**: Die zweite Revolution in der Autoindustrie, S. 9, 8. Aufl., Campus Verlag, Frankfurt a. M., New York, 1994.

[220] vgl. **Womack, James P.; Jones, Daniel T.; Roos, Daniel**: Die zweite Revolution in der Autoindustrie, S. 13, 8. Aufl., Campus Verlag, Frankfurt a. M., New York, 1994.

Produktion eine tief greifende Wirkung auf die menschliche Gesellschaft haben wird – sie wird wahrhaft die Welt verändern.[221]

Die Abb. 2.10 zeigt die Ergebnisse eines umfangreichen **Kennzahlenvergleiches** zwischen verschiedenen Montagewerken im Rahmen der MIT-Studie.

Dieser Kennzahlenvergleich zeigt zum einen den gravierenden Unterschied der japanischen, amerikanischen und europäischen Werke in den Bereichen Leistung, Layout, Arbeitskräfte und Automation. Zum anderen zeigt er jedoch deutlich, dass auch die japanischen Werke in Nordamerika über ähnliche Niveaus in den untersuchten Merkmalen verfügen, wie die japanischen Werke in Japan. Das könnte ein Indiz für die gute Übertragbarkeit dieser japanischen Konzeption in anderen Regionen der Erde sein. Dieses Datenmaterial wirft eine entscheidende Frage auf: „Was machen die schlanken Produzenten anders?"

Die **Elemente der schlanken Produktion** sind

- der Fabrikbetrieb,
- die Entwicklung des Autos,
- die Koordinierung der Zulieferkette,

	japanische Werke in Japan	japanische Werke in Nordamerika	amerikanische Werke in Nordamerika	alle euriopäischen Werke
Leistung Produktivität (Std/Auto)	16,8	21.2	25.1	36.2
Qualität Montagefehler / 100 Autos	60,0	65,0	82,3	97,0
Layout Fläche (gm/Auto/Jahr)	0,5	0,8	0,7	0,7
Größe des Reparaturbereiches Fläche (% der Montagefläche)	4,1	4,9	12,9	14,4
Lagerbestand Tage für 8 ausgewähite Teile	0,2	1,6	2,9	2,0
Arbeitskräfte % der Arbeitskräfte in Teams	69,3	71,3	17,3	0,6
Job Rotation (0 = keine, 4 = häufig)	3,0	2,7	0,9	1,9
Vorschläge pro Beschäftigten	61,6	1,4	0,4	0,4
Anzahl der Lohngruppen	11,9	8,7	67,1	14,8
Ausbildung neuer Produktionsarbeiter in Stunden	380,3	370,0	46,4	173,3
Abwesenheit in %	5,0	4,8	11,7	12,1
Automation Schweißen (% der Arbeitsgänge)	86,2	85,0	76,2	76,6
Automation Lackieren (% der Arbeitsgänge)	54,6	40,7	33,6	38,2
Automation Montage (% der Arbeitsgänge)	1,7	1,1	1,2	3,1

Abb. 2.10   Kennzahlenvergleich aus der MIT-Studie (vgl. **Womack, James P.; Jones, Daniel T.; Roos, Daniel**: Die zweite Revolution in der Autoindustrie, S. 97, 8. Aufl., Campus Verlag, Frankfurt a. M., New York, 1994)

---

[221] vgl. **Womack, James P.; Jones, Daniel T.; Roos, Daniel**: Die zweite Revolution in der Autoindustrie, S. 13–14, 8. Aufl., Campus Verlag, Frankfurt a. M., New York, 1994.

- der Umgang mit den Kunden und
- das Management des schlanken Unternehmens.[222]

Die im Rahmen der MIT-Studie erarbeiteten Erkenntnisse und durchgeführten Beobachtungen werden nun nachfolgend für jedes Einzelne dieser Elemente beschrieben.

Die **schlanken Fabrikbetriebe** zeichneten sich auf den ersten Blick dadurch aus, dass kaum jemand auf den Gängen war und dass jeder Arbeiter, den man sah, eine Wertschöpfung am Auto erbrachte. Während die Gänge bei den untersuchten Massenproduzenten vollgestopft mit indirekten Arbeitern waren, wie beispielsweise Arbeiter auf dem Weg, Kollegen zu entlasten, Maschinenreparateure unterwegs, um eine Störung zu beseitigen, Reinigungspersonal und Nachschubversorger. Alles Arbeiten die nicht zur Wertschöpfung betragen.[223] In diesem Zusammenhang bezeichnet man als Wertschöpfung den um die Vorleistungen verminderten Gesamtwert, den ein Unternehmen für seine Abnehmer schafft und sich aus dem Wert der Wertschöpfungsaktivitäten und der Gewinnspanne zusammensetzt. Die primären Wertschöpfungsaktivitäten haben in erster Linie physische Veränderungen des Produktes zum Inhalt und die sekundären Aktivitäten haben Unterstützungsfunktion und dienen der Aufrechterhaltung der primären Aktivitäten.[224]

Der Bedarf an Fabrikfläche in schlanken Unternehmen richtet sich nach der Philosophie, dass gerade einmal soviel Fläche zur Verfügung steht, wie für ein bestimmtes Produktionsvolumen benötigt wird. Schlanke Unternehmen halten dies für sinnvoll, weil dadurch der Blickkontakt zwischen den Arbeitern leichter fällt und weil es dadurch keinen Platz für Bestände gibt. Massenproduzenten dagegen glauben, dass Reserveflächen notwendig seien für die Mängelbehebung an den Fahrzeugen und für die zwecks reibungsloser Produktion großen Lagerbestände. In den untersuchten schlanken Fabriken hatte jeder Arbeiter einen Teilebestand von weniger als einer Stunde, die Teile ließen sich reibungsloser befestigen und die Aufgaben waren gleichmäßig verteilt, sodass jeder Arbeiter ungefähr im gleichen Tempo arbeitete.[225]

Wenn ein Arbeiter ein defektes Teil entdeckte, etikettierte er es sorgfältig und schickte es zur Qualitätskontrolle zurück, um ein Ersatz Teil zu erhalten. Dort wurde der Defekt bis zu seinem Ursprung zurückverfolgt, sodass er nicht wieder auftritt. Hierzu wurde die Technik der „fünf Warum" verwendet. Durch die Frage „warum" für jeden Grund eines Problems, der nicht erkannt war, gelangt man Schritt für Schritt zum Ursprung des Problems.[226] Bandarbeiter konnten durch Ziehen an einer Leine über Ihrem Arbeitsplatz

---

[222] vgl. **Womack, James P.; Jones, Daniel T.; Roos, Daniel**: Die zweite Revolution in der Autoindustrie, S. 5, 8. Aufl., Campus Verlag, Frankfurt a. M., New York, 1994.

[223] vgl. **Womack, James P.; Jones, Daniel T.; Roos, Daniel**: Die zweite Revolution in der Autoindustrie, S. 82–83, 8. Aufl., Campus Verlag, Frankfurt a. M., New York, 1994.

[224] vgl. **Heinen, Edmund**: Industriebetriebslehre, S. 51, 9. Aufl., Betriebswirtschaftlicher Verlag Dr. Th. Gabler, Wiesbaden, 1991.

[225] vgl. **Womack, James P.; Jones, Daniel T.; Roos, Daniel**: Die zweite Revolution in der Autoindustrie, S. 83, 8. Aufl., Campus Verlag, Frankfurt a. M., New York, 1994.

[226] vgl. **Womack, James P.; Jones, Daniel T.; Roos, Daniel**: Die zweite Revolution in der Autoindustrie, S. 62, 8. Aufl., Campus Verlag, Frankfurt a. M., New York, 1994.

das Band anhalten, wenn ein Problem auftaucht. Bei Massenproduzenten dürfen nur leitende Angestellt das Band stoppen, ausgenommen aus Sicherheitsgründen, aber es steht
oft wegen Ausfällen bei Maschinen oder der Materialversorgung. In schlanken Fabriken
steht hingegen das Band heute fast nie, weil Probleme im Voraus gelöst werden und das
gleiche Problem nie zweimal auftaucht. Im Gegensatz zu Massenproduzenten gab es bei
schlanken Fabriken praktisch keinen Nacharbeitsbereich. Am Ende des Bandes wurde fast
jedes Auto direkt zum Schiff oder zu den Transportern gefahren, welche die Autos zu den
Kunden bringen. Des Weiteren gab es praktisch keine Puffer zwischen Schweißerei und
Lackiererei sowie zwischen Lackiererei und Endmontage. Die Zulieferer lieferten ihre
Teile in stündlichen Intervallen sofort nach der Herstellung direkt ans Band, sodass auch
kein Teilelager existierte. Der Lagerbestand misst sich nicht in Tagen, sondern in Minuten.
Schließlich war das Arbeitstempo in den untersuchten schlanken Unternehmen eindeutig
schärfer, aber trotzdem hatten die Arbeiter ein Gefühl für den Zweck ihrer Tätigkeit, statt
unter dem wachsamen Auge des Meisters nur einfach mechanisch die Arbeit zu tun, aber
mit den Gedanken anderswo zu sein. Als Gegenleistung für vollen Arbeitseinsatz befinden
sich Arbeiter in schlanken Unternehmen in einer Festanstellung auf Lebenszeit mit siche-
rem Arbeitsplatz.[227]

Aus der Sicht schlanker Produzenten war das ganze System der Massenproduktion
voller muda, dem japanischen Begriff für Verschwendung. Dies bezieht sich auf ver-
schwendete Arbeit, Materialien und Zeit. Im Rahmen der MIT-Studie erfuhren die Mitglieder des Projektteams, dass in manchen westlichen Fabriken die Betriebsleiter den
Fließbandarbeitern erzählten, dass sie nur benötigt würden, weil die Automatisierung sie
noch nicht ersetzen könne. In schlanken Unternehmen dagegen werden die Arbeiter zu
Teams mit einem Teamleiter gruppiert. Den Teams wurde ein Montageschritt und ein
Stück Fließband zugeteilt und dann wurde ihnen gesagt, dass sie zusammenarbeiten sollten und den besten Weg finden sollten, die Arbeitsgänge durchzuführen. Anschließend
wurden dem Team die Aufgaben des Reinigers, kleinere Werkzeugreparaturen und die
Qualitätsprüfung übertragen. Dann wurde periodisch Zeit für jedes Team eingeplant, um
gemeinsam Wege zur Verbesserung des Ablaufes zu finden. Dieser kontinuierliche, schritt-
weise Verbesserungsprozess wird in Japan kaizen genannt und findet in Zusammenarbeit
mit den technischen Experten statt.[228]

Die wesentlichen Unterschiede im Fabrikbetrieb der Massenproduzenten und der
schlanken
Produzenten fasst die Abb. 2.11 zusammen.

Die **Entwicklung des Autos** mit der heutigen Komplexität erfordert enorme Anstrengungen
einer Vielzahl von Menschen mit einer breiten Skala von Fähigkeiten. Bei der Organisation
dieses Prozesses können leicht Fehler auftreten. Die Massenproduktionsunternehmen versuch-

---

[227] vgl. **Womack, James P.; Jones, Daniel T.; Roos, Daniel**: Die zweite Revolution in der
Autoindustrie, S. 83–84, 8. Aufl., Campus Verlag, Frankfurt a. M., New York, 1994.
[228] vgl. **Womack, James P.; Jones, Daniel T.; Roos, Daniel**: Die zweite Revolution in der
Autoindustrie, S. 61–62, 8. Aufl., Campus Verlag, Frankfurt a. M., New York, 1994.

Massenproduktion	schlanke Produktion
Spezialmaschinen	flexible Maschinen
maximale Automatisierung (Technikzentrierung)	sinnvolle Automatisierung (Human Integrated Manufactoring)
hohe Rüstzeiten	geringe Rüstzeiten
zentrale Produktionssteuerung	fertigungsnahe Produktionssteuerung
separate Qualitätskontrolle	integrierte Qualitätskontrolle
polarisierte Qualifikationsstruktur (Beschränkung auf Vorgaben)	relativ homogene Ausbildung (Nutzung des geistigen Potenzials)
Einzelarbeit	Gruppenarbeit
ein ständiger Arbeitsplatz	wechselnde Arbeitsplätze (Job Rotation)

Abb. 2.11 Der Fabrikbetrieb: Massenproduktion und schlanke Produktion (vgl. **Carl, Dr. Notger; Kiesel, Dr. Manfred**: Unternehmensführung – Methoden, Instrumente, Managementkonzepte, S. 263, Verlag Moderne Industrie, Landsberg/Lech, 2000)

ten, das Komplexitätsproblem dadurch zu lösen, dass sie die Arbeit auf viele spezialisierte Ingenieure aufteilten. Folglich arbeiteten dort Ingenieure, die beispielsweise ihr ganzes Leben lang nur Autotürschlösser konstruiert haben. Sie wussten jedoch nichts über die Herstellung von diesen Türschlössern, dafür war der Türschloss-Fertigungsingenieure verantwortlich.

Die Schwächen dieses Systems der Arbeitsteilung liegen auf der Hand. Konstruktion und Fertigung arbeiten unabhängig und unabgestimmt. Massenproduktionsunternehmen haben demzufolge im Laufe der Zeit an der Verbesserung der Koordinationsmechanismen gearbeitet. Die beste Lösung, die sie gefunden haben, war das Produktentwicklungsteam mit einem schwachen Leiter oder Koordinator, dessen Mitglieder immer noch an den Leiter ihrer jeweiligen Fachbereiche berichteten. Die Laufbahn der Ingenieure verlief bezeichnenderweise in den meisten westlichen Unternehmen in einem begrenzten Aufstieg durch die technischen Abteilungen, wie beispielsweise vom Kolbeningenieur zum Ober-Kolbeningenieur zum Antriebsstrangingenieur zum Ober-Antriebsstrangingenieur und so weiter.

Die Hoffnung war, eines Tages Chef-Produktingenieur zu werden, die Ebene, auf der die Meinungsverschiedenheiten zwischen Produkt-, Fertigungs- und Industrie-Ingenieuren in den Fabriken geklärt wurden.[229]

In schlanken Unternehmen beinhaltete hingegen die Produktentwicklung von Natur aus Fertigungsprozess und Industrial Engineering. Sie bildeten Teams mit starken Leitern, die alle relevanten Fachbereiche einschlossen. Die Beiträge zum Teamerfolg wurden stärker belohnt als fachlich glänzende Einzelleistungen für das Produkt, den Fertigungsprozess oder den Fabrikablauf ohne entsprechende Einbindung in die Teamleistung als Ganzes.[230]

---

[229] vgl. **Womack, James P.; Jones, Daniel T.; Roos, Daniel**: Die zweite Revolution in der Autoindustrie, S. 68–69, 8. Aufl., Campus Verlag, Frankfurt a. M., New York, 1994.

[230] vgl. **Womack, James P.; Jones, Daniel T.; Roos, Daniel**: Die zweite Revolution in der Autoindustrie, S. 69, 8. Aufl., Campus Verlag, Frankfurt a. M., New York, 1994.

Als beispielsweise 1985 Tateomi Miyoshi zum Projektleiter für die Entwicklung des neuen Honda Accord ernannt wurde, hat man ihn mit umfangreichen Machtbefugnissen ausgestattet. Jedes Mitglied seines Projektteams wurde aus einer funktionsorientierten Abteilung für die Dauer des Projektes ausgeliehen. Die Aufgabe von Miyoshi war eindeutig zu managen statt nur zu koordinieren, dadurch konnte er das Projekt schnell vorwärts bringen, weil alle notwendigen Ressourcen unter seiner direkten Kontrolle waren. Nachdem der Produktplan fertiggestellt war, stürmte das Honda-Team mit unglaublichem Tempo los, ohne jede Unterbrechung. Das Team von Miyoshi blieb, obgleich die Mitglieder weiterhin eng mit ihren Abteilungen zusammenarbeiteten, praktisch weiterhin zusammen und zwar bis lange nachdem das neue Modell planmäßig im Herbst 1989 auf den Markt gekommen war. Anschließend kehrten sie in ihre Fachabteilungen zurück oder wurden einem neuen Produktentwicklungsprojekt zugeteilt. Der Honda Accord war trotz seines konservativen Designs auf dem Markt ein durchschlagender Erfolg. In Nordamerika war er 1989 das meistverkaufte Modell, eine Position, die in den 80 Jahren vorher immer nur von General Motors oder Ford eingenommen wurde.[231]

Zusammenfassend lassen sich vier wesentliche Unterschiede in der Konstruktionsmethode der Massenproduzenten und der schlanken Produzenten herausstellen. Sie beziehen sich auf die Bereiche Führung, Teamarbeit, Kommunikation und simultane Entwicklung.

Schlanke Unternehmen wenden in diesen vier Bereichen Techniken an, die es ermöglichen eine bessere Arbeit schnell und mit geringerem Aufwand zu leisten. Im Rahmen der Führung des Projektes wird in schlanken Unternehmen eine Variante des shusa-Systems angewandt, das Toyota erstmals eingeführt hatte. Der shusa ist der Boss, der starke Projektleiter; dessen Aufgabe es ist, ein neues Produkt zu entwerfen, durchzukonstruieren und es in die Produktion zu bringen. Die Position des shusa ist in den besten japanischen Unternehmen mit großer Macht ausgestattet und ist vielleicht die erstrebenswerteste im Unternehmen. Die Teamarbeit beginnt dadurch, dass der shusa ein kleines Team zusammenstellt, das dem Projekt für die gesamte Dauer zugewiesen wird.

Die Mitarbeiter kommen aus verschiedenen Fachabteilungen und bleiben mit Ihnen in Verbindung, obgleich sie während der Dauer des Programms eindeutig unter der Kontrolle des shusa stehen. Der shusa beurteilt ihre Leistung im Team und davon hängt ihre nächste Aufgabe ab, die wahrscheinlich wieder in einem Entwicklungsteam sein wird.[232]

Typisch für schlanke Produktentwicklungsteams ist weiter, das die Teammitglieder formale Versprechen unterschreiben, genau das zu tun, was die Gruppe als Ganzes beschlossen hat. Auf diese Weise tauchen Konflikte über Ressourcen und Prioritäten gleich am Anfang statt am Ende des Prozesses auf. Die Kommunikation wird zusätzlich dadurch organisiert, dass zu Beginn alle relevanten Fachbereiche in Teambesprechungen vertreten sind, und der shusa die Aufgabe hat, die Gruppe dazu zu zwingen, sich den schwierigen

---

[231] vgl. **Womack, James P.; Jones, Daniel T.; Roos, Daniel**: Die zweite Revolution in der Autoindustrie, S. 114–115, 8. Aufl., Campus Verlag, Frankfurt a. M., New York, 1994.
[232] vgl. **Womack, James P.; Jones, Daniel T.; Roos, Daniel**: Die zweite Revolution in der Autoindustrie, S. 117–119, 8. Aufl., Campus Verlag, Frankfurt a. M., New York, 1994.

Kompromissentscheidungen zu stellen, die sie treffen müssen, um ein gemeinsames Projektverständnis zu erreichen. Die Anzahl der beteiligten Mitarbeiter ist zu Beginn sehr groß, sinkt jedoch im Verlauf des Entwicklungsprozesses, weil manche Fachbereiche, wie beispielsweise Marktforschung und Produktplanung, nur am Anfang des Projektes gebraucht werden.

Schließlich arbeiten die besten schlanken Produzenten mit simultaner Entwicklung, das heißt beispielsweise, dass mit der Presswerkzeug-Herstellung zur gleichen Zeit wie mit der Karosseriekonstruktion begonnen wird. Das ist möglich, weil die Werkzeug- und Karosseriekonstrukteure in direktem Sichtkontakt miteinander arbeiten und wahrscheinlich in früheren Produktentwicklungsteams bereits zusammengearbeitet haben. Praktisch bedeutet das, dass die Werkzeugkonstrukteure die ungefähren Abmessungen des neuen Fahrzeugs und die ungefähre Anzahl der Bleche kennen. Also bestellen sie Blöcke von Werkzeugstahl und bearbeiten diese grob vor, sodass sie sofort nach Freigabe der endgültigen Konstruktion zur Endbearbeitung gebracht werden können.[233]

Diesen Sachverhalt veranschaulicht die Abb. 2.12.

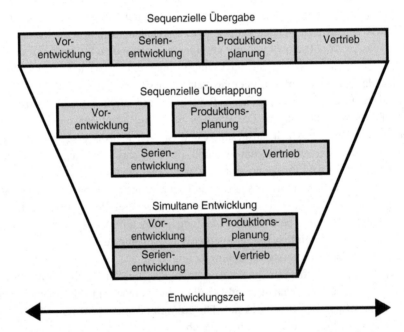

Abb. 2.12 Simultane Entwicklung (vgl. **Carl, Dr. Notger; Kiesel, Dr. Manfred**: Unternehmensführung – Methoden, Instrumente, Managementkonzepte, S. 255, Verlag Moderne Industrie, Landsberg/Lech, 2000)

---

[233] vgl. **Womack, James P.; Jones, Daniel T.; Roos, Daniel**: Die zweite Revolution in der Autoindustrie, S. 121–122, 8. Aufl., Campus Verlag, Frankfurt a. M., New York, 1994.

Massenproduktion	schlanke Produktion
sequentielle Planung	Simultaneous Engineering
strenge interne Abstimmung	frühzeitig Einbeziehung aller beteiligten Bereiche
Definition durch Entwicklung	gemeinschaftliche Definitionen im Lastenheft
Bereichsdenken	gemeinsame Verantwortung
kaum korrigierbare Fakten	frühzeitige Korrektur möglich
schwieriger interner Informationstransfer	ständige gegenseitige Information
späte Markteinführung	Kurze Entwicklungszeit
Linienorganisation	Projektorganisation
sukzessives Abarbeiten von Aufgaben	Parallelisierung von Prozessen

Abb. 2.13 Die Entwicklung: Massenproduktion und schlanke Produktion (vgl. **Carl, Dr. Notger; Kiesel, Dr. Manfred**: Unternehmensführung – Methoden, Instrumente, Managementkonzepte, S. 257, Verlag Moderne Industrie, Landsberg/Lech, 2000)

Die wesentlichen Unterschiede bei der Entwicklung des Autos zwischen Massenproduzenten und schlanken Produzenten fasst die Abb. 2.13 zusammen.

Die **Koordinierung der Zulieferkette,** dass stets die richtigen Teile zum richtigen Zeitpunkt mit hoher Qualität und niedrigen Kosten zusammentreffen, war und ist eine ständige Herausforderung an die Montagewerke der Autoindustrie. Da die Hauptbaugruppenmontage zu einem kompletten Fahrzeug nur etwa 15 % des gesamten Produktionsprozesses ausmacht, der Hauptteil des Prozesses auf die Konstruktion und Herstellung von mehr als 10.000 einzelnen Teilen und auf deren Zusammenbau zu etwa 100 größeren Aggregaten entfällt, ist die Koordinierung der Zulieferkette von besonderer Bedeutung. Das Produktionssystem bei Massenproduzenten war in einer riesigen bürokratischen Kommandostruktur integriert, in der Befehle nur von oben nach unten liefen. Diese Denkweise übertrug sich auch auf die Arbeitsweise mit den Zulieferern, sodass bei der Beschaffung von Bauteilen lediglich die Frage, entweder selbst herstellen oder zukaufen, im Raum stand. Unabhängige Zulieferer konkurrierten um die Lieferung der Teile, wobei der Zuschlag von Preis, Qualität und Lieferzuverlässigkeit abhing. Bei Problemen wechselten die Autohersteller oft sehr kurzfristig von einer Firma zur anderen. Die Geschäftsbeziehungen wurden für branchenspezifisch kurzfristig gehalten.[234]

Schlanke Produzenten sahen in diesem System unter anderem das Problem, dass Zulieferer, die streng nach Zeichnungen arbeiteten wenig Gelegenheit oder Anreiz hatten, Verbesserungen einer Konstruktion aufgrund eigener Erfahrungen vorzuschlagen. Auch die Tatsache die Zulieferer von Massenproduzenten in vertikalen Ketten zu organisieren

---

[234] vgl. **Womack, James P.; Jones, Daniel T.; Roos, Daniel**: Die zweite Revolution in der Autoindustrie, S. 63–64, 8. Aufl., Campus Verlag, Frankfurt a. M., New York, 1994.

und sie bei der Suche nach den niedrigsten kurzfristigen Kosten gegeneinander auszuspielen, blockierte den horizontalen Informationsfluss zwischen den Zulieferern, insbesondere über Fortschritte in Fertigungsverfahren. Folglich konnte der Hersteller im Zweifelsfalle die Gewinnspanne der Zulieferer drücken, nicht aber dafür sorgen, dass deren Produktionskosten durch Verbesserungen in der Organisation und dem Prozessablauf ständig gesenkt wurden. Da die Hersteller zusätzlich wenig über die Herstellungstechnik seiner Zulieferer wusste, konnte die Qualität kaum verbessert werden, außer durch die Vorgabe einer maximal akzeptablen Fehlerquote. Die unflexiblen Werkzeuge und Anlagen bei den Zulieferern und die unregelmäßigen Aufträge von Montagefabriken entsprechend der sich ändernden Nachfrage veranlasste die Zulieferer, große Mengen eines Teiletyps herzustellen, bevor sie die Maschinen für das nächste Teil umrüsteten, und große Lagerbestände fertiger Teile vorzuhalten, sodass das Montageunternehmen nie wegen einer Lieferverzögerung Anlass zur Beschwerde hätte. Folglich waren die Ergebnisse hohe Lagerkosten und die Routineproduktion von Tausenden von Teilen, die sich später beim Einbau in der Montagefabrik als fehlerhaft herausstellten.[235]

Schlanke Produzenten organisierten zunächst die Zulieferer in **funktionalen Stufen**, ohne Rücksicht auf die rechtlichen und formalen Beziehungen zwischen Zulieferer und Montageunternehmen. Auf jeder dieser Stufen wurden den Firmen verschiedene Verantwortlichkeiten zugewiesen. Beispielsweise sollten die Zulieferer der ersten Stufe als integraler Bestandteil des Produktentwicklungsteams bei der Entwicklung eines neuen Produktes mitwirken. Der Hersteller und die Zulieferer der ersten Stufe sprechen auf diesem Wege gemeinsam über Möglichkeiten, den Konstruktionsprozess zu verbessern. Dieser Informationsaustausch war von beiderseitigem Nutzen, da die Zulieferer zum größten Teil auf einen zusammenhängenden Komponententyp spezialisiert waren und auf diesem Gebiet nicht mit den anderen Firmen der Gruppe konkurrierten.

Die Zulieferer der ersten Stufen bildeten dann eine zweite Stufe von Zulieferern unter sich, welche die Aufgabe der Herstellung spezieller Teile übertragen wurde. Sie waren Fertigungsspezialisten, normalerweise ohne viel Fachwissen in Konstruktion, aber mit großen Erfahrungen in Prozessablauf und Fabrikbetrieb. Diese Zulieferer der zweiten stufen konnten anschließend leicht in Zulieferverbänden organisiert werden, da sie Spezialisten in Fertigungsprozessen und keine Konkurrenten bei spezifischen Komponententypen waren. Folglich konnten Sie sehr gut Informationen über Fortschritte in der Fertigung untereinander austauschen.[236]Die wesentlichen Unterschiede bei der Koordinierung der Zulieferkette zwischen Massenproduzenten und schlanken Produzenten fasst wiederum die Abb. 2.14 zusammen.

Der **Umgang mit den Kunden** bei schlanken Produzenten zeichnet sich dadurch aus, dass Sichergestellt wird, dass die Produktvielfalt, die durch die schlanke Produktion möglich ist,

---

[235] vgl. **Womack, James P.; Jones, Daniel T.; Roos, Daniel**: Die zweite Revolution in der Autoindustrie, S. 64–65, 8. Aufl., Campus Verlag, Frankfurt a. M., New York, 1994.

[236] vgl. **Womack, James P.; Jones, Daniel T.; Roos, Daniel**: Die zweite Revolution in der Autoindustrie, S. 65–66, 8. Aufl., Campus Verlag, Frankfurt a. M., New York, 1994.

Massenproduktion	schlanke Produktion
Multiple Sourcing	Single Sourcing
	Dual Sourcing bei Volumenteilen
Machtbeziehung	Kooperationsbeziehung
geringer Zukaufanteil, hohe Wertschöpfung	hoher Zukaufanteil, geringe Wertschöpfung
Teilelieferanten	Systemlieferanten
große Beschaffungsmengen	Just–in–time, Just–in–sequence

Abb. 2.14 Die Koordinierung der Zulieferkette: Massenproduktion und schlanke Produktion (vgl. **Carl, Dr. Notger; Kiesel, Dr. Manfred**: Unternehmensführung – Methoden, Instrumente, Managementkonzepte, S. 260, Verlag Moderne Industrie, Landsberg/Lech, 2000)

den Wünschen der Kunden entspricht. Die Grundidee war, eine langfristige, ja lebenslange Beziehung zwischen Hersteller, Händler und Käufer aufzubauen, indem der Händler in das Produktionssystem und der Käufer in den Produktentwicklungsprozess integriert wurde.[237]

Toyota hatte sich beispielsweise zum Ziel gesetzt auf Bestellung zu produzieren und die Autos dann in zwei bis drei Wochen an bestimmte Kunde auszuliefern. Dies ist nur durch eine hervorragende Auftragsreihenfolge-Planung und eine enge Zusammenarbeit zwischen Händler und Montagewerk möglich. Diese Auftragsreihenfolge-Planung war wiederum jedoch nur möglich, weil Toyotas Verkaufspersonal nicht im Ausstellungsraum auf Bestellungen wartete, sondern direkt zu Kunden ging und Hausbesuche machte. Der Vorteil dieser Arbeitsweise ist, dass immer dann wenn die Nachfrage zu erlahmen begann, die Verkäufer länger arbeiteten und wenn die Nachfrage sich verschob, sie sich auf die Haushalte konzentrieren konnten, von denen sie wussten, dass sie die Fahrzeuge wollten, welche die Fabrik liefern konnte. Im Rahmen des Produktentwicklungsprozesses wandte sich Toyota bei der Planung neuer Produkte direkt an vorhandene Kunden aus der Kundenkartei. Langjährig etablierte Kunden wurden als Mitglieder der Toyotafamilie behandelt, was eine sehr hohe Markentreue zur Folge hatte.[238]

Des Weiteren zeichnet sich der Vertrieb schlanker Produzenten durch verschiedene Vertriebskanäle aus. Beispielsweise hat Toyota die fünf Vertriebskanäle Toyota, Toyopet, Auto, Vista und Corolla, wobei ein Kanal der Name für die Händlerkette ist. Diese Kanäle sind landesweit verteilt und in vielen Fällen im Besitz des jeweiligen Herstellers. Jeder Kanal verkauft einen Teil des gesamten Toyota-Fahrzeugangebotes und unterscheidet sich von anderen Kanälen in der Hauptsache durch ihren Anreiz auf verschiedene Käufergruppen. Um Sicherzustellen, dass die Kundenwünsche in den Produktentwicklungsprozess ausreichend einfließen, werden Mitarbeiter des Kanals direkt an die Entwicklungsteams

---

[237] vgl. **Womack, James P.; Jones, Daniel T.; Roos, Daniel**: Die zweite Revolution in der Autoindustrie, S. 71–72, 8. Aufl., Campus Verlag, Frankfurt a. M., New York, 1994.

[238] vgl. **Womack, James P.; Jones, Daniel T.; Roos, Daniel**: Die zweite Revolution in der Autoindustrie, S. 73–74, 8. Aufl., Campus Verlag, Frankfurt a. M., New York, 1994.

ausgeliehen. Diese Vertreter des Kanals leisten einen unschätzbaren Beitrag zur Produktentwicklung. Zusätzlich verfügt jeder Kanal über eine eigene Universität, wo Hochschulabsolventen unmittelbar nach ihrem Studium für ihre zukünftige Tätigkeit in dem Kanal ausgebildet werden. Das Verkaufspersonal ist in Teams von sieben oder acht Mitarbeitern organisiert, beginnt und beendet den Tag mit einem Team-Meeting und bearbeitet einen Tag im Monat alle Probleme, die in der Zwischenzeit aufgetreten sind.[239]

In Japan können japanische Werke ein vom Kunden bestelltes Auto in weniger als zwei Wochen liefern. Das erfordert eine weitestgehend perfektionierte Logistik. Beispielsweise schätzen leitende Mitarbeiter des Montagewerkes die Nachfrage nach verschiedenen Ausführungen ab. Auf der Basis dieser Prognose wird das Produktionsprogramm des Werks zusammengestellt und die Komponentenzulieferung angestoßen. Aufgrund der engen Bindung zwischen Hersteller, Händler und Kunde treffen diese Prognosen viel genauer die Wünsche der Kunden. Alle zehn Tage wird dieses Produktionsprogramm dann an die tatsächlichen Bestellungen angeglichen, was bei westlich orientierten Massenproduzenten alle vier bis sechs Wochen geschieht. Aufgrund der flexiblen Produktionsorganisation schlanker Produzenten ist der Auftragsdurchlauf viel leichter und schneller abzuwickeln. Und wenn dann nach zehn bis vierzehn Tagen das Auto fertig ist, bringt der Verkäufer es persönlich dem neuen Besitzer, sodass der neue Autokäufer nie zu einem Händler gehen braucht.[240]

Die wesentlichen Unterschiede im Umgang mit den Kunden zwischen Massenproduzenten und schlanken Produzenten fasst wiederum die Abb. 2.15 zusammen.

Das **Management des schlanken Unternehmens** bindet den gesamten Prozess vom Beginn der Konstruktion eines neuen Automobils bis zu dem Tag, an dem der neue Besitzer damit wegfährt, ein. Um sämtliche Stufen in diesem Prozess erfolgreich ausführen zu

Massenproduktion	schlanke Produktion
uniforme Güter	individuelle Güter
geringe Variantenzahl	hohe Variantenzahl
lange Lebenszyklen	häufige Modellwechsel
mehrstufiger Vertrieb	einstufiger Vertrieb
Interne Produktfindung	Produktfindung beim Kunden
geringe Serviceintensität	hohe Serviceintensität

Abb. 2.15 Der Umgang mit den Kunden: Massenproduktion und schlanke Produktion (vgl. **Carl, Dr. Notger; Kiesel, Dr. Manfred**: Unternehmensführung – Methoden, Instrumente, Managementkonzepte, S. 264, Verlag Moderne Industrie, Landsberg/Lech, 2000)

---

[239] vgl. **Womack, James P.; Jones, Daniel T.; Roos, Daniel**: Die zweite Revolution in der Autoindustrie, S. 190–191, 8. Aufl., Campus Verlag, Frankfurt a. M., New York, 1994.

[240] vgl. **Womack, James P.; Jones, Daniel T.; Roos, Daniel**: Die zweite Revolution in der Autoindustrie, S. 192–194, 8. Aufl., Campus Verlag, Frankfurt a. M., New York, 1994.

können, muss Geld verfügbar sein, um das mehrjährige Unternehmensentwicklungsprogramm umzusetzen. Es müssen hoch qualifizierte und hoch motivierte Arbeitskräfte vorhanden sein und es müssen dezentrale Tätigkeiten weltweit koordiniert werden.[241]

Erst allmählich während des wirtschaftlichen Wiederaufbaus Japans nach Abzug der Amerikaner 1945 entstanden Kapital-Gruppierungen. Die Mitglieder dieser sogenannten keiretsu waren im wesentlichen Privatanleger allerdings in riesigem Ausmaß. Dieses System wurde durch gegenseitige Verpflichtungen zusammengehalten, da jedes Mitglied der Gruppe von jedem anderem Kapitalanteile in einer Art Treuhandverhältnis besaß. Für den Fall das jedoch der Geist der gegenseitigen Verpflichtungen ins Wanken geriet, blockierte der praktischere Faktor des sogenannten Geiselkapitals einen Verkauf. Das heißt, wenn ein Unternehmen daran dachte, seinen Anteil an einem anderen Unternehmen an einen Außenseiter zu verkaufen, der die Kontrolle über dieses zu gewinnen suchte, konnte das zweite Unternehmen sich revanchieren und den Anteil am ersten ebenfalls an Außenseiter verkaufen. Folglich verkaufte praktisch niemand seine Anteile. Das Forschungsteam des MIT war am Ende seiner Analysen zu dem Ergebnis gekommen, das dieses Gruppensystem das dynamischste und effizienteste System der Industriefinanzierung darstellt, allerdings würde es im Westen nicht gebührend verstanden.[242]

Bezogen auf den Karriereweg ist festzuhalten, dass schlanke Unternehmen jedem Mitarbeiter einen klaren Karriereweg aufzeigen, allerdings fängt für jeden Mitarbeiter dieser Weg zunächst mit einer Zeit am Fließband an. Als beispielsweise das MIT-Forschungsteam das Honda Werk in Marysville, Ohio, besuchte und den Direktor für Öffentlichkeitsarbeit sprechen wollte, wurde ihnen mitgeteilt, dass er momentan nicht zu sprechen sei, da er gerade in das Unternehmen eingetreten und derzeit mit der Montage von Autos beschäftigt sei.Echte Wertschöpfung findet eben in der Produktion statt und nicht durch indirekte Führungsaktivitäten, was alle neuen Mitarbeiter, die in das Unternehmen eintreten, verstehen müssen. Die Mitarbeiter in der Produktion werden zunehmend fähiger in der Lösung von Problemen, da die Problemlösung der wichtigste Teil jeder Arbeit ist, so versichert das Management. Die Unternehmensleitung hat das Ziel, dem Mitarbeiter zunehmend anspruchsvollere Probleme zur Lösung zu geben, um kontinuierlich ihre Fähigkeiten zu testen und zu entwickeln. Folglich versuchen schlanke Unternehmen ihren Mitarbeitern verständlich zu machen, dass ihre wachsende Fähigkeit zur Lösung immer schwierigerer Probleme, die bedeutsamste Art des Vorankommens sei, die sie erreichen können, auch wenn sich ihre Titel nicht ändern. Zusätzlich wechseln Teammitglieder in andere Teams und sie werden gebeten, sich während ihrer beruflichen Laufbahn völlig neues Wissen anzueignen.[243]

---

[241] vgl. **Womack, James P.; Jones, Daniel T.; Roos, Daniel**: Die zweite Revolution in der Autoindustrie, S. 202, 8. Aufl., Campus Verlag, Frankfurt a. M., New York, 1994.

[242] vgl. **Womack, James P.; Jones, Daniel T.; Roos, Daniel**: Die zweite Revolution in der Autoindustrie, S. 204–205, 8. Aufl., Campus Verlag, Frankfurt a. M., New York, 1994.

[243] vgl. **Womack, James P.; Jones, Daniel T.; Roos, Daniel**: Die zweite Revolution in der Autoindustrie, S. 209–210, 8. Aufl., Campus Verlag, Frankfurt a. M., New York, 1994.

Des Weiteren besteht im schlanken Unternehmen viel weniger die Notwendigkeit für eine mittlere und obere Führungsebene, da Entscheidungsfindung und Problemlösung weit nach unten delegiert sind. Die Unternehmensführung hat im Wesentlichen die Aufgabe, die Zulieferorganisationen an den Hersteller zu binden und die geografisch verstreuten Einheiten des Unternehmens zu koordinieren. Da die Führungskräfte zwischen den einzelnen Bereichen des Unternehmens, der Auslandsbetriebe und der Zulieferfirmen der Gruppe des Montageunternehmens rotieren, entsteht ein komplexes Netz persönlicher Beziehungen, durch das die Firmenkultur an Tochtergesellschaften und das Zuliefersystem weitergeleitet wird.[244] Die wesentlichen Unterschiede im Management des schlanken Unternehmens und eines westlich orientierten Massenproduzenten fasst wiederum die Abb. 2.16 zusammen.

Ziel dieser Darstellung der MIT-Studie war es, einen Überblick über die wesentlichen Bestandteile der Unternehmensentwicklung schlanker Unternehmen zu geben. Es liegt in der Natur der Sache, dass im Rahmen des vorliegenden Buches lediglich auf Schwerpunkte eingegangen werden kann, die charakteristisch für schlanke Unternehmen sind. Die Ausführungen von Womack, Jones und Roos stellen kein ganzheitliches Unternehmensentwicklungssystem dar, sie beschreiben die Ergebnisse ihrer durchgeführten Analysen und Beobachtungen und strukturierten sie. Ein konzeptionelles Grundmodell, das die Unternehmensentwicklung von schlanken Unternehmen formalisiert, fehlt, jedoch war das sicher auch nicht das Ziel ihrer Studie. Dennoch stellt die MIT-Studie die grundsätzlichen Unterschiede von Massenproduzenten und schlanken Produzenten anhand von sehr anschaulichen praktischen Beispielen, Vorgehensweisen, Zusammenhängen und entsprechendem Zahlenmaterial eindrucksvoll dar. Europäischen und amerikanischen

Massenproduktion	schlanke Produktion
Individualismus	Gruppendenken
kontroverse Diskussion	Konsens
persönliche Verantwortung	Gruppenverantwortung
Anspruchsdenken	„On"(Dankbarkeit), „Gaman"(Leidensfähigkeit)
Leistungsprinzip	Senioritätsprinzip
Eigenverantwortlichkeit	„Giri"(gegenseitige Verpflichtung)
Mobilität	lebenslange Beschäftigung
entweder – oder	sowohl als auch
Weisungen	Selbstverantwortung

Abb. 2.16 Das Management des schlanken Unternehmens: Massenproduktion und schlanke Produktion (vgl. **Carl, Dr. Notger; Kiesel, Dr. Manfred**: Unternehmensführung – Methoden, Instrumente, Managementkonzepte, S. 253, Verlag Moderne Industrie, Landsberg/Lech, 2000)

---

[244] vgl. **Womack, James P.; Jones, Daniel T.; Roos, Daniel**: Die zweite Revolution in der Autoindustrie, S. 209–210, 8. Aufl., Campus Verlag, Frankfurt a. M., New York, 1994.

Automobilherstellern, Zulieferern und anderen Industrieunternehmen wird dabei sorgfältig recherchiert der Spiegel vorgehalten, während auf der anderen Seite die völlig neue Welt des asiatischen Managements von schlanken Unternehmen beschrieben wird.

Kein Wunder, dass sich viele europäische und amerikanische Unternehmen angesprochen fühlten und von der Leistungsfähigkeit japanischer Unternehmen beeindruckt wurden. Auch die politischen und gesellschaftlichen Rahmenbedingungen für schlanke Unternehmen gaben Anlass zum Überdenken vorhandener Strukturen in Politik und Wirtschaft. Alles in allem bewegte diese Studie Unternehmen und Wirtschaften auf der ganzen Welt, sodass wirtschaftlich interessierte Menschen an dieser höchst beeindruckenden MIT-Studie sicher nicht vorbeikommen. Aus diesem Grunde war es in jedem Falle zwingend erforderlich, dass diese Studie auch in dem vorliegenden Buch über Unternehmensführung und Unternehmensentwicklung seinen gebührenden Platz erhält.

2.2.6   Ansatz zur Unternehmensentwicklung nach Kobayashi

In Japan wurde lange Jahre dem aus den USA stammenden und von verschiedenen Großbetrieben entwickelten Sammelsurium „Reengineering" größte Beachtung geschenkt.[245] Nach Hammer und Champy ist Business Reengineering ein fundamentales Überdenken und radikales Redesign von Unternehmen und von Kernprozessen. Wobei als Redesign der Bereich der Prozessgestaltung bezeichnet wird. Auf Basis dieses Vorgehens wurden in einer Vielzahl von Organisationen bereits grundlegende Verbesserungen erzielt, allerdings waren derartige Projekte auch oft mit Misserfolgen verbunden.[246] Reengineering wird auch heute noch von verschiedenen Instituten erforscht und weiterentwickelt, jedoch handelt es sich aus der Sicht von **Iwao Kobayashi** nicht um eine in sich geschlossene Methode. Folglich werden von vielen Unternehmen und Unternehmensberatern mannigfaltige Anwendungsinterpretationen durch- und eingeführt. Zur Sicherung und Steigerung der Wettbewerbsfähigkeit, Produktivität und Profitabilität schafft Reengineering selten die erforderlichen exzellenten Zustände und Fähigkeiten. Nach Kobayashi sind die vielen Verbesserungen unsystematisch und die Resultate nicht ausreichend, sodass sie daher keine durchgreifende Reform und Entwicklung in den Unternehmen bewirken. Diejenigen Unternehmen in denen natürlich bis zu einem gewissen Grad Fortschritte erzielt wurden, stießen jedoch bald an eine Mauer, von der ab die weitere Entwicklung unklar wurde. Nach Kobayashi tritt diese Situation immer dann ein, wenn die Unternehmensreform oder Unternehmensentwicklung etwas Vages, nicht Konkretes, etwas ohne klare Ziele ist. Leider lässt sich jedoch etwas Vages oder Undefiniertes nicht praktisch umsetzten und

---

[245] vgl. **Kobayashi, Iwao**: 20Keys® – Die 20 Schlüssel zum Erfolg im internationalen Wettbewerb, S. 1, 1. Aufl., Adept-Media Verlag, Bochum, 2000.

[246] vgl. **Rahn, Horst-Joachim**: Unternehmensführung, S. 340, 4. Aufl., Kiehl Verlag, Ludwigshafen, 2000.

verwirklichen.[247] 40 Jahre Berufs- und Unternehmenserfahrung haben Iwao Kobayashi zu der Erkenntnis geführt, dass es für eine wirksame ganzheitlich ausgerichtete Unternehmensreform und Unternehmensentwicklung notwendig ist, ein angemessenes Ziel anzustreben und zu dessen Zielerfüllung eine Methode anzuwenden. Also erfand er zunächst das **Practical Program of Revolutions in Factories**, kurz **PPORF**. Daraus entstand schließlich im Rahmen der weltweiten Verbreitung dieses Programms der Name **20Keys®, das Unternehmensentwicklungs- und Benchmarkingprogramm zur Verbesserung von Zuständen und Fähigkeiten in Fabrik und Büro**.[248] Die Struktur, die einzelnen Schlüssel mit deren Ausrichtung auf die Qualitätssteigerung, Prozessbeschleunigung und Kostensenkung, sowie deren Wirkbeziehungen, können der Abb. 2.17 entnommen werden.

Dieses **Interdependenzdiagramm** zeigt neben der Ausrichtung der einzelnen Schlüssel auch deren Wirkzusammenhänge. Die vier äußeren Schlüssel dienen als Anker in den äußeren Ecken des Diagramms, weil sie praktisch als Treiber des ganzen Systems funktionieren. Die Schlüssel im inneren Kreis stehen in direktem Zusammenhang mit den

Abb. 2.17 Interdependenzdiagramm der 20Keys® (vgl. **Kobayashi, Iwao**: 20Keys® – Die 20 Schlüssel zum Erfolg im internationalen Wettbewerb, S. 3, 1. Aufl., Adept-Media Verlag, Bochum, 2000)

---

[247] vgl. **Kobayashi, Iwao**: 20Keys® – Die 20 Schlüssel zum Erfolg im internationalen Wettbewerb, S. 1, 1. Aufl., Adept-MediaVerlag, Bochum, 2000.

[248] vgl. **Kobayashi, Iwao**: 20Keys® – Die 20 Schlüssel zum Erfolg im internationalen Wettbewerb, S. 1–2, 1. Aufl., Adept-Media Verlag, Bochum, 2000.

zentralen Zielen des Programms nämlich der Verbesserung der Zustände und Fähigkeiten im Sinne von besser, schneller und kostengünstiger.[249]

Wie bereits im Verlauf des vorliegenden Buches gezeigt wurde, liegt der Schlüssel zu dauerhaftem Erfolg von Unternehmen in ihrer Fähigkeit, sich an wechselnde Anforderungen und Rahmenbedingungen schnell anpassen zu können. Diese schnelle **Anpassungsfähigkeit** ist somit das Fundament für eine erfolgreiche Unternehmensreform und Unternehmensentwicklung und stellt die Ausgangsbasis für die notwendigen Veränderungen und Verbesserungen dar. Nach Auffassung von Kobayashi befindet sich das Unternehmen in einer günstigen Ausgangsposition, das eine klare Vorstellung von der eigenen Anpassungsfähigkeit hat und notwendige Veränderungsmaßnahmen kennt. Dadurch ergibt sich zwangsläufig für alle Ebenen und Bereiche im Unternehmen die Zielrichtung des Handlungsbedarfes. Iwao Kobayashi hat gerade um diesen Erfordernissen gerecht zu werden die 20Keys® entwickelt.[250]

Die 20Keys® sind ein **ganzheitliches System** und keine Ansammlung von bereits existierenden Kaizenpraktiken, sondern ein Bündel von Methoden und Techniken, bei denen zwar jede Einzelne auf ein bestimmtes Handlungsfeld zielt, die jedoch als System zusammenhaften. Auf der Basis dieser Wirkbeziehung werden große Synergieeffekte realisiert und ein hoher Gesamtwirkungsgrad im Streben nach umfassender Unternehmensreform und Unternehmensentwicklung erreicht.[251] Als Synergieeffekte werden in diesem Zusammenhang alle Verbundeffekte bezeichnet, die sich aus dem Zusammenführen bisher getrennter Einheiten oder Prozesse erzielen lassen, um ein Gesamtergebnis zu erreichen, das mehr ist, als die bloße Addition der Einzelergebnisse.[252] Messbar wird die Wirkung von 20Keys® neben Kennzahlenvergleichen durch die Beurteilung der Unternehmensentwicklung anhand von fünf charakteristischen Benchmark-Stufen. Dabei beschreibt die Stufe 1 den schlechtest möglichen Zustand und die Stufe fünf Zustände auf Weltklasse-Niveau. Nach Kobayashi befinden sich Unternehmen zu Beginn ihrer Arbeit mit 20Keys® durchschnittlich auf der Stufe 1,5 oder 2. Im Rahmen der Unternehmensentwicklung ist es nun das erklärte Ziel, ein flexibles und für die Mitarbeiter angenehmes Produktions- und Arbeitsklima zu schaffen, in denen die Prozesse auf Weltklasse-Niveau besser, schneller und kostengünstiger abgewickelt werden können.[253]

Die **Umsetzung** der 20Keys® erfolgt im Wesentlichen in fünf Phasen. Die erste Phase ist die Einführungsvorbereitung und dient der Erlernung der Methoden und Techniken, der Selbsterkenntnis durch das Benchmarking und der Beginn mit der praktischen Umsetzung

[249] vgl. **Kobayashi, Iwao**: 20Keys® – Die 20 Schlüssel zum Erfolg im internationalen Wettbewerb, S. 254–256, 1. Aufl., Adept-Media Verlag, Bochum, 2000.

[250] vgl. **Kobayashi, Iwao**: 20Keys® – Die 20 Schlüssel zum Erfolg im internationalen Wettbewerb, S. 3–4, 1. Aufl., Adept-Media Verlag, Bochum, 2000.

[251] vgl. **Kobayashi, Iwao**: 20Keys® – Die 20 Schlüssel zum Erfolg im internationalen Wettbewerb, S. 4, 1. Aufl., Adept-Media Verlag, Bochum, 2000.

[252] vgl. **Bühner, Dr. Rolf**: Management – Lexikon, S. 736, Oldenbourg Wissenschaftsverlag, München, Wien, 2001.

[253] vgl. **Kobayashi, Iwao**: 20Keys® – Die 20 Schlüssel zum Erfolg im internationalen Wettbewerb, S. 5–7, 1. Aufl., Adept-Media Verlag, Bochum, 2000.

einzelner Schlüssel. Unter Selbsterkenntnis wird in diesem Zusammenhang verstanden, wenn begriffen wird, wo die Verbesserungen ansetzen oder worauf sie wirken sollen. Beispielsweise wird jemand, der sich über lange Zeit hinweg in seinem Unternehmen ausschließlich dem Produktionsgeschäft widmet, so von dem Produktionsalltag eingeholt, dass er den notwendigen Freiraum verliert über das eigene Produktionssystem im eigenen Unternehmen nachzudenken. Die zweite Phase ist die Einführungsphase. Sie setzt nach etwa neun bis zwölf Monaten ein und ist dadurch gekennzeichnet, dass nun alle Mitarbeiter sich die Grundlagen der Methoden und Techniken aneignen und erste Veränderungen im Produktionsalltag zu spüren sind. Nach etwa einem weiteren Jahr tritt die Umsetzungsphase ein, die sich durch das Zusammentreffen der 20Keys®-Techniken und des Produktionsalltags auszeichnet, wodurch die volle Energie der 20Keys® zum Tragen kommt und die zugehörigen Aktivitäten intensiviert werden. In der vierten Phase der Verinnerlichung werden nach etwa einem weiteren Jahr die Techniken und Verbesserungsaktivitäten verinnerlicht und eine Produktivitätsverdopplung erreicht. Die fünfte Phase ist dann die Entwicklungsphase und bezieht sich auf den kontinuierlichen Entwicklungsprozess.[254]

Die Abb. 2.18 fasst diese fünf Umsetzungsphasen zusammen.

Der Kick-off erfolgt durch eine Versammlung aller Mitarbeiter und die Verkündung, dass mit dem 20Keys®-Programm nun eine Unternehmensreform begonnen wird. Dies geschieht häufig zu Beginn eines Geschäftsjahres. Im Rahmen von regelmäßigen Multi-Level-Meetings

	Einführungs-vorbereitung 9 Monate - 1. Jahr	Einführungs-phase 1. Jahr	Umsetzungs-phase 2. Jahr	Verinnerlichungs-phase 3. Jahr	Entwicklungs-phase 3. Jahr...
Ereignis	Ankündigung der Einführung	Kich - Off			
Multilevel-Meeting	1. Mal	Interim 2. Mal	Interim 3. Mal	Interim 4. Mal	Regelmäßig
Produktivitäts-steigerungs-ziel		30 %	30 %	30 % Verdopplung in 3 Jahren für den Bronze - Preis	Verdreifachung in 6 Jahren für den Silber - Preis

Abb. 2.18 Vorgehensweise und Handhabung der 20Keys® (vgl. **Kobayashi, Iwao**: 20Keys® – Die 20 Schlüssel zum Erfolg im internationalen Wettbewerb, S. 257, 1. Aufl., Adept-Media Verlag, Bochum, 2000)

---

[254] vgl. **Kobayashi, Iwao**: 20Keys® – Die 20 Schlüssel zum Erfolg im internationalen Wettbewerb, S. 256–257, 1. Aufl., Adept-Media Verlag, Bochum, 2000.

treffen alle Mitarbeiter vom Top-Management bis hin zum Werker oder Sachbearbeiter zusammen, um den Grad der Zielerfüllung und den Reformfortschritt zu beurteilen, sowie die weiteren Ziele festzulegen. Zur praktischen Umsetzung vor Ort werden auf einem zweckdienlichen Formular für jeden Schlüssel detaillierte Aktivitätenpläne angefertigt, um die durchzuführenden Aktivitäten, die Umsetzungsverantwortungen und die Erledigungstermine zu fixieren. Diese Aktivitätenpläne können zusätzlich als monatliche Fortschrittsanzeige verwendet werden, was in der 20Keys®-Sprache als Monitoring bezeichnet wird. Das ist möglich, da in allen Aktivitätenplänen auf der Basis von grafischen Darstellungen sowie Pfeilen in verschiedenen Farben, der Fortschritt in dem entsprechenden Schlüssel für alle sichtbar gemacht wird. Hat sich der Prozess erfolgreich vollzogen und hat das Unternehmen entsprechende Ergebnisse erzielt, werden sie von der betreuenden Beratungsgesellschaft mit verschiedenen Preisen, in der Logik von Bronze, Silber und Gold, ausgezeichnet.[255]

Der vorliegende Ansatz zur Unternehmensentwicklung nach Iwao Kobayashi zeigt zunächst den Unterschied zwischen der amerikanisch geprägten Vorgehensweise des Reengineering und der Unternehmensentwicklung auf. Trotz beeindruckender Ergebnisse von Reengineering-Projekten zeigt Kobayashi die Grenzen dieser Denkweise auf, schildert seine Erfahrungen mit Reengineering und argumentiert sehr schlüssig die Notwendigkeit für alternative Vorgehensweisen zur Unternehmensreform und Unternehmensentwicklung. Gerade im Hinblick darauf, dass erfolgreiche Unternehmensreformen fast ausschließlich mit dem Anspruch an Ganzheitlichkeit durchgeführt wurden und werden, erscheint seine Idee der Zusammenfassung von vielen Kaizentechniken zu einem System mit großen Wirkbeziehungen sinnvoll und notwendig. Auch die Perspektive auf Qualitätssteigerung, Prozessbeschleunigung und Kostensenkung zur Steigerung der internationalen Wettbewerbsfähigkeit von Unternehmen setzt auf den ersten Blick an den richtigen Stellen an.

Kritiker könnten hier jedoch hervorheben, dass weitaus mehr Perspektiven existieren, um Unternehmen zum Erfolg zu führen, wie beispielsweise die Kundenorientierung. Dies könnte allerdings nur ein Problem der Gewichtung und Strukturierung von Aufgabestellungen der Unternehmensführung zu sein, die häufig auf individuellen Einschätzungen und Erfahrungen beruhen. Dem Ansatz der Integration von einzelnen Methoden und Techniken zu einem ganzheitlichen System mit dem Ziel der Realisierung von Synergieeffekten, wird jedoch kaum jemand zu widersprechen wagen. Die 20Keys® sind ein hervorragendes Beispiel für ein derartig integriertes System zur Unternehmensentwicklung. Auch die Tatsache, dass der Erfolg der Unternehmensentwicklung neben Kennzahlenvergleichen durch die Einordnung der Unternehmung in Benchmark-Stufen vorgenommen wird, erscheint sowohl methodisch als auch praktisch sinnvoll. Besonders hervorzuheben ist jedoch die Umsetzungssystematik. Kontinuierlich und systematisch werden alle Mitarbeiter in den Prozess einbezogen, ausgebildet und erhalten Umsetzungsverantwortung. Auf diese Weise breitet sich das System im Unternehmen evolutionär aus. Auch die Tatsache, dass verschiedene Projektmanagement-Werkzeuge, wie beispielsweise Kick-off-Meetings, Multi-Level-Meetings,

---

[255] vgl. **Kobayashi, Iwao**: 20Keys® – Die 20 Schlüssel zum Erfolg im internationalen Wettbewerb, S. 258–260, 1. Aufl., Adept-Media Verlag, Bochum, 2000.

Aktivitätenpläne und Monitoring-Systeme verwendet werden spricht für die Systematik dieses Ansatzes. Der Gipfel der Anerkennung wird dann durch die Verleihung von Preisen durch die betreuende Beratungsgesellschaft manifestiert. Herzlichen Glückwunsch. Kritisch ist anzumerken, dass diesem Ansatz, wenngleich er aus der langjährigen Erfahrung eines Praktikers heraus entstanden ist, die theoretisch wissenschaftliche Basis aus der allgemeinen Managementlehre und anerkannten Theorien der Unternehmensführung sowie der Unternehmensentwicklung fehlt. Dies wird besonders aus der Tatsache heraus deutlich, dass Kobayashi definiert, wann ein Unternehmen sich in den einzelnen Schlüsseln auf Weltklasse-Niveau befindet und wann nicht. Hier gehen die Meinungen sicher auseinander, allerdings sei an dieser Stelle festzuhalten, dass er im Gegensatz zu vielen anderen Ansätzen zur Unternehmensentwicklung wenigstens den Versuch unternimmt Zustände und Fähigkeiten in Unternehmen und deren Weiterentwicklung zu messen.

Zusammenfassung

Ziel dieses Kapitels ist die theoriegestützte Herleitung des Grundmodells für das Transformationsmodell nachhaltiger Unternehmensführung und Unternehmensentwicklung. Hieraus ergibt sich die Frage, wie dieses Grundmodell aussehen kann. Da sich das vorliegende Buch mit den zwei Dimensionen Unternehmensführung und Unternehmensentwicklung auseinandersetzt, wird deutlich, dass es sich bei dem nun zu entwickelnden Grundmodell um ein **zweidimensionales Modell** handeln muss. Im Sinne dieser Zweidimensionalität besteht die Struktur des Grundmodells aus einer horizontalen und einer vertikalen Komponente. Auf diese Weise entsteht eine Matrixstruktur. Die horizontale und die vertikale Komponente werden wie folgt definiert:

- vertikale Komponente = Unternehmensführung
- horizontale Komponente = Unternehmensentwicklung

Im vorherigen Kapitel wurden einige systematisch ausgewählte Ansätze zur Unternehmensführung und Unternehmensentwicklung dargestellt. Wollte man alle diese Ansätze in einem Modell zusammenfassen, würde es augenscheinlich sowohl den Umfang der geistig verarbeitbaren Informationen, als auch den Rahmen des methodisch Sinnvollen sprengen. In der Wissenschaft bedient man sich in derartigen Problemsituationen der Komplexitätsreduktion durch wissenschaftliche Methoden. So erscheint es auch in dem vorliegenden Buch notwendig zu sein, auf Basis einer wissenschaftlich anerkannten Methode, jeweils einen Ansatz zur Unternehmensführung und einen Ansatz zur Unternehmensentwicklung systematisch auszuwählen und gegenüberzustellen. Obgleich die einzelnen Ansätze bekannt sind, entsteht wirklich Neues nur, indem man zwei Ansätze unterschiedlicher betriebswirtschaftlicher Elemente miteinander kombiniert und auf Wechselwirkungen hin erforscht. Das Grundmodell stellt in diesem Zusammenhang die Struktur

© Springer Fachmedien Wiesbaden 2016

M.C. Kemnitz, *Transformationsmodell nachhaltiger Unternehmensführung durch Unternehmensentwicklung*, DOI 10.1007/978-3-658-13867-7_3

dieser Wechselwirkungen übersichtlich dar und liefert gleichzeitig die inhaltliche Gliederung für den weiteren Verlauf dieses Buches.

Um den jeweiligen Ansatz zur Unternehmensführung und Unternehmensentwicklung auszuwählen, muss hier eine **Entscheidung** getroffen werden. In den Wirtschaftswissenschaften bedient man sich bei Entscheidungsproblemen der Entscheidungstheorie. Folglich wird auch im Rahmen der vorliegenden Arbeit die Entscheidungstheorie zur Lösung dieses Entscheidungsproblems angewandt. Im weiteren Verlauf dieses Kapitels werden daher erst die Grundlagen der Entscheidungstheorie analysiert, um daraufhin eine für das vorliegende Entscheidungsproblem geeignete Methode auszuwählen und schließlich diese Methode anzuwenden. Als Ergebnis wird das Grundmodell für das Transformationsmodell nachhaltiger Unternehmensführung und Unternehmensentwicklung aufgebaut und dargestellt. Dieses Kapitel schließt mit einer Bewertung der Vorgehensweise und einer Evaluation des Grundmodells ab.

Grundsätzlich ist an dieser Stelle festzuhalten, dass die im Rahmen des vorliegenden Buches angewandte Systematik nur **ein** Weg ist, um der zu untersuchenden Fragestellung auf den Grund zu gehen. Selbstverständlich sind auch andere Möglichkeiten zur Durchführung dieser Untersuchung denkbar.

3.1   Entscheidungstheoretische Vorbereitung

Im Folgenden werden nacheinander die Grundlagen der Entscheidungstheorie vorgestellt, die für das vorliegende Entscheidungsproblem geeigneten Methode ausgewählt und die Vorgehensweise dieser Methode präsentiert.

3.1.1   Grundlagen der Entscheidungstheorie

Gegenstand der Entscheidungstheorie ist die Entscheidung als solche, also die Auswahl einer Handlungsmöglichkeit aus einer Alternativenmenge. Demnach werden Entscheidungsvorgang und Entscheidungsergebnis analysiert, um Aussagen zu gewinnen, die für jedwede Entscheidung gelten, unabhängig von ihrer inhaltlichen Konkretisierung.[1]

Die Entscheidungstheorie unterscheidet die **deskriptive Entscheidungstheorie** und die **präskriptive oder normative Entscheidungstheorie**. In der deskriptiven Entscheidungstheorie geht es darum, empirisch gehaltvolle Hypothesen darüber zu formulieren, wie sich ein Individuum in einer oder mehreren bestimmten Entscheidungssituationen verhalten hat und warum. Auf dieser Grundlage sollen Aussagen über Entscheidungsverhalten für zukünftige Entscheidungssituationen getroffen werden. Die präskriptive oder normative Entscheidungstheorie beschäftigt sich dagegen mit der Formulierung von Postulaten über individuelles Entscheidungsverhalten insofern, dass dem Entscheidungsträger sein Verhalten vorgeschrieben wird. Das setzt die Akzeptanz von Werturteilen voraus, die

---

[1] vgl. **Bühner, Dr. Rolf**: Management – Lexikon, S. 238, Oldenbourg Wissenschaftsverlag, München, Wien, 2001.

zwangsläufig von sehr allgemeiner Natur sein müssen.[2] Ziel der deskriptiven Entscheidungstheorie ist die Beschreibung, Erklärung und Prognose des tatsächlichen Entscheidungs- und Risikoverhaltens. Die präskriptive Entscheidungstheorie zielt hingegen auf die Unterstützung der Entscheider bei rationalen Entscheidungen unter Sicherheit und unter Unsicherheit ab. Das Aussagesystem der präskriptiven Entscheidungstheorie ist praktisch-normativer und entscheidungslogischer Art.[3] Für das in diesem Buch vorliegende Entscheidungsproblem scheint folglich die präskriptive Entscheidungstheorie die methodisch sinnvollere zu sein.In der **präskriptiven Entscheidungstheorie** sind folgende Fälle von Zukunftserwartungen zu unterscheiden.

- Sicherheit: der wahre Umweltzustand ist bekannt und das Ergebniseindeutig.
- Unsicherheit: mehrere Umweltzustände werden für möglich gehalten.[4]

Da für das in diesem Buch vorliegende Entscheidungsproblem mehrere sogenannte Umweltzustände möglich sind, liegt augenscheinlich im Rahmen der präskriptiven Entscheidungstheorie eine Entscheidungssituation unter Unsicherheit vor. Die Unsicherheit oder Ungewissheit im engeren Sinne kann als Erwartungsstruktur definiert werden, bei deren Vorliegen der Entscheidungsträger mehrere Umweltzustände für möglich hält und auch benennen kann, ohne jedoch diesen Umweltzuständen Eintrittwahrscheinlichkeiten zuordnen zu können. In der Praxis werden bei Ungewissheit Entscheidungskriterien insbesondere wegen der Einfachheit der Handhabung und auch wegen der Plausibilität bei extremem Verhalten angewandt.[5]

Die Abb. 3.1 zeigt das **Beispiel einer Ergebnismatrix** für ein Entscheidungsproblem bei Ungewissheit:

Dieses Beispiel für eine Ergebnismatrix zeigt vertikal die möglichen Handlungsalternativen A_1 bis A_4, horizontal die möglichen Umweltzustände S_1 bis S_3 und die entsprechenden Ergebnisse. Im weiteren Verlauf dieser Arbeit wird nun die geeignete Methode ausgewählt, die das vorliegende Entscheidungsproblem löst. Anschließend wird diese ausgewählte Methode dargestellt.

3.1.2 Auswahl der entscheidungstheoretischen Methoden

Da sich das vorliegende Buch im Umfeld von Unternehmensführung und Unternehmensentwicklung bewegt, konzentriert sie sich bei der Darstellung der entscheidungstheoretischen

---

[2] vgl. **Meyer, Dr. Roswitha**: Entscheidungstheorie, S. 2, 2. Aufl., Betriebswirtschaftlicher Verlag Dr. Th. Gabler, Wiesbaden, 2000.

[3] vgl. **Bühner, Dr. Rolf**: Management – Lexikon, S. 238, Oldenbourg Wissenschaftsverlag, München, Wien, 2001.

[4] vgl. **Bühner, Dr. Rolf**: Management – Lexikon, S. 239, Oldenbourg Wissenschaftsverlag, München, Wien, 2001.

[5] vgl. **Meyer, Dr. Roswitha**: Entscheidungstheorie, S. 35, 2. Aufl., Betriebswirtschaftlicher Verlag Dr. Th. Gabler, Wiesbaden, 2000.

Umwelt-zustände S_i Handlungs-alternativen A_i	S_1	S_2	S_3
A_1	100	50	0
A_2	60	60	60
A_3	40	60	80
A_4	100	55	0

Abb. 3.1 Beispiel für eine Ergebnismatrix bei Ungewissheit (Ergebnis in €) (vgl. **Meyer, Dr. Roswitha**: Entscheidungstheorie, S. 35, 2. Aufl., Betriebswirtschaftlicher Verlag Dr. Th. Gabler, Wiesbaden, 2000)

Methoden zunächst auf solche, die in der Managementlehre Berücksichtigung finden. Aus methodischen Gründen werden die allgemeinen mathematisch statistischen Methoden der Entscheidungstheorie bewusst ausgeblendet, um den Umfang dieses Kapitels nicht zu sprengen. Zunächst ist jedoch im Rahmen der präskriptiven Entscheidungstheorie das Entscheidungsproblem zu formulieren, denn der Entscheidungsträger muss seine Zielsetzung präzise spezifizieren, um die geeignete Methode zur Entscheidungsfindung herausarbeiten zu können.[6] Folglich wird nun zunächst das Entscheidungsproblem und anschließend die Zielsetzung definiert.

Das **Entscheidungsproblem** an dieser Stelle des Buches ist, dass jeweils zwischen alternativen Ansätzen zur Unternehmensführung und zur Unternehmensentwicklung jeweils derjenige Ansatz ausgewählt werden muss, der unter Berücksichtigung verschiedener Bewertungskriterien für den weiteren Verlauf des Buches den höchsten Nutzen verspricht. Die **Zielsetzung** ist, aus den verschiedenen Ansätzen zur Unternehmensführung und zur Unternehmensentwicklung jeweils einen Ansatz auszuwählen. Es muss also aus einer Alternativenmenge diejenige ausgewählt werden, die den höchsten Nutzen verspricht. Augenscheinlich führt diese Problembeschreibung zwangsläufig zu der Methode der Nutzwertanalyse.

3.1.3   Nutzwertanalyse

Die Nutzwertanalyse, oder auch Scoring-Modell genannt, dient einer Objektivierung der Entscheidungsfindung, wenn es mehrere Alternativen gibt. Das bedeutet, es sind endlich viele Entscheidungsmöglichkeiten vorhanden, wenn gleichzeitig mehrere Ziele mit quantitativen und qualitativen Kriterien vorliegen und eine Bewertung sämtlicher Alternativen bezüglich aller Kriterien möglich ist.[7]

---

[6] vgl. **Meyer, Dr. Roswitha**: Entscheidungstheorie, S. 13, 2. Aufl., Betriebswirtschaftlicher Verlag Dr. Th. Gabler, Wiesbaden, 2000.

[7] vgl. **Holzbaur, Dr. Ulrich D.**: Management, S. 85, Kiehl Verlag, Ludwigshafen, 2000.

Beispielsweise wird die Nutzwertanalyse bei Standortentscheidungen eingesetzt. Hier lassen sich die relevanten Standortanforderungen nach Zielkriterien in einer Liste zusammenfassen und nach ihrer Bedeutung für das Unternehmen gewichten. Anschließend erfolgt eine Bewertung der Standortfaktoren für jeden einzelnen Standort durch die Vergabe einer Punktzahl, je nach Güte von 1 bis 10. Durch die Multiplikation der Bewertung mit den Gewichtungsfaktoren ergibt sich eine Wertzahl, die summiert den Gesamtnutzen des einzelnen Standortes repräsentiert.[8]

Die Abb. 3.2 zeigt ein Beispiel für eine Nutzwertanalyse zur Standortwahl.

In diesem Beispiel wir die Standortentscheidung zugunsten von Standort B ausfallen, da der Gesamtnutzen dieses Standortes mit 6,3 über dem Gesamtnutzen von Standort A mit 5,7 und Standort C mit 5,6 liegt. Dieses Beispiel der Standortwahl diente dazu, die Entscheidungssituation sowie die Systematik, Anwendung und Auswertung der Nutzwertanalyse zu verdeutlichen. Vorteil der Nutzwertanalyse gegenüber unkontrollierten Entscheidungsprozessen ist die Nachvollziehbarkeit und Überprüfbarkeit des Entscheidungsablaufs durch die explizite Angabe der Kriterien und ihrer Gewichtung sowie durch die Bewertung der einzelnen Alternativen. Das Problem ist jedoch, dass durch die auf subjektiven Urteilen beruhende Gewichtung der Kriterien und deren Bewertung das Ergebnis beeinflusst werden kann.[9]

Standort - anforderungen (Zielkriterien)	Gewichtung	Standortalternativen					
		Standort A		Standort B		Standort C	
	G	B	G x B	B	G x B	B	G x B
Räumliche Expansionsmöglichkeiten	0,05	9	0,45	6	0,3	10	0,5
Verfügbarkeit von Arbeitskräften	0,3	3	0,9	9	2,7	6	1,8
Materialversorgung	0,1	4	0,4	6	0,6	2	0,2
Verkehrsanbindung	0,1	9	0,9	5	0,5	3	0,3
Entsorgung	0,15	5	0,75	6	0,9	8	1,2
Absatzmarktnähe	0,2	10	2	4	0,8	5	1
Steuerbelastung	0,1	3	0,3	5	0,5	6	0,6
Gesamtwert	1	5,7		6,3		5,6	
Bewertungsskala (B): 10 = sehr gut, 6 = gut, 3 = befriedigend, 0 = ungünstig							

Abb. 3.2 Beispiel für Nutzwertanalyse zur Standortwahl (vgl. **Jung, Dr. Hans**: Allgemeine Betriebswirtschaftslehre, S. 71, 7. Aufl., Oldenbourg Wissenschaftsverlag, München, Wien, 2001)

[8] vgl. **Jung, Dr. Hans**: Allgemeine Betriebswirtschaftslehre, S. 71, 7. Aufl., Oldenbourg Wissenschaftsverlag, München, Wien, 2001.

[9] vgl. **Jung, Dr. Hans**: Allgemeine Betriebswirtschaftslehre, S. 71–72, 7. Aufl., Oldenbourg Wissenschaftsverlag, München, Wien, 2001.

Im Rahmen dieses Buches erscheint die Nutzwertanalyse für das vorliegende Entscheidungsproblem als die angemessene Methode für die Auswahl der Ansätze zur Unternehmensführung und zur Unternehmensentwicklung. Folglich wird die Nutzwertanalyse auf Basis des oben dargestellten Beispiels angewandt. Um dem soeben herausgearbeiteten Objektivierungsproblem der Nutzwertanalyse Rechnung zu tragen, ist bei der Anwendung dieser Methode auf ein möglichst hohes Maß an Objektivität zu achten.

3.2   Vertikale Eingrenzung für die Unternehmensführung

3.2.1   Herleitung der Bewertungskriterien und Gewichtung

Wie bereits dargestellt lässt sich die Eingrenzung der verschiedenen Ansätze zur Unternehmensführung auf einen relevanten Ansatz auf Basis von Bewertungskriterien vornehmen. Aus praktisch methodischen Gründen ist an dieser Stelle zunächst die bewusste Eingrenzung auf fünf Bewertungskriterien sinnvoll. Diese Bewertungskriterien werden nun hergeleitet.

Vorerst erscheint es sinnvoll zu sein im Rahmen der Auswahl von Ansätzen zur Unternehmensführung den Schwerpunkt auf Ansätze zu legen, die dem **verfahrensorientierten oder funktionalen Managementbegriff** folgen. Wie bereits umfangreich dargestellt, konzentriert sich der institutionelle Managementbegriff auf die Personen oder Personengruppen in Unternehmungen, die Managementaufgaben wahrnehmen. Da im Rahmen dieses Buches Wechselwirkungen zwischen dem Verfahren und der Funktion von Management auf die Unternehmensentwicklung herausgearbeitet werden sollen, ist die institutionelle Managementauffassung zu vernachlässigen. Dieses Bewertungskriterium wird mit dem Faktor 0,2 gewichtet, damit institutionelle Ansätze vernachlässigt aber nicht ausgeschlossen werden. Diesem Gedanken folgend lässt sich anschließend die aktuelle Weiterentwicklung der Verfahrens- und Funktionsorientierung betrachten, was zwangsläufig zu dem Begriff Prozess führt. Es ist an dieser Stelle also nur konsequent, sich auf diejenigen Ansätze zur Unternehmensführung zu konzentrieren die bereits vom **Management als Prozess** sprechen. Abgesehen davon erscheint es wertvoll zu sein, sich mit der aktuellen Entwicklung der Managementlehre auseinander zu setzen. Die Prozessorientierung zählt in jedem Falle dazu. Dieses Bewertungskriterium wird mit dem Faktor 0,4 gewichtet, da die prozessorientierte Denkweise in der Managementlehre immer deutlicher an Gewicht gewinnt.

Hier wird aber nicht nur ein aktuell praktisch relevanter Ansatz ausgewählt, sondern der auswählte Ansätze sollte eine **wissenschaftlich historisch begründete Zusammenstellung von Managementfunktionen** enthalten. Auf diese Weise ist sichergestellt, dass bei der Ergebnisermittlung der wissenschaftlich historischen Perspektive ausreichend Rechnung getragen wird. Im Zentrum dieser Arbeit ist schließlich neben einem praktisch sinnvollen Ergebnis vor allem die Ausgestaltung eines wissenschaftlich fundierten Ergebnisses von besonderer Bedeutung. Dieses Bewertungskriterium wird mit dem Faktor 0,1 gewichtet, da die wissenschaftlich historische Fundierung bedeutsam ist, aber keinen zu starken Einfluss auf das Ergebnis nehmen sollte. Weiter enthält der ausgewählte Ansatz zur Unternehmensführung ein **konzeptionelles Grundmodell mit ableitbaren praxisrelevanten Vorgaben.** Dadurch wird sichergestellt, dass sich der ausgewählte Ansatz nicht nur auf die Definition von Begriffen beschränkt, sondern Wirkungszusammenhänge sowie konzeptionellen Zielzuständen beschreibt und praktische Handlungshinweise für die Anwendung des entsprechenden Managementansatzes liefert. Dieses Bewertungskriterium wird mit dem Faktor 0,2 gewichtet, weil ein konzeptionelles Grundmodell mit ableitbaren praxisrelevanten Vorgaben hilfreich aber nicht zwingend ist.

Schließlich wird die Nachhaltigkeit des Untersuchungsergebnisses gewährleistet, damit **keine Modewelle** als Ansatz zur Unternehmensführung ausgewählt wird. Gerade in der Managementlehre stehen ständig neue Ansätze zur Führung von Unternehmen bereit. Sie dienen zweifelsohne als Bereicherung für die Diskussion um den idealen Ansatz zur Unternehmensführung. Teilweise wertvoll, aber oft auch nur Bekanntes in andere Worte gefasst, sind jedoch viele dieser Erklärungsversuche Modeerscheinungen, die schnell wieder aus der Diskussion verschwinden. Daher werden Modewellen bewusst ausgeschlossen. Dieses Bewertungskriterium wird mit dem Faktor 0,1 gewichtet.

3.2.2 Durchführung der Nutzwertanalyse für die vertikale Eingrenzung

Nachfolgend werden nun die einzelnen Ansätze zur Unternehmensführung analysiert und auf Basis der hergeleiteten Bewertungskriterien bewertet.

Der Ansatz von **Gutenberg** ist sehr stark von dem institutionellen Managementbegriff geprägt. Aus diesem Grunde wird er bezüglich der Verfahrens- und Funktionsorientierung mit einem Punkt beurteilt. Vom Management als Prozess spricht Gutenberg nicht sodass er auch in diesem Kriterium einen Punkt erhält. Hingegen steht die wissenschaftlich historische Fundierung dieses Ansatzes außer Frage. Folglich wird dieses Kriterium mit zehn Punkten bewertet. Das konzeptionelle Grundmodell ist zwar vorhanden, allerdings fehlt im Vergleich zu anderen Ansätzen die Ableitung von praxisrelevanten Vorgaben. Daher wurden hier fünf Punkte angesetzt. Eine Modewelle ist der Ansatz zur Unternehmensführung von Gutenberg sicher nicht, sodass dieses Kriterium auf zehn Punkte taxiert wird. Unter Berücksichtigung der entsprechenden Gewichtungsfaktoren ergibt sich für diesen Ansatz ein Nutzwert von 3,6.

Der Ansatz von **Staehle** stellt zunächst auch den institutionellen Managementbegriff heraus, unternimmt aber anschließend den Versuch die Verfahrens- und Funktionsorientierung einzuführen. Aus diesem Grunde werden hier fünf Punkte vergeben. Auch Staehle spricht noch nicht vom Management als Prozess, sodass auch hier nur ein Punkt angesetzt wird. Die wissenschaftlich historische Fundierung ergibt sich aus der engen Verwandtschaft dieses Ansatzes mit dem Ansatz von Gutenberg, sodass auch hier zehn Punkte sinnvoll sind. Das konzeptionelle Grundmodell existiert auch bei Staehle, allerdings bewegt er sich ehr auf einem theoretischen Feld und leitet kaum praxisrelevante Vorgaben ab. Hier erwirbt er folglich nur einen Punkt. Auch Staehle hat Grundsätzliches für die Managementlehre geleistet und kann keinesfalls als Modewelle bezeichnet werden, sodass hier zehn Punkte festgelegt werden. Unter Berücksichtigung der entsprechenden Gewichtungsfaktoren ergibt sich auch für diesen Ansatz ein Nutzwert von 3,6.

Der Ansatz von **Rahn** liefert neben dem institutionellen und funktionalen Managementbegriff die Perspektiven eines personenbezogenen und sachbezogenen Managements. Eine absolute Verfahrensorientierung ist jedoch nicht erkennbar, wofür hier fünf Punkte vergeben werden. Das Management als Prozess taucht in seinen Ausführungen unter dem Begriff prozessbezogenes Management auf, allerdings sind seine Ausführungen zu diesem Inhalt nicht hinreichend, sodass er auch hier mit fünf Punkten beurteilt wird. Die wissenschaftlich historische Fundierung ist vorhanden, allerdings im Vergleich zu Gutenberg und Staehle ehr geringer, da Rahn ehr praxisorientiert arbeitet. Dafür erhält er weitere fünf Punkte. Ein konzeptionelles Grundmodell ist schwach vorhanden, aber er liefert gute Ableitungen von praxisrelevanten Vorgaben, wofür er auch hier fünf Punkte erworben werden. Schließlich kann man den Ansatz von Rahn sicher nicht als Modewelle bezeichnen, allerdings ist sein Ansatz kein nachhaltig geltendes Managementmodell, sodass er hier nur einen Punkt erhält. Unter Berücksichtigung der entsprechenden Gewichtungsfaktoren ergibt sich für diesen Ansatz ein Nutzwert von 4,6.

Der Ansatz von **Schierenbeck** stützt sich ebenfalls auf den institutionellen und funktionalen Managementbegriff, arbeitet allerdings mit der prozessualen, strukturellen und personalen Dimension. In der prozessualen Dimension ist die Verfahrens- und Funktionsorientierung enthalten, sodass hier zehn Punkte angemessen sind. Das Management als Prozess stellt er sehr eindeutig dar, wofür er auch hier zehn Punkte erhält. Bei der Ableitung der einzelnen Schritte innerhalb seines Managementprozesses stützt er sich jedoch auf keine wissenschaftlich historische Fundierung, sodass hier nur fünf Punkte vergeben werden können. Das konzeptionelle Grundmodell ist vorhanden, allerdings ist seine Ableitung von praxisrelevanten Vorgaben zu komplex und unübersichtlich, was die praktische Umsetzung seines Ansatzes erschwert. Aus diesem Grunde sind hier fünf Punkte angebracht. Der Ansatz von Schierenbeck ist in der Betriebswirtschaftslehre sicher keine Modewelle, sondern ehr ein nachhaltig geltendes Managementmodell, sodass er hier mit zehn Punkten bewertet wird. Unter Berücksichtigung der entsprechenden Gewichtungsfaktoren ergibt sich für diesen Ansatz ein Nutzwert von 8,5.

Der Ansatz von **Braunschweig** verfolgt zunächst auch die institutionelle und funktionale Aufteilung des Managementbegriffes. Anschließend unterscheidet er Management und Führung, was die Grundlage für seine Ausführungen zu Führung und Entscheidung darstellt. Sein Ansatz ist entscheidungsorientiert aber nicht verfahrens- oder funktionsorientiert, sodass hier fünf Punkte angemessen sind. Ähnlich wie Schierenbeck beschreibt er Management als Prozess, sodass hier zehn Punkte vergeben werden. Seine Managementfunktionen sind kaum wissenschaftlich historisch begründet. Hier sind folglich fünf Punkte sinnvoll. Das konzeptionelle Grundmodell existiert und er liefert mit seinem Simultanen-Management-System ein sehr umfassendes Modell, allerdings fehlt die Ableitung von praxisrelevanten Vorgaben völlig, sodass er hier nur mit fünf Punkten beurteilt werden kann. Der Ansatz von Braunschweig ist nicht das nachhaltig geltende Managementmodell, allerdings auch sicher keine Modewelle, folglich sind fünf Punkte auch hier angebracht. Unter Berücksichtigung der entsprechenden Gewichtungsfaktoren ergibt sich für diesen Ansatz ein Nutzwert von 7,0.

Der Ansatz von **Steinmann/Schreyögg** ist außerordentlich verfahrens- und funktionsorientiert, weil er im Rahmen der Managementfunktion vom Management als Querschnittsfunktion spricht und diese Sichtweise plausibel nachvollziehbar darstellt. Hier werden demnach zehn Punkte vergeben. Das Management als Prozess hat er sehr detailliert ausgestaltet und in einem übersichtlichen Modell zusammengefasst, sodass auch hier zehn Punkte angemessen sind. Die Tatsache, dass er seine Managementfunktionen nicht alleine entwickelt hat, sondern sich auf sehr anerkannte Arbeiten von Koontz und O`Donnell beruft zeigt, dass die wissenschaftlich historische Fundierung bei der Formulierung von Managementfunktionen gegeben ist. In diesem Kriterium erwirbt dieser Ansatz folglich auch zehn Punkte. Wie bereits oben beschreiben existiert bei Steinmann/Schreyögg ein sehr umfangreiches konzeptionelles Grundmodell, allerdings liefern die Ableitungen praxisrelevanter Vorgaben lediglich nur in Ansätzen konkrete Handlungsanleitungen, sodass hier nur fünf Punkte angesetzt werden können. Schließlich wäre es vermessen zu behaupten, dass die Managementlehre nach Steinmann/Schreyögg lediglich eine Modewelle sei, denn gerade sie haben in der betriebswirtschaftlichen Literatur große Beiträge geleistet, sodass hier wiederum zehn Punkte sinnvoll sind. Unter Berücksichtigung der entsprechenden Gewichtungsfaktoren ergibt sich für diesen Ansatz ein Nutzwert von 9,0.

Hahn/Taylor eröffnen mit ihrer Außenperspektive in jedem Falle eine neue Sicht auf die Unternehmensführung, allerdings ist ihr Ansatz von Management sehr stark von dem Führungsbegriff geprägt, der eine Verfahrens- und Funktionsorientierung erahnen lässt, sie jedoch nicht bis in letzter Konsequenz ausführt. Aus diesem Grunde werden hier fünf Punkte angesetzt. Vom Management als Prozess sprechen sie in dem dieser Arbeit zugrunde liegenden Werk nicht, sodass hier lediglich ein Punkt vergeben wird. Auch die wissenschaftlich historische Fundierung ist bei diesem Ansatz nicht sofort zu erkennen, es sind ehr Eigenentwicklungen, die sie hier präsentieren. Daher wird er auch hier nur mit einem Punkt taxiert. Das konzeptionelle Grundmodell ist vorhanden, allerdings fehlen auch hier systematisch wertvolle Ableitungen praxisrelevanter Vorgaben. Fünf Punkte erscheinen hier angemessen zu sein. Der Ansatz von Hahn/Taylor ist sicher keine Modewelle, allerdings ist es auch kein nachhaltig geltendes Managementmodell, sodass hier fünf Punkte sinnvoll sind. Unter Berücksichtigung der entsprechenden Gewichtungsfaktoren ergibt sich für diesen Ansatz ein Nutzwert von 3,0.

Der Ansatz von **Macharzina** stütz sich interessanterweise auf teilweise neue Funktionen der Unternehmensführung, die er sehr detailliert und praxisorientiert ausführt, sodass hier zehn Punkte gerechtfertigt sind. Vom Management als Prozess spricht er hingegen in dem dieser Arbeit zugrunde liegenden Werk nicht, wofür er hier folglich nur ein Punkt erhält. Da auch er sich auf den institutionellen und funktionalen Managementbegriff nach Gutenberg stützt, ist die wissenschaftlich historische Fundierung zwar vorhanden, jedoch besteht keine direkte Verknüpfung zu seinen Funktionen der Unternehmensführung. Fünf Punkte sind hier also angemessen. Ein konzeptionelles Grundmodell lässt sich nur in Fragmenten erahnen, allerdings sind seine Ableitungen praxisrelevanter Vorgaben umso wertvoller, sodass auch hier fünf Punkte vergeben werden. Auch wenn der Ansatz zur Unternehmensführung von Macharzina kein derart nachhaltig geltendes Managementmodell ist, so ist er sicher auch keine Modewelle. Folglich sind fünf Punkte an dieser Stelle angebracht. Unter Berücksichtigung der entsprechenden Gewichtungsfaktoren ergibt sich für diesen Ansatz ein Nutzwert von 4,4.

Rühli eröffnet eine neue Perspektive auf die Unternehmensführung. Während die Verfahrensorientierung in seinem Ansatz nicht explizit zu erkennen ist, übersetzt er die Managementfunktionen mit dem Begriff der Führungstechnik und führt diesen sorgfältig aus. Aus diesem Grunde sind hier fünf Punkte festgelegt worden. Allerdings spricht er nicht vom Management als Prozess, sodass hier nur ein Punkt vergeben werden kann. Auch die wissenschaftlich historische Fundierung ist hier leider nicht erkennbar, sodass auch hier nur ein Punkt angemessen ist. Überaus wertvoll ist hingegen sein konzeptioneller Rahmen mit den zwei Hauptperspektiven Innenwelt und Umwelt, sowie den entsprechenden Dimensionen. Auch die systematische Ableitung von praxisrelevanten Vorgaben ist hier besonders herauszustellen, sodass dieser Ansatz hier mit zehn Punkten bewertet wird. Der Ansatz von Rühli ist aber sicher kein nachhaltig geltendes Managementmodell, sondern ehr ein Außenseiter in der wissenschaftlichen Managementlehre, sodass hier nur ein Punkt sinnvoll ist. Unter Berücksichtigung der entsprechenden Gewichtungsfaktoren ergibt sich für diesen Ansatz ein Nutzwert von 3,6.

Der Ansatz von **Bleicher** liefert eine sehr übersichtliche und wertvolle Strukturierung des Managementbegriffes in normatives, strategisches und operatives Management. Daraus leitet er Funktionen ab, die jedoch nicht in eine Verfahrensorientierung münden. Aus diesem Grunde erhält dieser Ansatz in dem entsprechenden Bewertungskriterium nur fünf Punkte. Auch Bleicher spricht nicht explizit vom Management als Prozess, sodass hier nur ein Punkt vergeben werden kann. Da der Ansatz von Bleicher auf der jahrelangen praktischen Erfahrung der Mitarbeiter des St. Galler Managementinstitutes beruht, ist dies ein sehr praxisorientierter Ansatz zur Unternehmensführung. Die wissenschaftlich historische Fundierung stand bei der Entwicklung dieses Ansatzes sicher nicht im Vordergrund, daher ist sie nur teilweise vorhanden. Folglich kann hier nur ein Punkt angesetzt werden. Sowohl das konzeptionelle Grundmodell als auch die Ableitungen entsprechender praxisrelevanter Vorgaben finden in Wissenschaft und Praxis höchste Anerkennung, sodass hier zehn Punkteangemessen sind. Der Ansatz von Bleicher zur Unternehmensführung ist auf keinen Fall eine Modewelle, er stellt ein nachhaltig geltendes Managementmodell dar, was sowohl von Praktikern als auch von Wissenschaftlern geschätzt wird. Folglich sind auch hier zehn Punkte anzusetzen. Unter Berücksichtigung der entsprechenden Gewichtungsfaktoren ergibt sich für diesen Ansatz ein Nutzwert von 4,5.

Die in der Abb. 3.3 gezeigte **Ergebnismatrix der Nutzwertanalyse zur vertikalen Eingrenzung**, fasst diese Analyseergebnisse übersichtlich zusammen. Wie dort zu erkennen ist, hat der Ansatz von Steinmann/Schreyögg auf Basis der ausgewählten Bewertungskriterien, der entsprechenden Gewichtungsfaktoren und der durchgeführten Bewertung

Ziel-kriterien	Gewichtung = G Bewertung = B	Alternative Ansätze der Unternehmensführung																			
		Guten-berg		Staehle		Rahn		Schieren-beck		Braun-schweig		Steinmann / Schreyögg		Hahn / Taylor		Macharzina		Rühli		Bleicher	
	G	B	G x B	B	G x B	B	G x B	B	G x B	B	G x B	B	G x B	B	G x B	B	G x B	B	G x B	B	G x B
verfahrens-orientierter, funktionaler Management-begriff	0,2	1	0,2	5	1	5	1	10	2	5	1	10	2	5	1	10	2	5	1	5	1
Management als Process	0,4	1	0,4	5	0,4	5	2	10	4	10	4	10	4	1	0,4	1	0,4	1	0,4	1	0,4
Wissenschaftlich und historisch begründete Management-funktionen	0,1	10	1	10	1	5	0,5	5	0,5	5	0,5	10	1	1	0,1	5	0,5	1	0,1	1	0,1
Konzeptionelles Grundmodell und Ableitung praxisrelevanter Vorgaben	0,2	5	1	1	0,2	5	1	5	1	5	1	5	1	5	1	5	1	1	2	10	2
Keine Modewelle sondern nachhaltig geltendes Management-modell	0,1	10	1	10	1	1	0,1	10	1	5	0,5	10	1	5	0,5	5	0,5	1	0,1	10	1
Gesamtwert:		Σ	3,6	Σ	3,6	Σ	4,6	Σ	8,5	Σ	7	Σ	9	Σ	3	Σ	4,4	Σ	3,6	Σ	4,5

Abb. 3.3 Ergebnismatrix der Nutzwertanalyse zur vertikalen Eingrenzung

mit 9,0 den höchsten Nutzwert erzielt. Folglich wird dieser Ansatz bei der Herleitung des Grundmodells für das Grundmodell betriebswirtschaftlicher Nachhaltigkeit auf der vertikalen Ebene herangezogen.

3.3 Horizontale Eingrenzung für die Unternehmensentwicklung

3.3.1 Herleitung der Bewertungskriterien und Gewichtung

Wie bei der vertikalen Eingrenzung werden nun auch bei der horizontalen Eingrenzung fünf Bewertungskriterien zusammengetragen und vorgestellt.

Zunächst ist für die Auswahl eines geeigneten Ansatzes zur Unternehmensentwicklung entscheidend, sich auf solche zu konzentrieren, die **international nachhaltige Anerkennung in Wissenschaft und Praxis** genießen. Auf diese Weise ist sichergestellt, dass sich im Rahmen dieses Buches nicht zu stark auf Ansätze von einzelnen Forschern oder Praktikern gestützt wird. Beratungsgesellschaften auf der ganzen Welt werben damit, den besten und leistungsfähigsten Ansatz zur Unternehmensentwicklung anzubieten. Aus diesem Grunde wurde das oben beschriebene Kriterium eingeführt. Dieses Bewertungskriterium erhält den Faktor 0,4, da die international nachhaltige Anerkennung in Wissenschaft und Praxis als wichtigstes Kriterium für die Qualität eines Ansatzes zur Unternehmensentwicklung angesehen wird. Weiter sollte die Leistungsfähigkeit des ausgewählten Ansatzes zur

Unternehmensentwicklung durch **anerkannte empirische Studien** belegt sein. Viele Ansätze zur Unternehmensentwicklung verheißen Großes allerdings verfügen die Wenigsten über Belege durch anerkannte empirische Studien. Im Rahmen des vorliegenden Buches wird sich aber gerade auf diese Ansätze konzentriert werden, um die Qualität des angestrebten Ergebnisses zu sichern. Dieses Bewertungskriterium wird mit dem Faktor 0,2 gewichtet.

Wie bereits dargestellt, gehen die Auffassungen über den Begriff Unternehmensentwicklung teilweise sehr stark auseinander. Im Vordergrund dieser Arbeit steht der Einfluss von Managementaktivitäten auf die Unternehmensentwicklung und nicht die allgemeine zeitlich historische Entwicklung von Unternehmungen. Folglich wird sich hier ausschließlich auf die **aktive Unternehmensentwicklung durch Managementverhalten** und nicht auf die passive Unternehmensentwicklung konzentriert. Dieses Bewertungskriterium wird mit dem Faktor 0,2 gewichtet, um diejenigen Ansätze auszublenden, die sich auf die allgemeine zeitlich historische Entwicklung von Unternehmen konzentrieren.

Allein das Bestreben, Unternehmensentwicklung aktiv zu betreiben, reicht jedoch für die vorliegende Fragestellung sicher nicht aus. Unternehmensentwicklung muss als **planvoll steuerbaren Prozess** aufgefasst werden. Das heißt die aktive Unternehmensentwicklung sollte organisiert und systematisch stattfinden. Die Konzentration auf derartige Ansätze steht hier folglich im Vordergrund. Dieses Bewertungskriterium wird mit dem Faktor 0,1 gewichtet. Schließlich sollte der Ansatz zur Unternehmensentwicklung auch ein **konzeptionelles Grundmodell mit ableitbaren praxisrelevanten Vorgaben** enthalten. Um auch für die Ansätze zur Unternehmensentwicklung sicherzustellen, dass neben Begriffsbestimmungen auch Zielzustände und Wirkungszusammenhänge Berücksichtigung finden. Dieses Bewertungskriterium wird mit dem Faktor 0,1 gewichtet.

3.3.2 Durchführung der Nutzwertanalyse für die horizontale Eingrenzung

Nachfolgend werden nun die einzelnen Ansätze zur Unternehmensentwicklung analysiert und auf Basis der hergeleiteten Bewertungskriterien beurteilt.

Der Ansatz von **Pümpin/Prange** zur Unternehmensentwicklung hat mit seiner Typisierung von Unternehmen in Pionier-, Wachstums-, Reife- und Wendeunternehmen einen wesentlichen Beitrag in der Diskussion um Unternehmensentwicklung in der Wissenschaft geleistet. Allerdings reichen seine praxisrelevanten Ausführungen für eine breite internationale Anerkennung nicht aus, sodass hier fünf Punkte angemessen sind. Pümpin/Prange sprechen nicht explizit von einer empirischen Studie, folglich kann hier nur ein Punkt vergeben werden. Von aktiver Unternehmensentwicklung durch Einfluss von Managementverhalten sprechen sie auch nicht. Sie sehen die Unternehmensentwicklung ehr aus der zeitlich periodischen Perspektive, was hier nur einen Punkt erbringt. Folglich sehen sie Unternehmensentwicklung auch nicht als planvoll steuerbaren Prozess, sodass auch hier nur ein Punkt angesetzt werden kann. Ein konzeptionelles Grundmodell ist mit den vier

Grundtypen sicher in Grundzügen vorhanden und auch die Ableitung von praxisrelevanten Vorgaben ist zu erkennen, allerdings sind diese nur in Ansätzen vorhanden, sodass hier
fünf Punkte angemessen sind. Unter Berücksichtigung der entsprechenden Gewichtungsfaktoren ergibt sich für diesen Ansatz ein Nutzwert von 3,0.

   Der Ansatz zur Unternehmensentwicklung von **Bleicher** stütz sich wiederum auf die
Arbeiten am St. Galler Managementinstitut, sodass von einer internationalen Anerkennung
in Wissenschaft und Praxis gesprochen werden kann. Die Abgrenzung dieser Arbeiten zur
Unternehmensführung und zur Unternehmensentwicklung zeigt jedoch, dass sich die wesentliche Anerkennung auf die Ansätze zur Unternehmensführung beschränkt. Folglich
können hier nur fünf Punkte festgesetzt werden. Der Beleg durch Anerkannte empirische
Studien zur Unternehmensentwicklung ist, zumindest in dem dieser Arbeit zugrunde liegenden Werk, nicht eindeutig zu erkennen, sodass hier ein Punkt angebracht ist. Bleicher
beschreibt die Aktivitäten der Unternehmensentwicklung als Veränderungen der Potenziale
im Wettbewerb. Daraus lässt sich schließen, dass er der Auffassung ist, dass sich die
Unternehmensentwicklung durch den aktiven Einfluss von Managementverhalten treiben
lässt. Hier können folglich zehn Punkte angesetzt werden. Er sieht weiter die Unternehmensentwicklung als planvoll steuerbaren Prozess, schränkt diesen Gedanken aber gleichzeitig
dadurch ein, dass er davon ausgeht, dass dies nicht vollständig möglich ist. Diesem
Gedanken stimmt sicher jeder Wissenschaftler und Praktiker zu. Weiter existiert bei
Bleicher ein Instrument zur planvollen Unternehmensentwicklung nur in Grundzügen.
Folglich wird dieser Ansatz hier nur mit fünf Punkten beurteilt. Das konzeptionelle
Grundmodell ist zweifelsohne bei Bleicher vorhanden. Auch die Ableitungen praxisrele-
vanter Vorgaben sind äußerst umfangreich, sodass auch hier zehn Punkte sinnvoll sind.
Unter Berücksichtigung der entsprechenden Gewichtungsfaktoren ergibt sich für diesen
Ansatz ein Nutzwert von 5,7.

   Schwaninger führt mit seinem Unternehmensentwicklungssystem UES einen neuen
Begriff ein und setzt auf diese Weise einen Meilenstein in der wissenschaftlichen und
praktischen Diskussion. Zu internationaler Anerkennung gelangt er jedoch leider nicht.
Viel zu wenige Wissenschaftler und Praktiker beschäftigen sich mit seinem Modell, sodass er hier leider nur fünf Punkte erwirbt. Die Konzeption Unternehmensentwicklungssystem ist eine Eigenerfindung, die aus Forschungen am St. Galler Managementinstitut
hervorgegangen ist, jedoch keine empirische Studie als Grundlage hat, sodass hier nur ein
Punkt angesetzt werden kann. Die Tatsache, dass aktive Unternehmensentwicklung durch
den Einfluss von Managementverhalten möglich und sinnvoll ist, lässt sich alleine schon
aus dem Antrieb von Schwaninger begründen, ein UES zu entwickeln. Beispielsweise
spricht er von Integraler Unternehmensentwicklung und beschreibt auf diese Weise die
Wirkungszusammenhänge zwischen Managementsystemen und Unternehmensentwicklung. Folglich sind hier zehn Punkte angemessen. Weiter bezeichnet er sein UES als
Instrument zur planvollen Unternehmensentwicklung und bestätigt damit, dass
Unternehmensentwicklung als planvoll steuerbarer Prozess möglich ist. Dafür erhält er
weitere zehn Punkte. Schließlich existiert in seinem Ansatz ein sehr umfangreiches konzeptionelles Grundmodell mit detaillierten Ableitungen praxisrelevanter Vorgaben, wofür

er weitere zehn Punkte erlangt. Unter Berücksichtigung der entsprechenden Gewichtungsfaktoren ergibt sich für diesen Ansatz ein Nutzwert von 6,2.

Womack, Jones und Roos haben mit ihrer veröffentlichten MIT-Studie zur amerikanischen, europäischen und japanischen Automobilherstellern und ihren Netzwerken in jedem Falle ein Umdenken sowohl in Unternehmen als auch in Politik und Wirtschaft bewirkt. Die internationale Anerkennung in Wissenschaft und Praxis steht damit außer Zweifel, was hier zehn Punkte gerechtfertigt. Der Beleg ihrer Erkenntnisse durch eine empirische Studie ist damit selbstverständlich auch erbracht, da die Ergebnisse ihrer weltweiten empirischen Studie ja gerade der Inhalt ihrer Ausführungen sind. Folglich sind auch hier zehn Punkte angemessen. Die Tatsache, dass aktive Unternehmensentwicklung durch den Einfluss von Managementverhalten möglich ist, belegt ihre Erkenntnis, dass weltweit alle Länder nach dem zweiten Weltkrieg vor fast der gleichen Ausgangssituation standen und lediglich die japanische Art und Weise der Unternehmensführung und der Unternehmensentwicklung dazu beigetragen hat, dass in sehr kurzer Zeit überdurchschnittlich hohe nachhaltige Erfolge erzielt werden konnten. Folglich werden auch hier zehn Punkte vergeben. Die Unternehmensentwicklung als planvoll steuerbaren Prozess ist allerdings nicht gleich auf den ersten Blick zu erkennen. Zwar sind entsprechende Instrumente vorhanden, aber im Vergleich zu anderen Ansätzen nur schwach ausgeprägt. Hier werden nur fünf Punkte angesetzt. Auch das konzeptionelle Grundmodell der untersuchten japanischen Unternehmen ist zu erkennen, allerdings sind hier sicher andere bereits präsentierte Ansätze zur Unternehmensentwicklung detaillierter. Die Ableitung praxisrelevanter Vorgaben lässt sich aus den Schilderungen zu den einzelnen Unternehmen sehr gut nachvollziehen. Alles in allem sind hier fünf Punkte sinnvoll. Unter Berücksichtigung der entsprechenden Gewichtungsfaktoren ergibt sich für diesen Ansatz ein Nutzwert von 9,0.

Der Ansatz zur Unternehmensentwicklung von **Kobayashi** ist in jedem Falle der praxisorientierteste und konkreteste Ansatz, der in dem vorliegenden Buch nun analysiert und beurteilt wird. Allerdings ist dieser Ansatz noch sehr jung und genießt folglich noch geringe internationale Anerkennung in Wissenschaft und Praxis. Es existieren derzeit weltweit etwa 300 Anwendungen in Unternehmen und bereits einige wissenschaftliche Institute, Universitäten und Fachhochschulen beschäftigen sich mit diesem Ansatz. Hier erscheinen fünf Punkte folglich angemessen zu sein. Der Beleg durch eine anerkannte empirische Studie existiert derzeit nicht, sodass hier nur ein Punkt vergeben werden kann. Der Ansatz von Kobayashi beschreibt ein Unternehmensentwicklungsprogramm, dass die aktive Unternehmensentwicklung durch den Einfluss von Managementverhalten organisiert, sodass hier in jedem Falle zehn Punkte sinnvoll sind. Durch entsprechende Systematiken und Methoden wird in diesem Ansatz die Unternehmensentwicklung zum planvoll steuerbaren Prozess, sodass auch in diesem Bewertungskriterium zehn Punkte gerechtfertigt sind. Schließlich existiert auch ein sehr detailliertes konzeptionelles Grundmodell und es ergeben sich aus entsprechendem Anwendungsmaterial konkrete umfangreiche Ableitungen praxisrelevanter Vorgaben. Folglich wird auch dieses Kriterium auf zehn Punkte taxiert. Unter Berücksichtigung der entsprechenden Gewichtungsfaktoren ergibt sich für diesen Ansatz ein Nutzwert von 6,2.

Ziel-kriterien	Gewichtung = G / Bewertung = B	Pümpin / Prange		Bleicher		Schwaningar		Womack/Jones/Roos		Kobayashi		▬		▬		▬		▬		▬	
	G	B	G x B	B	G x B	B	G x B	B	G x B	B	G x B	B	G x B	B	G x B	B	G x B	B	G x B	B	G x B
Internationale Anerkennung in Wissenschaft und Praxis	0,4	5	2	5	2	5	2	10	4	5	2	0	0	0	0	0	0	0	0	0	0
Beleg durch anerkannte ampirische Studien	0,2	1	0,2	1	0,2	1	0,2	10	2	1	0,2	0	0	0	0	0	0	0	0	0	0
aktive Unternehmensentwicklung durch Einfluss von Managementverhalten	0,2	1	0,2	10	2	10	2	10	2	10	2	0	0	0	0	0	0	0	0	0	0
unternehmensentwicklung als planvoll steuerbaren Prozess	0,1	1	0,1	5	0,5	10	1	5	0,5	10	1	0	0	0	0	0	0	0	0	0	0
Konzeptionelles Grundmodell und Ableitung praxisrelevanter Vorgaben	0,1	5	0,5	10	1	10	1	5	0,5	10	1	0	0	0	0	0	0	0	0	0	0
Gesamtwert:		Σ	3	Σ	5,7	Σ	6,2	Σ	9	Σ	6,2	Σ	0	Σ	0	Σ	0	Σ	0	Σ	0

Alternative Ansätze der Unternehmensentwichlung

Abb. 3.4 Ergebnismatrix der Nutzwertanalyse zur horizontalen Eingrenzung

Die in der Abb. 3.4 gezeigte **Ergebnismatrix der Nutzwertanalyse zur horizontalen Eingrenzung** fasst die Analyseergebnisse auch hier übersichtlich zusammen. Wie auch hier eindeutig zu erkennen ist, hat der Ansatz von Womack, Jones und Roos auf Basis der ausgewählten Bewertungskriterien, der entsprechenden Gewichtungsfaktoren und der durchgeführten Bewertung mit 9,0 den höchsten Nutzwert erzielt. Folglich wird dieser Ansatz bei der Herleitung des Grundmodells für das Grundmodell betriebswirtschaftlicher Nachhaltigkeit auf der horizontalen Ebene herangezogen.

3.4 Ableitung des Grundmodells

Auf Basis der Durchführung einer umfangreichen Nutzwertanalyse wurde eine vertikale und eine horizontale Eingrenzung der im Rahmen dieses Buches vorgestellten Ansätze zur Unternehmensführung und Unternehmensentwicklung vorgenommen. Damit stehen die jeweiligen Komponenten für das zweidimensionale **Grundmodell** des Transformationsmodells zur Unternehmensführung durch Unternehmensentwicklung fest. Für die vertikale Komponente der Unternehmensführung wurde der Ansatz von Steinmann/ Schreyögg und für die horizontale Komponente der Unternehmensentwicklung der Ansatz von Womack/Jones und Roos ausgewählt. Nachdem die beiden Komponenten für das Grundmodell nun festliegen, stellt sich die Frage, wie nun das Grundmodell abgeleitet werden könnte. Die Antwort auf diese Frage liegt auf der Hand. In beiden Ansätze wird eine innere Struktur aufgebaut, die als Grundlage für die Gliederung der entsprechenden Ansätze dient. Augenscheinlich ist also die methodisch sinnvollste Vorgehensweise, gerade diese innere Struktur der entsprechenden Ansätze für die Strukturierung des Grundmodells heranzuziehen. Was heißt das nun konkret?

Der **Ansatz zur Unternehmensführung von Steinmann/Schreyögg** unterscheidet in seinem Grundmodell für den Managementprozess fünf verschiedene Managementfunktionen. Diese fünf Managementfunktionen gliedern sein Grundmodell und strukturieren alle weiteren Inhalte. Diese Managementfunktionen sind im Einzelnen die:

- Planung,
- Organisation,
- Personaleinsatz,
- Führung und
- Kontrolle.[10]

Folglich legen diese fünf Begriffe die vertikale Struktur des Grundmodells fest. Der **Ansatz zur Unternehmensentwicklung von Womack, Jones und Roos**unterscheidet fünf verschiedene Elemente der schlanken Produktion. Diese Elemente gliedern auch hier das Grundmodell und strukturieren alle weiteren Inhalte. Diese Elemente sind im Einzelnen:

- der Fabrikbetrieb,
- die Entwicklung des Autos,
- die Koordinierung der Zulieferkette,
- der Umgang mit den Kunden und
- das Management des schlanken Unternehmens.[11]

Folglich legen diese fünf Begriffe die horizontale Struktur des Grundmodells fest. Damit ist die Basisstruktur des Grundmodells für das Grundmodell betriebswirtschaftlicher Nachhaltigkeit abgeleitet. Es stellt sich nun die Frage nach der Bedeutung der einzelnen Felder innerhalb der Matrixstruktur. Sie beschreiben zunächst einmal die Wechselwirkungen und Schnittstellen beider Ansätze, wenn sie miteinander kombiniert werden. Die systematisch inhaltliche Ausgestaltung dieser einzelnen Elemente ist Bestandteil des vierten Kapitels.

Zur allgemeinen Veranschaulichung stellt die Abb. 3.5 nun das Grundmodell mit den entsprechenden Elementen innerhalb der Matrixstruktur übersichtlich dar.

---

[10]vgl. **Steinmann, Dr. Horst; Schreyögg, Dr. Georg**: Management, S. 8–9, 5. Aufl., Betriebswirtschaftlicher Verlag Dr. Th. Gabler, Wiesbaden, 2000.

[11]vgl. **Womack, James P.; Jones, Daniel T.; Roos, Daniel**: Die zweite Revolution in der Autoindustrie, S. 5, 8. Aufl., Campus Verlag, Frankfurt a. M., New York, 1994.

MIT-Studie Steinmann/ Schreyögg	Der Fabrikbetrieb	Die Entwicklung	Die Koordinierung der Zulieferkette	Umgang mit den Kunden	Dar Management des schlanken Unternehmens
Planung	Planung: Fabrikbetrieb	Planung: Entwicklung	Planung: Koordinierung der Zulieferkette	Planung: Umgang mit den Kunden	Planung: Management des schlanken Unternehmens
Organisation	Organisation: Fabrikbetrieb	Organisation: Entwicklung	Organisation: Koordinierung der Zulieferkette	Organisation: Umgang mit den Kunden	Organisation: Management des schlanken Unternehmens
Personal- einsatz	Personaleinsatz: Fabrikbetrieb	Personaleinsatz: Entwicklung	Personaleinsatz: Koordinierung der Zulieferkette	Personaleinsatz: Umgang mit den Kunden	Personaleinsatz: Management des schlanken Unternehmens
Führung	Führung: Fabrikbetrieb	Führung: Entwicklung	Führung: Koordinierung der Zulieferkette	Führung: Umgang mit den Kunden	Führung: Management des schlanken Unternehmens
Kontrolle	Kontrolle: Fabrikbetrieb	Kontrolle: Entwicklung	Kontrolle: Koordinierung der Zulieferkette	Kontrolle: Umgang mit den Kunden	Kontrolle: Management des schlanken Unternehmens

Abb. 3.5 Grundmodell betriebswirtschaftlicher Nachhaltigkeit

3.5   Bewertung der Vorgehensweise zur Herleitung des Grundmodells

In diesem Kapitel wird nachfolgend nun eine kurze Bewertung der Vorgehensweise zur theoriegestützten Herleitung des Grundmodells vorgenommen.

Ziel des gesamten dritten Kapitels war die theoriegestützte Herleitung des Grundmodells für das Transformationsmodell nachhaltiger Unternehmensführung und Unternehmensentwicklung. Da sich das vorliegende Buch mit den zwei Dimensionen Unternehmensführung und Unternehmensentwicklung auseinandersetzt, wurde deutlich, dass es sich bei dem Grundmodell um ein zweidimensionales Modell handeln musste. Im Sinne dieser Zweidimensionalität wird die Struktur des Grundmodells aus einer horizontalen und einer vertikalen Komponente bestehen. Die horizontale Komponente wurde als Unternehmensführung und die vertikale Komponente als Unternehmensentwicklung definiert.

Die **Vorgehensweise** bei der Auswahl des entsprechenden Ansatzes zur Unternehmensführung und Unternehmensentwicklung bestand zunächst darin, die Entscheidungstheorie heranzuziehen. Es wurden einführend deren Grundlagen dargestellt, um eine sinnvolle entscheidungstheoretische Methode auszuwählen, die für das hier zugrunde liegende Entscheidungsproblem geeignet war. Die Nutzwertanalyse wurde als geeignete Methode zur Lösung des vorliegenden Entscheidungsproblems ausgewählt. Nach Darstellung der Nutzwertanalyse ist zunächst einmal die Auswahl geeigneter Bewertungskriterien des Ansatzes zur Unternehmensführung vorgenommen worden. Anschließend erfolgte eine entsprechende Gewichtung, um schließlich jeden einzelnen im zweiten Kapitel präsentierten Ansatz zur Unternehmensführung systematisch zu bewerten. Das gleiche Verfahren wurde auch für die entsprechenden Ansätze zur Unternehmensentwicklung angewandt. Abschließend erfolgte die Gegenüberstellung der jeweiligen Strukturen der beiden ausgewählten Ansätze. Auf diese Weise konnte die Matrixstruktur des Grundmodells abgeleitet und dargestellt werden.

Im Rahmen der **Bewertung** der Vorgehensweise zur Herleitung des Grundmodells ist zunächst nochmals grundsätzlich festzuhalten, dass die in diesemBuch angewandte Systematik nur ein Weg ist, um der vorliegenden Fragestellung auf den Grund zu gehen. Selbstverständlich sind auch andere Wege zur Durchführung dieser Untersuchung denkbar. Jedoch basiert der in dieser Arbeit gewählte Weg zur Erforschung der vorliegenden Fragestellung auf umfangreichen Studien und tief greifenden konzeptionellen Überlegungen. Aus Sicht des Autors erscheint diese Vorgehensweise überaus erfolgreich gewesen zu sein, da durch sie das erstrebte Ziel dieses Kapitels eindeutig erreicht wurde.

Im nachfolgenden vierten Kapitel werden nun die einzelnen Elemente aus dem Inneren der Matrixstruktur des Grundmodells des Transformationsmodells zur Unternehmensführung durch Unternehmensentwicklung systematisch inhaltlich ausgestaltet.

Transformationsmodell nachhaltiger Unternehmensführung durch Unternehmensentwicklung

4

Zusammenfassung

Ziel dieses Kapitels ist die Strukturierung und Ausgestaltung der einzelnen Elemente des Grundmodells. Zur Strukturierung der Elemente ist augenscheinlich eine prozessorientierte Herangehensweise sinnvoll, das heißt die Orientierung an der Abfolge des Managementprozesses. Da sich nun der Managementprozess in die Prozessschritte Planung, Organisation, Personaleinsatz, Führung und Kontrolle aufgliedert, ergibt sich zwangsläufig eine Strukturierung der Elemente in diese fünf Gruppen. Diese fünf Gruppen werden nachfolgend **Module** genannt. Folglich ergeben sich für das Grundmodell betriebswirtschaftlicher Nachhaltigkeit folgend Module:

- Planungsmodul,
- Organisationsmodul,
- Personaleinsatzmodul,
- Führungsmodul und
- Kontrollmodul.

Auf Grundlage der in Kapitel zwei dargestellten Inhalte des Ansatzes von Steinmann und Schreyögg sowie des Ansatzes von Womack, Jones und Roos werden diese fünf Module nun nachfolgend auf Wirkungszusammenhänge untersucht und auf Basis dieser Wirkungszusammenhänge Ansätze für die praktische Ausgestaltung dieser einzelnen Transformationsthemen erarbeitet.

© Springer Fachmedien Wiesbaden 2016   127
M.C. Kemnitz, *Transformationsmodell nachhaltiger Unternehmensführung durch Unternehmensentwicklung*, DOI 10.1007/978-3-658-13867-7_4

4.1   Planungsmodul

Die **Planung** umfasst nach Steinmann/Schreyögg das Nachdenken darüber, was erreicht werden soll und wie es am besten zu erreichen ist. Dabei geht es im Wesentlichen um die Bestimmung der Zielrichtung, die Entfaltung zukünftiger Handlungsoptionen und die optimale Auswahl unter diesen. Die Pläne beinhalten unter anderem die Festsetzung von **Zielen, Rahmenrichtlinien, Programmen** und **Verfahrensweisen** zur Programmrealisierung für die Gesamtunternehmung oder einzelne ihrer Teilbereiche.[1] Die Begriffe Ziel, Rahmenrichtlinien, Programme und Verfahrensweisen sind für die vorliegende Fragestellung hinreichend eindeutig und werden daher hier nicht gesondert definiert. Diese Gedanken werden nun mit den inhaltlichen Anregungen aus der MIT-Studie von Womack, Jones und Roos verbunden, um Wechselwirkungen herauszuarbeiten. Dabei liefern die Ausführungen von Carl und Kiesel hilfreiche Unterstützung zur Gliederung dieser Inhalte. Siehe hierzu auch die Abb. 11 bis 16.[2]

4.1.1   Planung: Fabrikbetrieb

Im Rahmen der Planung soll, wie bereits oben ausgeführt, zunächst die **Zielrichtung** festgelegt werden. Was bedeutet dies jedoch für den Fabrikbetrieb? Für den Fabrikbetrieb bedeutet dies, ein schlankes Produktionssystem aufzubauen, das es erlaubt, Produkte mit höhere Qualität, mit größerer Flexibilität und Produktivität bei gleichzeitig niedrigeren Kosten herzustellen.[3] Alle Produktionsformen setzten der Unternehmensorganisation einen Aktionsrahmen. Unternehmen müssen nämlich eine in ihr institutionelles Umfeld passende Form oder Struktur finden. Institutionen bestimmen den Rahmen des Möglichen und strukturieren damit auch ihre ökonomischen Prozesse.[4] Dies kann in Form von **Rahmenrichtlinien** geschehen, die entsprechende Vorgaben an die Organisationsstrukturen im Unternehmen vornehmen. Die Planung im Fabrikbetrieb muss folglich auch Rahmenrichtlinien für die organisatorische Gestaltung des Unternehmens beinhalten.

Weiter müssen im Rahmen der Planung im Fabrikbetrieb geeignete **Programme** ausgewählt werden, um die allgemeine Zielsetzung zu erreichen. Welche Programme sind nun geeignet zur Realisierung eines schlanken Produktionssystems? Nun zu diesem Punkt existieren in der wirtschaftswissenschaftlichen Fachliteratur unzählige Ansätze, die teilweise sehr ähnliche und teilweise völlig unterschiedliche Herangehensweisen propagieren.

---

[1] vgl. **Steinmann, Dr. Horst; Schreyögg, Dr. Georg**: Management, S. 9, 5. Aufl., Betriebswirtschaftlicher Verlag Dr. Th. Gabler, Wiesbaden, 2000.

[2] vgl. **Carl, Dr. Notger; Kiesel, Dr. Manfred**: Unternehmensführung – Methoden, Instrumente, Managementkonzepte, S. 253–264, Verlag Moderne Industrie, Landsberg/Lech, 2000.

[3] vgl. **Carl, Dr. Notger; Kiesel, Dr. Manfred**: Unternehmensführung – Methoden, Instrumente, Managementkonzepte, S. 260, Verlag Moderne Industrie, Landsberg/Lech, 2000.

[4] vgl. **Marwehe, Frauke**: Transfer von Produktionsformen und ihre institutionelle Reformierung, S. 56, Rainer Hampp Verlag, München, 2000.

Aus methodischen Gründen erscheint es an dieser Stelle sinnvoll zu sein, auf die im Rahmen dieser Arbeit bereits dargestellte Zusammenfassung von Notger Carl und Manfred Kiesel zurückzugreifen. Selbstverständlich ist auch diese Zusammenstellung nicht die einzig richtige, dennoch ist sie ein Weg um die Programme zur Umsetzung eines schlanken Produktionssystems zu strukturieren.

Für den Fabrikbetrieb sind dementsprechend folgende Programme zu nennen:

- flexible Maschinen
- sinnvolle Automatisierung
- geringe Rüstzeiten
- fertigungsnahe Produktionssteuerung
- integrierte Qualitätskontrolle
- relativ homogene Ausbildung
- Gruppenarbeit
- wechselnde Arbeitsplätze[5]

Die **Verfahrensweise** zur Programmrealisierung ergibt sich zum einen aus der Organisation des Umsetzungsprozesses und zum anderen aus entsprechenden allgemeingültigen Methoden und Techniken. Im Verlaufe dieses Buches werden diese beiden Aspekte im Rahmen der Module Organisation und Führung inhaltlich ausgestaltet.

4.1.2   Planung: Entwicklung

Die **Zielrichtung** der Entwicklung ist die Simultane Entwicklung. Nach dieser Logik wird bereits bei der Erstellung des Rahmenheftes zur Beschreibung eines Produktes alle tangierten internen Bereiche der Entwicklung, der Produktion, des Vertriebs, des Einkaufs und des Controllings sowie die externen Zulieferer und unter Umständen sogar schon die Kunden in ein Team integriert, um von Anfang an alle Ideen mit einzubeziehen. Auf diese Weise hat jeder Beteiligte das gleiche Informationsniveau, sodass gleichzeitig in verschiedenen Bereichen am gleichen Projekt gearbeitet werden kann. Am Ende wird dadurch bei einer höheren Informationskomplexität eine Parallelisierung von Prozessen erzielt. Diese Vorgehensweise ermöglicht kürzere Entwicklungszeiten, spart Kosten und Fehlleistungen werden früher erkannt, die dann zu geringeren Kosten korrigiert werden können. Trends können besser berücksichtigt werden und auf aktuelle Marktanforderungen kann schneller eingegangen werden.[6] Auch bezogen auf die Entwicklung von Produkten müssen Unternehmen die in ihr

---

[5] vgl. **Carl, Dr. Notger; Kiesel, Dr. Manfred**: Unternehmensführung – Methoden, Instrumente, Managementkonzepte, S. 263, Verlag Moderne Industrie, Landsberg/Lech, 2000.

[6] vgl. **Carl, Dr. Notger; Kiesel, Dr. Manfred**: Unternehmensführung – Methoden, Instrumente, Managementkonzepte, S. 255–256, Verlag Moderne Industrie, Landsberg/Lech, 2000.

institutionelles Umfeld passende Form oder Struktur finden.[7] Dies kann auch hier in Form von **Rahmenrichtlinien** geschehen, die entsprechende Vorgaben an die Organisationsstrukturen im Unternehmen vornehmen.

Die Ableitung der **Programme** für die Entwicklung erfolgt analog zu der Planung im Fabrikbetrieb auf der Grundlage der Zusammenfassung von Notger Carl und Manfred Kiesel.

Für die Entwicklung sind dementsprechend folgende Programme zu nennen:

- Simultaneous Engineering
- frühzeitige Einbeziehung aller beteiligten Bereiche
- gemeinschaftliche Definitionen im Lastenheft
- gemeinsame Verantwortung
- frühzeitige Korrektur möglich
- ständige gegenseitige Information
- kurze Entwicklungszeit
- Projektorganisation
- Parallelisierung von Prozessen.[8]

Auch in der Planung der Entwicklung ergibt sich die **Verfahrensweise** zur Programmrealisierung zum einen aus der Organisation des Umsetzungsprozesses und zum anderen aus entsprechenden allgemeingültigen Methoden und Techniken. Für die Entwicklung gilt an dieser Stelle ebenfalls, dass im Verlaufe dieses Buches diese beiden Aspekte im Rahmen der Module Organisation und Führung inhaltlich ausgestaltet werden.

4.1.3   Planung: Koordinierung der Zulieferkette

Einkaufspreise lassen sich nun mal nicht beliebig reduzieren, denn auch der Lieferant hat Kosten und wenn diese höher werden als der erzielte Verlaufspreis, dann ist das Geschäft für ihn nicht mehr lukrativ. Allerdings verursacht es sehr großen Aufwand und Kosten, einen neuen Lieferanten zu suchen, der in der Lage ist, in vorgegebener Qualität und mit eingehaltenen Terminen zu liefern. Die **Zielrichtung** der Koordinierung der Zulieferkette ist folglich die stärkere Einbindung der Zulieferer in die Wertschöpfungskette, um gemeinsam neues Potenzial zu erschließen. Auf diesem Wege wird eine langfristige Partnerschaft mit dem Lieferanten angestrebt.[9]

---

[7] vgl. **Marwehe, Frauke**: Transfer von Produktionsformen und ihre institutionelle Reformierung, S. 56, Rainer Hampp Verlag, München, 2000.

[8] vgl. **Carl, Dr. Notger; Kiesel, Dr. Manfred**: Unternehmensführung – Methoden, Instrumente, Managementkonzepte, S. 257, Verlag Moderne Industrie, Landsberg/Lech, 2000.

[9] vgl. **Regber, Holger; Zimmermann, Klaus**: Change Management in der Produktion, S. 266–267, Verlag Moderne Industrie, Landsberg/Lech, 2001.

Dies ist jedoch nur möglich, da man in schlanken Unternehmen mit wenigen Lieferanten zusammenarbeitet. Dadurch sind Hersteller und Zulieferer stärker voneinander abhängig.[10] Die Lieferantenauswahl und Lieferantenstruktur sollte Bestandteil der **Rahmenrichtlinien** der Koordinierung der Zulieferkette sein. Darüber hinaus sind selbstverständlich auch hier entsprechende Vorgaben an die Organisationsstrukturen im Unternehmen vorzunehmen.

Für die Koordinierung der Zulieferkette erfolgt die Ableitung der **Programme** auch auf der Grundlage der Zusammenfassung von Notger Carl und Manfred Kiesel. Folglich sind für die Koordinierung der Zulieferkette diese Programme zu nennen:

• Single Sourcing
• Dual Sourcing bei Volumenteilen
• Kooperationsbeziehungen
• hoher Zukaufanteil, geringe Wertschöpfung
• Systemlieferanten
• Just-in-time, Just-in-sequence[11]

Die **Verfahrensweise** zur Koordinierung der Zulieferkette ergibt sich zunächst aus der Organisation des Umsetzungsprozesses sowie aus der Anzahl und Struktur der Lieferanten. Weitere Verfahren zur Programmrealisierung sind durch die entsprechenden allgemeingültigen Methoden und Techniken vorgegeben. Für die Koordinierung der Zulieferkette gilt an dieser Stelle ebenfalls, dass im Verlaufe dieses Buches diese beiden Aspekte im Rahmen der Module Organisation und Führung inhaltlich ausgestaltet werden.

4.1.4   Planung: Umgang mit den Kunden

Die **Zielrichtung** im Umgang mit den Kunden ist die völlige Neugestaltung der Vertriebsorganisation. Dezentrale Einheiten, sogenannte Megadealer, die direkt vom Hersteller geführt werden verkaufen direkt an den Endverbraucher. Auf diesem Wege können die Lieferzeiten verringert werden und eine höhere „Nähe am Kunden" mit entsprechenden Rückkopplungsmöglichkeiten erzielt werden. In der Automobilbranche wird der Vertrieb über Megadealer, die mehrere Marken unter einem Dach anbieten, genauso selbstverständlich werden, wie der Vertrieb über das Internet. Dank grafischer Präsentationsmöglichkeiten im Internet kann in Zukunft auf kapital- und raumbindende physische Warenpräsentation verzichtet werden. Die direkte Vernetzung mit dem Hersteller lässt überdies hinaus eine schnelle Disposition zu, wobei die Back-Office Funktionen wie das Kundenmanagement

---

[10] vgl. **Carl, Dr. Notger; Kiesel, Dr. Manfred**: Unternehmensführung – Methoden, Instrumente, Managementkonzepte, S. 257, Verlag Moderne Industrie, Landsberg/Lech, 2000.

[11] vgl. **Carl, Dr. Notger; Kiesel, Dr. Manfred**: Unternehmensführung – Methoden, Instrumente, Managementkonzepte, S. 260, Verlag Moderne Industrie, Landsberg/Lech, 2000.

in zentralen Einheiten zusammengefasst wird.[12] Diese Darstellung der Zielrichtung macht deutlich, welche tief greifenden Veränderungsvorgaben sich daraus für die Organisationsstrukturen im Unternehmen ergeben. Der organisatorische Rahmen für die neue Vertriebsorganisation und Vertriebsstrukturen muss definiert und strukturiert werden. Diese Vorgaben sollten in Form von **Rahmenrichtlinien** zusammengestellt werden.

Die Ableitung der **Programme** für den Umgang mit den Kunden erfolgt wiederum auf der Grundlage der Zusammenfassung von Notger Carl und Manfred Kiesel. Folgende Programme sind in diesem Zusammenhang zu nennen:

- individuelle Güter
- hohe Variantenzahl
- häufige Modellwechsel
- einstufiger Vertrieb
- Produktfindung beim Kunden
- hohe Serviceintensität[13]

Die Neugestaltung der Vertriebsorganisation und der Vertriebsstrukturen erzwingt Veränderungen in der Organisation der Unternehmung und diese determinieren die **Verfahrensweise** zur Programmrealisierung. Gleichzeitig ergeben sich entsprechende Verfahrensweisen auch hier aus den allgemeingültigen Methoden und Techniken der Programme. Im Verlaufe dieses Buches werden diese Aspekte im Rahmen der Module Organisation und Führung inhaltlich ausgestaltet.

4.1.5 Planung: Management des schlanken Unternehmens

Im Vergleich zu westlich orientierten Unternehmen machen sich die soziokulturellen Besonderheiten Japans bei vielen mentalen Bestandteilen der schlanken Unternehmensführung bemerkbar. In den Phasen des Leistungsprozesses vermittelt eine Gegenüberstellung von Taylorismus in der reinen Form und der ebenfalls hier idealisierten schlanken Unternehmensführung, ein Bild über die völlig unterschiedlichen Managementkonzeptionen.[14] Folglich ist die **Zielsetzung** an dieser Stelle der Transfer von traditionell tayloristischer Unternehmensführung zur schlanken Unternehmensführung. Für diesen Wandel muss eine zur Zielrichtung passende Form oder Struktur gefunden werden. Dieser institutionelle Rahmen sollte in Form von **Rahmenrichtlinien** definiert und mit

---

[12] vgl. **Carl, Dr. Notger; Kiesel, Dr. Manfred**: Unternehmensführung – Methoden, Instrumente, Managementkonzepte, S. 263–264, Verlag Moderne Industrie, Landsberg/Lech, 2000.

[13] vgl. **Carl, Dr. Notger; Kiesel, Dr. Manfred**: Unternehmensführung – Methoden, Instrumente, Managementkonzepte, S. 264 Verlag Moderne Industrie, Landsberg/Lech, 2000.

[14] vgl. **Carl, Dr. Notger; Kiesel, Dr. Manfred**: Unternehmensführung – Methoden, Instrumente, Managementkonzepte, S. 253 Verlag Moderne Industrie, Landsberg/Lech, 2000.

entsprechenden Vorgaben an die Organisationsstrukturen im Unternehmen ausgestaltet werden.

Die grundsätzlichen **Programme** für das Management des schlanken Unternehmens werden auch hier auf der Grundlage der Zusammenfassung von Notger Carl und Manfred Kiesel abgeleitet und werden nun zusammenfassend genannt:

- Gruppendenken
- Konsens
- Gruppenverantwortung
- „On" (Dankbarkeit) „Gaman" (Leidensfähigkeit)
- Senioritätsprinzip
- „Giri" (gegenseitige Verpflichtung)
- lebenslange Beschäftigung
- sowohl als auch Prinzip
- Selbstverantwortung[15]

Eine ideale **Verfahrensweise** für den Transfer von traditionell tayloristischer Unternehmensführung zur schlanken Unternehmensführung existiert aus praktischer Sicht wahrscheinlich nicht. Dennoch sollten organisatorische Rahmen und Strukturen im Unternehmen so geplant werden dass sich der Wandel organisieren lässt. Die inhaltlich konkreten Verfahrensweisen zur Bildung einer schlanken Unternehmensführung ergeben sich auch hier aus den Methoden und Techniken der einzelnen Programme. Sie gilt es in den Kapiteln Organisation und Führung mit Inhalt zu füllen und auszugestalten.

4.2   Organisationsmodul

Nach Steinmann/Schreyögg umfasst die Planung lediglich gedankliche Arbeit. Im Rahmen der Managementfunktion **Organisation** wird hingegen in einem ersten Umsetzungsschritt ein Handlungsgefüge herzustellen versucht, das alle notwendigen Aufgaben spezifiziert und so aneinander anschließt, dass eine Realisierung der Pläne gewährleistet ist. Die Schaffung von überschaubaren plangerechten Aufgabeneinheiten, Stellen und Abteilungen mit Zuweisung von entsprechenden Kompetenzen und Weisungsbefugnissen, sowie die horizontale und vertikale Verknüpfung der ausdifferenzierten Stellen und Abteilungen zu einer Einheit, steht hier im Vordergrund. Zusätzlich gehört dazu die Einrichtung eines Kommunikationssystems, das die eingerichteten Stellen mit den zur Aufgabenerfüllung notwendigen Informationen versorgt.[16]

[15] vgl. **Carl, Dr. Notger; Kiesel, Dr. Manfred**: Unternehmensführung – Methoden, Instrumente, Managementkonzepte, S. 253 Verlag Moderne Industrie, Landsberg/Lech, 2000.

[16] vgl. **Steinmann, Dr. Horst; Schreyögg, Dr. Georg**: Management, S. 9, 5. Aufl., Betriebswirtschaftlicher Verlag Dr. Th. Gabler, Wiesbaden, 2000.

Zur Strukturierung dieser Aspekte werden nun aus methodischen Gründen drei Schwerpunktgruppen gebildet. Die erste Gruppe beinhaltet die Schaffung von Aufgabeneinheiten, Stellen, Abteilungen, Kompetenzen und Weisungsbefugnissen und wird nachfolgend unter dem Begriff der **Stellenbeschreibungen** subsumiert. Eine Stellenbeschreibung ist der formularmäßige Ausweis aller wesentlichen Merkmale einer Stelle und ist damit ein Dokumentationsmittel der Aufbauorganisation. Sie wird auch als Arbeitsplatzbeschreibung, Tätigkeitsbeschreibung oder Job Description bezeichnet. Oft sind Stellenbeschreibungen ein bedeutender Bestandteil von Organisationshandbüchern.[17] Die zweite Gruppe beschreibt die horizontalen und vertikalen Verknüpfungen der Organisationseinheiten und wird nachfolgend unter dem Begriff **Organisationsstrukturen** zusammengefasst. Schließlich wird in der dritten Gruppe die Einrichtung eines **Kommunikationssystems** beschrieben. Die Begriffe Organisationsstrukturen und Kommunikationssystem sind für die vorliegende Fragestellung hinreichend eindeutig und werden daher nicht definiert.

Analog zum Planungsmodul werden diese Gedanken nun mit den inhaltlichen Anregungen aus der MIT-Studie von Womack, Jones und Roos verbunden, um Wechselwirkungen herauszuarbeiten, dabei liefern die Ausführungen von Carl und Kiesel hilfreiche Unterstützung zur Gliederung dieser Inhalte. Siehe hierzu auch die Abb. 11 bis 16.[18]

4.2.1 Organisation: Fabrikbetrieb

Auf der Grundlage der Planung wird nun im Rahmen der Organisation im Fabrikbetrieb ein Handlungsgefüge zur Realisierung der Pläne aufgebaut. Der Systematik von Steinmann/ Schreyögg folgend sind zunächst **Stellenbeschreibungen** im Fabrikbetrieb zu entwickeln. Im Speziellen bedeutet das zunächst, dass zur Einrichtung von flexiblen Maschinen, sinnvoller Automatisierung und Reduzierung der Rüstzeiten entsprechende Stellen und Verantwortungsbereiche geschaffen werden müssen, die eigenverantwortlich im Sinne einer schlanken Organisation entsprechende Projekte mit entsprechenden Zielsetzungen umsetzen. Das heißt, es sollte so etwas wie einen oder mehrere entsprechende Maschinen Experten im Unternehmen geben, welche diese Aufgaben erledigen. Bezogen auf die Produktionssteuerung, müssen in den Produktionsbereichen Stellen gebildet werden, die fertigungsnah Aufträge auf der Grundlage von entsprechender Planung steuern. Im Sinne einer Gruppenarbeit, könnte dies die Stelle eines Gruppenleiters sein. Zusätzlich zur Produktionssteuerung, müsste die Gruppe dann noch Ihre eigenen Maßnahmen zur integrierten Qualitätskontrolle planen und durchführen. Schließlich soll auf Basis von häufig wechselnden Arbeitsplätzen der Monotonie entgegengewirkt werden und dadurch die Arbeitszufriedenheit gesteigert werden. Dies alles

---

[17] **Rahn, Horst-Joachim**: Unternehmensführung, S. 301, 4. Aufl., Kiehl Verlag, Ludwigshafen, 2000.

[18] vgl. **Carl, Dr. Notger; Kiesel, Dr. Manfred**: Unternehmensführung – Methoden, Instrumente, Managementkonzepte, S. 253–264, Verlag Moderne Industrie, Landsberg/Lech, 2000.

ist jedoch nur durch eine relativ homogene Ausbildung möglich.[19] Neue Stellen mit neuen Aufgabeninhalten, neuer Verantwortung, neuen Kompetenzen erfordern neue Fähigkeiten der Mitarbeiter in Unternehmungen.

Die Bildung von **Organisationsstrukturen** durch die vertikale und horizontale Verknüpfung von Stellen und Organisationseinheiten, ist der nächste Schritt. Im Fabrikbetrieb bedeutet dies, das neue Verknüpfungen zwischen den neu gebildeten Stellen so herzustellen sind, sodass eine schlanke Organisationsstruktur entsteht. Da die einzelnen Organisationseinheiten nicht völlig unabhängig voneinander agieren können, muss die Kommunikation zwischen den Organisationseinheiten organisiert werden.

Ziel dieses **Kommunikationssystem** ist es, Wissende und Wissensbedürftige miteinander ins Gespräch zu bringen. Kommunikation ermöglicht hier Austausch und Diskussionen, was jedoch Freiräume im doppelten Sinne voraussetzt. Zum einen müssen Räume oder auch Orte im Unternehmen geschaffen werden, die diesen Austausch gestatten. Zum anderen muss Zeit für Kommunikation zur Verfügung gestellt werden. Beispielsweise stellen einige Unternehmen ihren Mitarbeitern eine Stunde der Arbeitszeit pro Woche für Diskussionen zur Verfügung während andere regelmäßige Erfahrungsaustausche organisieren. Hier können die einzelnen Bereiche ihre Ergebnisse aus dem Veränderungsprozess zur schlanken Produktion präsentieren und erleben zugleich wie in anderen Bereichen Probleme gelöst wurden. Wichtig ist nur, dass jemand die Initiative zur Erfassung, Aufbereitung und Verteilung des Wissens ergreift. Dies kann ein Mitarbeiter aus der Personalabteilung, aus der Berufsbildung oder ein Prozessbegleiter sein.[20]

4.2.2 Organisation: Entwicklung

Auch für den Bereich der Entwicklung gilt es nun im Rahmen der Organisation die **Stellenbeschreibungen** zu generieren. Wie bereits dargestellt wurde, wird in schlanken Unternehmen im Rahmen der Führung eines Produktentwicklungsprojektes eine Variante des shusa-Systems angewandt das Toyota erstmals eingeführt hatte. Der shusa ist der Boss, der starke Projektleiter; dessen Aufgabe es ist, ein neues Produkt zu entwerfen, durchzukonstruieren und es in die Produktion zu bringen. Die Position des shusa ist in den besten japanischen Unternehmen mit großer Macht ausgestattet und ist vielleicht die erstrebenswerteste im Unternehmen.[21] Folglich muss diese Stelle gebildet und ausgestaltet werden. Zusätzlich stellt der shusa ein kleines Entwicklungsteam zusammen, dessen Mitarbeiter für die gesamte Dauer des Projektes diesem zugewiesen sind. Die Mitarbeiter kommen aus

---

[19] vgl. **Carl, Dr. Notger; Kiesel, Dr. Manfred**: Unternehmensführung – Methoden, Instrumente, Managementkonzepte, S. 263 Verlag Moderne Industrie, Landsberg/Lech, 2000.

[20] vgl. **Regber, Holger; Zimmermann, Klaus**: Change Management in der Produktion, S. 232–233, Verlag Moderne Industrie, Landsberg/Lech, 2001.

[21] vgl. **Womack, James P.; Jones, Daniel T.; Roos, Daniel**: Die zweite Revolution in der Autoindustrie, S. 117–119, 8. Aufl., Campus Verlag, Frankfurt a.M., New York, 1994.

verschiedenen Fachabteilungen und bleiben mit Ihnen in Verbindung, obgleich sie während der Dauer des Programms eindeutig unter der Kontrolle des shusa stehen.[22] Dies hat tief greifende Konsequenzen für die Aufgabeninhalte, Zuständigkeiten und Verantwortungsbefugnis, der einzelnen Entwicklungsingenieure. Die Stellenbeschreibungen müssen dementsprechend ausgerichtet werden.

Diese neu gebildeten und veränderten Stellen initiieren logischerweise auch Veränderungen in den **Organisationsstrukturen** des Unternehmens. Entwicklungsingenieure sind plötzlich organisatorisch nicht nur an die entsprechende Fachabteilung gebunden, sondern werden auch einem speziellen Produktentwicklungsteam zugeordnet. Auf den ersten Blick bedeutet das den Verlust der eindeutig eindimensionalen Führung. Augenscheinlich entsteht hier der Nährboden für Interessenskonflikte zwischen Fachabteilung und Produktentwicklungsteam, dessen leidtragender der Entwicklungsingenieur sein wird. Genau dies gilt es zu vermeiden und im Rahmen der Spezifizierung der Organisationsstrukturen sowie deren vertikale und horizontale Verknüpfung, zu regeln.

Die zurückliegende Ausführung zur Organisation in der Entwicklung machen sehr stark deutlich dass hier ein hohes Maß an Kommunikation zwischen dem shusa, den Teammitgliedern und den entsprechenden Fachabteilungen erforderlich ist. Folglich sind die Anforderungen an das **Kommunikationssystem** gerade in der Entwicklung sehr hoch. Gerade die gemeinschaftlichen Definitionen im Lastenheft, die gemeinsame Verantwortung, frühzeitige Korrektur von Fehlern und die ständige gegenseitige Information machen deutlich, dass hier nur ein leistungsfähiges Kommunikationssystem die gewünschten kurzen Entwicklungszeiten gewährleisten kann.[23] Dieses leistungsfähige Kommunikationssystem gilt es in diesem Element zu entwickeln und auszugestalten.

4.2.3   Organisation: Koordinierung der Zulieferkette

Im Rahmen der soeben dargestellten Entwicklung von Produkten ist bei schlanken Produzenten festzuhalten, dass bereits zu Beginn der Produktentwicklung alle benötigten Zulieferer ausgewählt und eingebunden werden. Führende Unternehmen schalten beispielsweise in einem Projekt zur Entwicklung eines Autos weniger als 300 Zulieferer ein. Diese Lieferanten sind üblicherweise Firmen, welche die gleichen Teile für andere Modelle des Produzenten liefern und langjährige Mitglieder der entsprechenden Zuliefergruppe sind.[24] Befindet sich das entwickelt Teil in der Herstellung, wird in der schlanken Produktion die Wertanalyse angewandt, um weitere Kostensenkungen zu erreichen. Damit dieser Ansatz

---

[22] vgl. **Womack, James P.; Jones, Daniel T.; Roos, Daniel**: Die zweite Revolution in der Autoindustrie, S. 117–119, 8. Aufl., Campus Verlag, Frankfurt a.M., New York, 1994.

[23] vgl. **Carl, Dr. Notger; Kiesel, Dr. Manfred**: Unternehmensführung – Methoden, Instrumente, Managementkonzepte, S. 257 Verlag Moderne Industrie, Landsberg/Lech, 2000.

[24] vgl. **Womack, James P.; Jones, Daniel T.; Roos, Daniel**: Die zweite Revolution in der Autoindustrie, S. 153, 8. Aufl., Campus Verlag, Frankfurt a.M., New York, 1994.

funktioniert, muss der Zulieferer natürlich einen wesentlichen Teil seiner internen Informationen über Kosten und Produktionsmethoden offen legen. Anschließend gehen der Hersteller und der Zulieferer gemeinsam jedes Detail des Produktionsprozesses des Zulieferers durch und suchen nach Wegen zur Kostenreduzierung und Qualitätsverbesserung.[25] Diese Ausführungen zeigen, dass auf der Zulieferseite völlig neue Aufgaben entstehen und folglich völlig neue Stelle gebildet werden müssen. Diese neuen Stellenstrukturen und Arbeitsinhalte müssen in Form von **Stellenbeschreibungen** definiert werden.

Dies hat natürlich auch tief greifende Auswirkungen auf die **Organisationsstrukturen** im Unternehmen. Für den Bereich der Produktentwicklung bedeutet dies, dass Entwicklungsingenieure nicht nur in den Produktentwicklungsteams der entsprechenden Kunden eingebunden sind, sondern auch in den jeweiligen Produktentwicklungsteams der jeweiligen Lieferanten mitarbeiten. Die Funktion der klassischen Beschaffung wird folglich um die Produktentwicklung erweitert. Bezogen auf die kontinuierliche Kostensenkung und Qualitätsverbesserung müssen Mitarbeiter oder Mitarbeitergruppen definiert werden und in die vorhandenen Organisationsstrukturen eingebettet werden, die den Zulieferern mit Methoden und Techniken dabei unterstützen. Auch hier wird deutlich, welche grundlegenden Anpassungen der Organisationsstrukturen durch die verstärkte Koordinierung der Zulieferkette notwendig werden.

Diese Ausführungen zeigen, dass für die Organisation der Koordinierung der Zulieferkette ein erhöhter Kommunikationsbedarf entsteht. Dieser erhöhte Kommunikationsbedarf muss durch den Aufbau eines entsprechenden **Kommunikationssystems** gedeckt werden. An dieser Stelle besteht jedoch zunächst die Schwierigkeit darin, dass dabei die Grenzen des eigenen Unternehmens verlassen werden müssen und die Zulieferer einzubinden sind. Gerade Systemlieferanten müssen beispielsweise nicht nur Just in time sondern auch just in sequence liefern. Um dies zu realisieren, werden unter anderem die Kommunikationskanäle mit Hilfe der modernen Medien, auf der gesamten Lieferkette miteinander verknüpft. Durch diese schnelle und umfassende Weitergabe von Informationen an alle Kettenmitglieder, können geringe Bestandskosten erzielt und damit bei allen beteiligten Unternehmen Kosteneinsparungen realisiert werden. Dieses sogenannte Supply Chain Management führt durch den Einsatz des Internets zu einer erheblichen Kostenreduzierung der Beschaffungsprozesse.[26]

4.2.4   Organisation: Umgang mit den Kunden

Neben der Koordinierung der Zulieferkette muss natürlich auch der Umgang mit den Kunden organisiert werden. Auch hier ergeben sich Anforderungen an Stellenbeschreibungen, Organisationsstrukturen und Kommunikationssysteme. Analog zu den Produktionsteams im

---

[25] vgl. **Womack, James P.; Jones, Daniel T.; Roos, Daniel**: Die zweite Revolution in der Autoindustrie, S. 156–157, 8. Aufl., Campus Verlag, Frankfurt a.M., New York, 1994.
[26] vgl. **Carl, Dr. Notger; Kiesel, Dr. Manfred**: Unternehmensführung – Methoden, Instrumente, Managementkonzepte, S. 258–260 Verlag Moderne Industrie, Landsberg/Lech, 2000.

Fertigungsbereich wird hier die Bildung von Verkaufsteams mit interner Arbeitsorganisation, häufiger Jobrotation und ständigem gegenseitigem Austauschen angestrebt. Verstärkte Investitionen in Ausbildung und sozialer Kompetenz der Mitarbeiter, würde den Abbau von Hierarchien ermöglichen und zur verstärkten Delegation von Entscheidungen führen.[27] Wie diese Ausführungen zeigen, müssen Inhalt und Struktur von **Stellenbeschreibungen** völlig neu aufgebaut werden. Zum einen bewirkt die verstärkte Qualifizierung von Mitarbeitern und die daraus folgende Delegation von Aufgaben und Verantwortung eine Anreicherung der Stellen was sich sowohl in der Stellenbeschreibung als auch in der Entlohnung wieder spiegeln muss. Zum anderen erfordert ein hohes Maß an horizontaler Rotation die Fähigkeit verschiedene Jobs gleichen Anspruchs durchführen zu können was sich ebenfalls in der Stellenbeschreibung und in der Entlohnung wieder spiegeln muss.

Die traditionellen **Organisationsstrukturen** im Vertrieb mit starker Unterteilung in Vertriebszentren, Groß- und Einzelhändler und viele eigenständige Händler werden ersetzt durch dezentrale Megadealer, die direkt vom Hersteller geführt werden und direkt an den Endverbraucher verkaufen. Auf diese Weise können bekanntlich Lieferzeiten verringert und eine höhere „Nähe am Kunden" mit entsprechender Rückkopplungsmöglichkeit erzielt werden. Dieser einstufige Vertrieb, die Produktfindung beim Kunden durch hohe Kundenbindung und hohe Serviceintensität machen deutlich dass tief greifende Veränderungen in den Organisationsstrukturen der Unternehmen notwendig werden.[28]

Gleichzeitig machen diese Ausführungen deutlich, dass davon völlig neuartige und erhöhte Anforderungen an **Kommunikationssysteme** ausgehen. Beispielsweise erhöht sich der Kommunikationsbedarf zwischen Kunde und Hersteller deutlich, weil die Absatzorganisation versucht, mit dem einmal gewonnen Kunden ständig in Kontakt zu bleiben. Befragungen über seine Erfahrungen mit dem gekauften Produkt, um durch Nachbesserungsmaßnahmen Enttäuschungen in Anerkennung umzuwandeln, müssen durchgeführt und ausgewertet werden. Da der Kunde das Produkt intensiv genutzt hat, wird er über seine Wünsche zu Neuprodukten befragt, weil er die meisten Erfahrungen gesammelt hat und schließlich auch der spätere Käufer sein soll. Es wird eine intensivere Bindung zwischen Kunde und Unternehmen aufgebaut, weil sich der Kunden durch seine Einbeziehung ernst genommen fühlt.[29] Zusätzlich verlangen die oben beschriebenen neuen Logistiknetze im Vertrieb nach neuen adäquaten Lösungen für den erhöhten und veränderten Informations- und Kommunikationsbedarf.

---

[27] vgl. **Carl, Dr. Notger; Kiesel, Dr. Manfred**: Unternehmensführung – Methoden, Instrumente, Managementkonzepte, S. 263 Verlag Moderne Industrie, Landsberg/Lech, 2000.

[28] vgl. **Carl, Dr. Notger; Kiesel, Dr. Manfred**: Unternehmensführung – Methoden, Instrumente, Managementkonzepte, S. 263–264 Verlag Moderne Industrie, Landsberg/Lech, 2000.

[29] vgl. **Carl, Dr. Notger; Kiesel, Dr. Manfred**: Unternehmensführung – Methoden, Instrumente, Managementkonzepte, S. 264 Verlag Moderne Industrie, Landsberg/Lech, 2000.

4.2.5   Organisation: Management des schlanken Unternehmens

Bei der Organisation des Managements des schlanken Unternehmens geht es um den Aufbau eines organisatorischen Rahmens und von Strukturen im Unternehmen durch die der Transfer von traditionell tayloristischer Unternehmensführung zur schlanken Unternehmensführung realisiert werden kann. Zunächst ist festzuhalten, dass aus dem Veränderungsprozess heraus neue Funktionen, Stellen und daraus resultierend neue **Stellenbeschreibungen** für Mitarbeiter entstehen. Jedoch auch für den Veränderungsprozess selbst werden Mitarbeiter in neuen Funktionen benötigt. Die Aufgabe dieser Mitarbeitergruppe wird es sein, den Prozess voranzutreiben, ihn zu begleiten, sich um dessen Umsetzung zu kümmern und Ziele zu definieren. Experten für Veränderungsprozesse vertreten hier die Meinung, dass in den seltensten Fällen der Wandel gelingen wird, wenn diese Mitarbeiter diese Aufgabe zusätzlich zu ihrer bisherigen Arbeit leisten müssen. Sie befürchten, dass irgendwann das Tagesgeschäft überwiegen und der Wandel auf bessere Zeiten verschoben wird. Auf diese Weise ist die notwendige kontinuierliche Arbeit nicht möglich.[30]

In der aktuellen Veränderungswissenschaft werden diesbezüglich vier verschiedene Stellen unterschieden. Erstens wird der Change Agent oder Veränderungsmanager genannt, der den gesamten Veränderungsprozess leitet und führt. Er ist direkt der Unternehmensleitung unterstellt und berichtet auch dort hin über Erfolg und Misserfolg. Zweitens ist der Prozessgestalter vorgesehen, der als Diplomingenieur oder Diplombetriebswirt aus Produktentwicklung oder Produktion die Neugestaltung von Prozessen betreut, um sie geschickter und effizienter zu organisieren. Er leitet zum einen Problemlösungsworkshops und montiert zum anderen direkt an Maschinen und Anlagen. Drittens wird ein ehemaliger Personalentwickler zum Prozessbegleiter bestellt der sich schwerpunktmäßig um die Entwicklung des Personals im Verlauf des Veränderungsprozesses kümmert. Hier wird das Ziel verfolgt, Qualifikationen dort zu erwerben, wo sie tatsächlich auch benötigt werden. Schließlich ist viertens der Umsetzer für Prozessoptimierung vorgesehen. Er hat eine technische Ausbildung, wie beispielsweise Werkzeugmacher und ist erfahrener Praktiker. Er baut oder leitet den Bau der vielen kleinen und großen Dinge, die für die Neugestaltung von Prozessen benötigt werden. In den meisten Fällen wird für den Veränderungsprozess zusätzlich noch ein externer Berater eingesetzt. Er hat die Aufgabe, Anreize zu setzten, Visionen zu vermitteln und Gewohntes infrage zu stellen. In Form von Workshops bringt der externe Berater seine Methodik ein und die beteiligten Mitarbeiter ihre fachlichen Ideen und Lösungsansätze. Gemeinsam werden diese ausgewertet, auf Realisierungsmöglichkeiten hin geprüft und die Umsetzung geplant und realisiert.[31]

---

[30] vgl. **Regber, Holger; Zimmermann, Klaus**: Change Management in der Produktion, S. 187, Verlag Moderne Industrie, Landsberg/Lech, 2001.

[31] vgl. **Regber, Holger; Zimmermann, Klaus**: Change Management in der Produktion, S. 188–192, Verlag Moderne Industrie, Landsberg/Lech, 2001.

Diese neuen Stellen müssen nun in die vorhandene **Organisationsstruktur** sinnvoll und effektiv eingebunden werden. Aber darüber hinaus können und sollten die vorhandenen Managementstrukturen auch darauf hin geprüft werden, inwieweit sie den Verlauf des Transformationsprozesses zum schlanken Unternehmen fördern oder gegebenenfalls behindern.

Das sich aus diesen Ausführungen erhöhte Anforderungen an die vorhandenen **Kommunikationssysteme** ableiten lassen, ist augenscheinlich. Wenn beispielsweise die Unternehmensleitung gemeinsam mit dem Change Agent Ziele für den Veränderungsprozess definiert, müssen diese Ziele im Unternehmen zunächst einmal kommuniziert werden. Da er jedoch auch Erfolg und Misserfolg an die Unternehmensleitung zurück melden muss, sind Systeme zur Erfassung und Verrechnung von Ergebnissen und zusätzlichen entscheidenden Informationen notwendig. Des Weiteren arbeiten mehrere Mitarbeiter gleichzeitig an verschiedenen Maßnahmen zur Prozessgestaltung. Diese Teams müssen sowohl terminlich als auch inhaltlich koordiniert und geführt werden. Ein professionelles Zeitmanagement ist jedoch ohne ein leistungsfähiges Kommunikationssystem kaum möglich. Es ist also in diesem Zusammenhang zu prüfen, ob die vorhandenen Kommunikationssysteme diese Anforderungen erfüllen oder nicht. Gegebenenfalls ist ein neues Informations- und Kommunikationssystem bereitzustellen.

4.3   Personaleinsatzmodul

Die plangemäße Umsetzung der organisierten Tätigkeiten wird im Rahmen der Managementfunktion Personaleinsatz vorbereitet, da hier die in der Organisation geschaffenen Stellen nun anforderungsgerecht mit Personal besetzt werden. Das beinhaltet jedoch nicht nur die einmalige Stellenbesetzung, sondern im Fortlauf des Prozesses auch die fortwährende Sicherstellung und Erhaltung der Human-Ressourcen, vor allem die Aufgaben der Personalbeurteilung und der Personalentwicklung. Ferne sind die qualifizierte Aufgabenerfüllung sowie eine leistungsgerechte Entlohnung zu gewährleisten.[32]

In Analogie zu den bereits dargestellten Modulen werden nun auch in diesem Personaleinsatzmodul, zur Strukturierung dieser Aspekte, sinnvolle Schwerpunkte gebildet. Der erste Schwerpunkt ist die **Stellenbesetzung**, der zweite Schwerpunkt die **Personalbeurteilung**, der dritte Schwerpunkt die **Personalentwicklung** und der vierte Schwerpunkt die **leistungsgerechte Entlohnung**.

Zunächst ist es jedoch sinnvoll einige begriffliche Klärungen vorweg zu schicken. Die **Stelle** ist die organisatorische Grundeinheit, die bestimmte Aufgaben erfüllt. Sie ist dauerhaft, zweckorientiert, koordinierbar und konkretisierbar und ist charakterisiert durch die Komponenten Aufgabe, Kompetenz und Verantwortung.[33] Ein **Stellenbesetzungsplan** ist Teil der Besetzungsplanung im Rahmen der individuellen Personalplanung und enthält in seiner einfachsten Form nur die Bezeichnung der Stellen und die Namen der Stelleninhaber.

---

[32] vgl. **Steinmann, Dr. Horst; Schreyögg, Dr. Georg**: Management, S. 10, 5. Aufl., Betriebswirtschaftlicher Verlag Dr. Th. Gabler, Wiesbaden, 2000.

[33] vgl. **Holzbaur, Dr. Ulrich D.**: Management, S. 157, Kiehl Verlag, Ludwigshafen, 2000.

Weitere Daten wie beispielsweise Stellvertretername, Eintrittsdatum oder auch Dienstalter des Stelleninhabers sind hier denkbar.[34] Die **Personalbeurteilung** dient der Ermittlung von Grundlagen für eine über die Arbeitsplatzbewertung hinausgehende Lohn- und Gehaltsdifferenzierung, der Fundierung personeller Auswahlentscheidungen, der Evaluation der Effizienz personalpolitischer Instrumente, der Ermittlung relevanter Informationen für die Bestimmung des Fort- und Weiterbildungsbedarfs, der Steigerung der Motivation und Förderung der individuellen Entwicklung von Organisationsmitgliedern sowie der Information der Mitarbeiter.[35] Die **Personalentwicklung** ist Inbegriff aller Maßnahmen zur Erhaltung und Verbesserung der Qualifikation von Mitarbeitern. Investitionen in die Entwicklung der Mitarbeiter, in zweckentsprechendem Umfang, sind zur Erhaltung der Wettbewerbsfähigkeit von Unternehmen zwingend notwendig.[36] Personalentwicklung als Managementfunktion umfasst die zielgerichtete Beeinflussung der Qualifikationen der Mitarbeiter, die Entwicklung und Gestaltung von Karrieremöglichkeiten und die Gestaltung der Handlungsspielräume der Mitarbeiter.[37] **Entgeltmanagement** beinhaltet die Entwicklung und Anwendung von Entgelt- und Vergütungssystemen. Hier werden allgemeine, über den Einzelfall hinausreichende Regelungen entworfen und angewandt, nach denen die Beschäftigten der Organisation vergütet werden.[38] Die Entgeltdifferenzierung orientiert sich zum einen an den personenunabhängigen Anforderungen, wie sie sich aus der Arbeitsaufgabe ergeben, zum anderen an der individuellen Leistung, welche die Arbeitskraft erbringt.[39]

Diese Gedanken werden nun in der bereits bekannten strukturierten Methodik der dargestellten Module Planung und Organisation mit den inhaltlichen Anregungen aus der MIT-Studie von Womack, Jones und Roos verbunden, um auch hier Wechselwirkungen herauszuarbeiten. Dabei liefern die Ausführungen von Carl und Kiesel wiederum hilfreiche Unterstützung zur Gliederung dieser Inhalte. Siehe hierzu auch die Abb. 11 bis 16.[40]

---

[34] vgl. **Rahn, Horst-Joachim**: Unternehmensführung, S. 302, 4. Aufl., Kiehl Verlag, Ludwigshafen, 2000.

[35] vgl. **Steinmann, Dr. Horst; Schreyögg, Dr. Georg**: Management, S. 691–692, 5. Aufl., Betriebswirtschaftlicher Verlag Dr. Th. Gabler, Wiesbaden, 2000.

[36] vgl. **Rahn, Horst-Joachim**: Unternehmensführung, S. 145, 4. Aufl., Kiehl Verlag, Ludwigshafen, 2000.

[37] vgl. **Bühner, Dr. Rolf**: Management – Lexikon, S. 573, Oldenbourg Wissenschaftsverlag, München, Wien, 2001.

[38] vgl. **Bühner, Dr. Rolf**: Management – Lexikon, S. 234–235, Oldenbourg Wissenschaftsverlag, München, Wien, 2001.

[39] vgl. **Steinmann, Dr. Horst; Schreyögg, Dr. Georg**: Management, S. 731, 5. Aufl., Betriebswirtschaftlicher Verlag Dr. Th. Gabler, Wiesbaden, 2000.

[40] vgl. **Carl, Dr. Notger; Kiesel, Dr. Manfred**: Unternehmensführung – Methoden, Instrumente, Managementkonzepte, S. 253–264, Verlag Moderne Industrie, Landsberg/Lech, 2000.

4.3.1   Personaleinsatz: Fabrikbetrieb

Die Ausführung im Rahmen der Organisation im Fabrikbetrieb zeigen eindeutig den Bedarf zur Bildung von neuen Stellen, mit zum Teil gravierend veränderten oder erweiterten Aufgaben, Kompetenzen und Verantwortung. Diese neuen Stellen müssen nun über die Personalplanung in den Personalbesetzungsplan übernommen werden, um die **Stellenbesetzung** vorzubereiten. Während in der Planung und Organisation bereits die Stellen gebildet und hinreichen über Stellenbeschreibungen definiert wurden, stellt sich an dieser Stelle die Frage, ob das Unternehmen jeder Stelle in diesem Stellenbesetzungsplan einen Namen zuordnen kann. Dabei ist zu beachten, dass der jeweilige Stelleninhaber in jedem Falle die sich aus der Stelle ergebenen Anforderungen erfüllen können muss. Sollte dies nicht hinreichend der Fall sein, könnte das Unternehmen zum einen diesen Mitarbeiter anforderungsgerecht qualifizieren oder müsste zum anderen diese Stelle mit einen anderen Mitarbeiter besetzen. Dann stellt sich die Frage, ob diese Stelle aus dem eigenen Bedarf, also intern, besetzt werden kann, oder ob der entsprechende Mitarbeiter extern beschafft werden muss. Im Hinblick auf die zurückliegende Ausführung stellt sich gerade in der Fertigung die entscheidende Frage, ob ein klassischer Produktionsmeister die Anforderungen, die an einen Gruppenleiter gestellt werden, ohne weiteres erfüllen kann und ob er diesbezüglich qualifiziert werden kann oder nicht. Geht man davon aus, dass der Mensch im Unternehmen ein wichtiger Erfolgsfaktor ist, dann ist es folglich auch wichtig, alle Stellen im Unternehmen mit den richtigen Menschen zu besetzen.

Gerade in der Fertigung spielt die **Personalbeurteilung** eine wichtige Rolle, weil gerade dort aufgrund der unterschiedlichsten Aufgaben und Tätigkeiten eine Lohn- und Gehaltsdifferenzierung äußerst anspruchsvoll ist und die Forderung nach einem gerechten Lohn gerade in diesem Unternehmensbereich am nachhaltigsten formuliert wird. Mit Blick auf die wesentlichen Kernpunkte der schlanken Fertigung, ergeben sich jedoch auch direkt zwangläufig die Kernpunkte für eine Personalbeurteilung. Werden also die technologieabhängigen Parameter hier für einen Moment ausgeblendet und wird sich auf die menschenabhängigen Parameter konzentriert, dann werden interessante Gebiete für die Personalbeurteilung sofort sichtbar.

So werden geringe Rüstzeiten an Maschinen und Anlage ja wesentlich von der Erfahrung, Fertigkeit und Professionalität der Maschinenbediener oder Maschineneinrichter bestimmt. Hier ist also die Beurteilung der Leistung der Mitarbeiter möglich und auch aus unternehmerischer Sicht sinnvoll. Auch die Entwicklung des Unternehmens zur fertigungsnahen Produktionssteuerung liefert Ansatzpunkte für eine Personalbeurteilung. Praktisch wird sicher nicht jeder Mitarbeiter in der Produktion die Fähigkeit zur Anwendung dieses Verfahrens erlangen müssen, allerdings könnte dies ja von Führungskräften der ersten Führungsebene erwartet werden und auf diese Weise Bestandteil der entsprechenden Personalbeurteilung werden. Zusätzlich werden durch die Integration der Qualitätskontrolle in die Leistungsprozesse höhere Anforderungen verschiedenster Art an die Mitarbeiter gestellt. Denkbar ist hier beispielsweise ein dreistufiges Qualifikationsschema im Sinne von entdecken von Qualitätsproblemen, beheben von Qualitätsproblemen und

Entwicklung von Verfahren zur Reduzierung von zukünftigen Qualitätsproblemen. Alle Mitarbeiter könnten dann auf Basis dieser drei Qualifikationsniveaus beurteilt werden. Für die Reduzierung von Qualitätsproblem ist jedoch zunächst die qualifizierte Beherrschung der eigentlichen Arbeitsprozesse erforderlich. Selbstverständlich könnte das eben dargestellt Beispiel der dreistufigen Qualifikation auch auf die Tätigkeiten in den einzelnen Arbeitsprozessen Anwendung finden und auch dort die Grundlage für die Personalbeurteilung bilden.[41]

Des Weiteren wird in schlanken Unternehmen immer mehr Wert auf Gruppenarbeit gelegt, was wiederum neue Anforderungen an die Mitarbeiter stellt. Plötzlich werden Qualifikationskriterien wie beispielsweise die Teamfähigkeit, Konfliktfähigkeit, Diskussionsfähigkeit, Moderation oder Führung immer wichtiger. Es liegt auf der Hand, dass auch hier eine entsprechende Personalbeurteilung möglich und sinnvoll ist. Schließlich ist ein weiteres Merkmal im schlanken Fabrikbetrieb, dass die Mitarbeiter Ihre Arbeitsplätze häufig wechseln. Im Sinne einer Rotation verrichten die Mitarbeiter auf diese Weise beispielsweise nicht jede Woche die gleiche Tätigkeit sondern wechseln Ihre Tätigkeiten mit Ihren Kollegen. Das setzt selbstverständlich voraus, dass die Mitarbeiter nicht nur eine Tätigkeit, sondern möglichst viele verschiedene Tätigkeiten beherrschen, um möglichst vielseitig einsetzbar zu sein. Je mehr verschiedene Tätigkeiten also ein Mitarbeiter beherrscht, desto höher ist sein allgemeines Qualifikationsniveau, dass folglich im Rahmen einer Personalbeurteilung festgelegt werden muss.[42] Die Ausführungen zur Personalbeurteilung zeigen, dass vielfältige Ansatzpunkte zur Personalbeurteilung im Fabrikbetrieb denkbar, sinnvoll und vielleicht sogar notwendig sind. An dieser Stelle drängt sich dann der Gedanke auf, welches Instrument im Rahmen dieser Konzeption angewendet werden muss, um die Entwicklung der Qualifikationen der Mitarbeiter so zu steuern, dass sie in für die Stelle erforderliche Qualifikationsniveaus gelangen oder sich vielleicht sogar in höhere Qualifikationsniveaus entwickeln können.

Das in diesem Zusammenhang erforderliche Instrument ist die **Personalentwicklung**. Ohne hier nochmals auf jeden einzelnen Kernpunkt der schlanken Produktion detailliert eingehen zu wollen, so ist es doch sinnvoll die hier angedeuteten Zusammenhänge kurz zu skizzieren. Bezogen auf geringe Rückzeit ist es unmittelbar einleuchtend, dass Mitarbeiter die technologische Funktion der Maschinen und Anlagen sehr gut kennen müssen, um beispielsweise Werkzeuge oder Vorrichtungen ordnungsgemäß wechseln können, sodass bei der nachfolgenden Produktion einwandfreie Produkte erzeugt werden. Diese Fähigkeiten müssen erlernt und permanent weiter entwickelt werden. Das gleiche gilt für die fertigungsnahe Produktion, die integrierte Qualitätskontrolle und die Fertigkeiten in der eigentlichen Leistungserstellung. Insbesondere ist für die Transformation des Unternehmens zu einem schlanken Unternehmen die Entwicklung der Qualifikationen bezüglich der Gruppenarbeit von Bedeutung, da in der traditionellen Vergangenheit diese Fähigkeiten nicht erforderlich

---

[41] vgl. **Carl, Dr. Notger; Kiesel, Dr. Manfred**: Unternehmensführung – Methoden, Instrumente, Managementkonzepte, S. 263 Verlag Moderne Industrie, Landsberg/Lech, 2000.

[42] vgl. **Carl, Dr. Notger; Kiesel, Dr. Manfred**: Unternehmensführung – Methoden, Instrumente, Managementkonzepte, S. 263 Verlag Moderne Industrie, Landsberg/Lech, 2000.

waren und nun zum erfolgsentscheidenden Faktor werden. Im Rahmen der Personalentwicklung müssen diese Kompetenzen systematisch und ganzheitlich aufgebaut und entwickelt werden. Schließlich ist die Notwendigkeit von Maßnahmen zur Personalentwicklung bei ständig wechselnden Arbeitsplätzen selbsterklärend.[43]

Die **leistungsgerechte Entlohnung** ergibt sich schließlich zwangsläufig aus den zurückliegenden Ausführungen. Die Stellenbesetzung richtet sich nach dem entsprechenden Anforderungsprofil, das entweder vorhanden ist, oder im Rahmen der Personalentwicklung erlangt werden muss. Die Entscheidung, ob ein Mitarbeiter diesem Anforderungsprofil entspricht, ergibt sich aus der Personalbeurteilung. Die Stellenbeschreibung und die Personalbeurteilung liefern folglich ausreichende Informationen für eine leistungsgerechte Entlohnung. Je Leistungsfähiger also das System der Stellenbeschreibungen und der Personalbeurteilungen funktioniert, desto Leistungsfähiger ist das System für die Entlohnung. Am Ende steigt dadurch die Wahrscheinlichkeit, dass die Mitarbeiter Ihre Entlohnung als gerecht empfinden.

4.3.2   Personaleinsatz: Entwicklung

Auch im Bereich der Entwicklung werden durch die Transformation eines Unternehmens zum schlanken Unternehmen eine Vielzahl von neue Stellen entstehen oder bereits vorhandene Stellen neu gestaltet. Die **Stellenbesetzung** hat folglich auch im Bereich der Entwicklung eine besondere Bedeutung. Wie bereits im Verlaufe dieser Arbeit herausgestellt wurde, liegen die wesentlichen Wettbewerbsvorteile der schlanken Produzenten bei der Entwicklung von Produkten in den Bereichen der Führung, Teamarbeit, Kommunikation und simultanen Entwicklung.[44] Folglich spielen bei der Auswahl der Mitarbeiter für die Besetzung von Stellen in den entsprechenden Entwicklungsteams, Fähigkeiten in diesen vier Gebieten eine besondere Rolle.

Im Einzelnen liefert auch hier die **Personalbeurteilung** hilfreiche Informationen. Für die Beurteilung könnte beispielsweise wichtig sein, an wie vielen Entwicklungsprojekten der Mitarbeiter beteiligt war, die nach den Grundsätzen der Simultanen Entwicklung abgewickelt wurden. Auch welche Rollen er bereits in diesen Entwicklungsteams eingenommen hat und welche Art von Verantwortung er dort übernommen hat, ist interessant. Da es sich hier jedoch um eine teamorientierte Arbeitsorganisation handelt, drängt sich der Gedanke auf, dass auch die Leistungsfähigkeit der einzelnen Teammitglieder hinter der Leistungsfähigkeit des Teams zurückstehen sollte. Mit anderen Worten wird es wahrscheinlich problematisch und wenig sinnvoll sein, die Leistungsfähigkeit einzelner Teammitglieder zu beurteilen. Denn gerade die Entwicklungsdauer, die Anzahl der

---

[43] vgl. **Carl, Dr. Notger; Kiesel, Dr. Manfred**: Unternehmensführung – Methoden, Instrumente, Managementkonzepte, S. 263 Verlag Moderne Industrie, Landsberg/Lech, 2000.

[44] vgl. **Womack, James P.; Jones, Daniel T.; Roos, Daniel**: Die zweite Revolution in der Autoindustrie, S. 117, 8. Aufl., Campus Verlag, Frankfurt a.M., New York, 1994.

Korrekturmaßnahmen und den organisatorischen Mehraufwand durch Fehler bei der Information und Kommunikation, sind ein Ergebnis der Interaktion im Team. Die Personalbeurteilung muss sich folglich an der Qualität der Teamarbeit jedes einzelnen orientieren. Diese Qualität der Teamarbeit könnte beispielsweise in Form von Kriterien beschrieben werden, wonach die Mitarbeiter beurteilt werden.

Da also in der schlanken Entwicklung der Beitrag zum Teamerfolg stärker belohnt wird als fachlich glänzende Einzelleistungen für das Produkt, den Fertigungsprozess oder den Fabrikablauf, stellt sich gerade in diesem Kapitel die Frage, wer die jeweilige Personalbeurteilung vornehmen wird. Dementsprechend sollte dann auch die Karriereleiter ausgelegt werden. Weil also schließlich die Vorgesetzten in den einzelnen Fachabteilungen die Arbeit Ihrer entsandten Mitarbeiter wenig beurteilen können, sollte der Mitarbeiter von dem Leiter des Entwicklungsteams beurteilt werden.[45] Das ist an dieser Stelle sicher eine Besonderheit. Praktisch wird es jedoch wahrscheinlich eine gemeinsame Beurteilung geben, die in jedem Falle beide Perspektiven gleichermaßen einschließt.

Die notwendigen Maßnahmen zur **Personalentwicklung** lassen sich nun aus den zurückliegenden Ausführungen bequem ableiten. Sie werden sich sinnvoller Weise neben spezifisch fachlich technologischen Fort- und Weiterbildungsmaßnahmen auch auf Schlüsselqualifikationen für die Qualität der Teamarbeit konzentrieren. Denkbar im Rahmen der Personalentwicklung ist noch der Einblick in fachfremde Gebiete. Gerade die fachabteilungsübergreifende Teamarbeit bei der simultanen Entwicklung erfordert ein hohes Maß an Verständnis für die jeweils fremde Disziplin. In diesem Zusammenhang erscheint es also sinnvoll und vielleicht sogar notwendig zu sein, dass alle Teammitglieder auch einen Überblick haben, was charakteristische Aufgaben- oder Problemgebiete in den jeweils anderen Fachabteilungen sind und welche daraus resultierenden spezifischen Anforderungen an die entsprechenden Mitarbeiter dort gestellt werden. Diese Entwicklungsmaßnahmen könnten dazu beitragen, die Zusammenarbeit im Team auf einem deutlich effektiveren Niveau abzuwickeln.

Die Entwicklung nimmt bezogen auf die **leistungsgerechte Entlohnung** wiederum eine Sonderstellung ein. Gerade die temporäre Entsendung von Mitarbeitern bestimmter Fachabteilungen in entsprechende Entwicklungsteams und die daraus resultierende doppelte Zugehörigkeit, macht diese Aufgabe zu einem komplexen Problem. Es stellen sich also auch hier die Fragen, wer die Höhe der Vergütung festlegt und auf welcher Basis die Höhe der Vergütung ermittelt wird. Glücklicherweise kann jedoch auch hier auf die Stellenbeschreibung und die Personalbeurteilung zurückgegriffen werden. Das heißt, wenn also beispielsweise der jeweilige Fachvorgesetzte und der Leiter des Entwicklungsteams gemeinsam eine Personalbeurteilung vornehmen, ist es selbstverständlich sinnvoll, das auch auf dieser Basis die Höhe der Vergütung liegt. Als besonders Problematisch ist es folglich einzustufen, wenn beispielsweise das Unternehmen mit temporären Entwicklungsteams arbeitet, jedoch die Personalbeurteilung isoliert von dem jeweiligen Fachvorgesetzten

---

[45] vgl. **Womack, James P.; Jones, Daniel T.; Roos, Daniel**: Die zweite Revolution in der Autoindustrie, S. 69, 8. Aufl., Campus Verlag, Frankfurt a.M., New York, 1994.

vorgenommen wird. Das Ergebnis wird eine realitätsfremde Beurteilung der entsprechenden Mitarbeiter sein, die in einer realitätsfremden und aus der Sicht des Mitarbeiters ungerechten Entlohnung münden wird.

4.3.3   Personaleinsatz: Koordinierung der Zulieferkette

Die **Stellenbesetzung** im Rahmen der Transformation zur schlanken Unternehmung spielt auch bei der Koordinierung der Zulieferkette eine Rolle. Schließlich geht es hier nicht mehr nur alleine um die Suche von Lieferanten, das Einholen von Angeboten und die Auswahl nach Kriterien wie beispielsweise Preis, Qualität oder räumliche Nähe. Hier geht es bezeichnenderweise darum, die Lieferanten nicht auf der Grundlage von Angeboten auszuwählen, sondern auf der Basis früherer Beziehungen und bewiesener Leistungsfähigkeit zu beauftragen.[46] Diese engen Beziehungen müssen langfristig aufgebaut und gepflegt werden, um sich am Ende auf einen Lieferanten für bestimmte Produkte oder Produktgruppen beschränken zu können und damit das sogenannte Single Sourcing betreiben zu können. Praktisch könnte das auf die Weise organisiert sein, dass Stellen existieren, die sich um den Aufbau und die Entwicklung von Lieferanten kümmern, während andere Stellen sich auf die verbrauchsorientierte Beschaffung von Gütern, Produkten und Materialien für das laufende Geschäft konzentrieren. Diese beiden Typen von Stellen müssten folglich mit entsprechenden Personalressourcen besetzt werden.

Wird dieser Gedanke nun logisch weiter geführt, lassen sich auch hier Aspekte für die **Personalbeurteilung** ableiten. So erscheint es intuitiv einleuchtend, dass für die beiden Typen von Stellen auch völlig unterschiedliche Qualifikationsanforderungen bestehen. Während sich also der Lieferantenentwickler mit Themen, wie beispielsweise Single Sourcing, Dual Sourcing bei Volumenteilen, Kooperationsbeziehungen, Zukaufteilanteil und Systemlieferanten befassen wird, so steht für den Mitarbeiter in der Beschaffung die Just-in-time oder Just-in-sequence Belieferung im Vordergrund.[47] Diesen unterschiedlichen Qualifizierungen müssen unterschiedliche Personalbeurteilungen folgen.

Die **Personalentwicklung** hat auch hier die Aufgabe, die Mitarbeiter anforderungsgerecht zu qualifizieren. Beispielsweise könnte sich der Lieferantenentwickler zur Beurteilung der Lieferanten und zur ganzheitlichen Entwicklung der Lieferanten umfangreiche Kenntnisse in der Aufbau- und Ablauforganisation schlanker Unternehmen aneignen und Projekte zur Transformation der Lieferantenunternehmen zu schlanken Unternehmen koordinieren. Auf diese Weise würde die Leistungsfähigkeit der Lieferanten gestärkt, die Partnerschaft gefestigt und auf beiden Seiten Kosteneinsparungen realisiert werden können. Neben fachlich inhaltlicher Kompetenz über schlanke Unternehmensorganisation, müssten dann dieser Lieferantenentwickler

---

[46] vgl. **Womack, James P.; Jones, Daniel T.; Roos, Daniel**: Die zweite Revolution in der Autoindustrie, S. 53, 8. Aufl., Campus Verlag, Frankfurt a.M., New York, 1994.

[47] vgl. **Carl, Dr. Notger; Kiesel, Dr. Manfred**: Unternehmensführung – Methoden, Instrumente, Managementkonzepte, S. 260 Verlag Moderne Industrie, Landsberg/Lech, 2000.

auch beispielsweise im Projektmanagement ausgebildet werden um den ihn gestellten Anforderungen gerecht werden zu können. Im Gegensatz dazu müssten die Mitarbeiter der Beschaffung beispielsweise in der Anwendung von moderner Informations- und Kommunikationstechnik qualifiziert werden, da ja wie bereits dargestellt wurde, heute die Listen für die Beschaffungsdisposition per Internet oder Datenfernübertragung zwischen Lieferanten und Kunden ausgetauscht werden. Die Verarbeitung und Umsetzung in geeignete Fertigungsaufträge, wäre dann eine sich dran anschließende Tätigkeit. Wie diese beiden Beispiele zeigen, sind für die Koordination der Zulieferkette umfangreiche und teilweise völlig veränderte Anforderungsprofile für die Mitarbeiter der entsprechenden Abteilungen denkbar. Die Personalentwicklung hat auch hier die Aufgabe diese Anforderungen bedarfsgerecht durch Qualifizierung von Mitarbeitern zu decken.

Die Tatsache, dass sich daraus auch eine **leistungsgerechte Entlohnung** ableiten muss, sei hier nur noch mal der Vollständigkeit halber angesprochen. Es ist beispielsweise denkbar, dass in traditionellen Unternehmen die Mitarbeiter nach Einkaufsprodukten oder Lieferanten organisiert waren und in diesem Zusammenhang alle anfallenden Tätigkeiten verrichtet haben. Folgt man dem oben dargestellten Beispiel, würde dies zu einer Zweiteilung der Mitarbeiter führen. Bei den Lieferantenentwicklern würde umfangreiche Qualifizierungsmaßnahmen, mehr Kompetenzen und Verantwortung zwangsläufig zu einer höheren Vergütung führen müssen, während bei den Mitarbeitern der Beschaffung die Arbeitsinhalte wahrscheinlich ehr vereinfacht würden, was zwangsläufig zu einer niedrigeren Vergütung führen müsste. Dieses Beispiel zeigt, dass im Sinne einer leistungsgerechten Entlohnung auch bei der Koordinierung der Zulieferkette Handlungsbedarf entsteht sobald sich ein Unternehmen für die Transformation zum schlanken Unternehmen entschließt.

4.3.4 Personaleinsatz: Umgang mit den Kunden

Neben der Koordinierung der Zulieferkette, muss natürlich auch für den Umgang mit den Kunden die richtigen Personalressourcen bereitgestellt werden. Wie bereits zu den Produktionsteams im Fertigungsbereich dargestellt wurde wird hier die Bildung von Verkaufsteams mit interner Arbeitsorganisation, häufiger Jobrotation und ständigem gegenseitigem sich austauschen angestrebt. Verstärkte Investitionen in Ausbildung und sozialer Kompetenz der Mitarbeiter, ermöglichen den Hierarchieabbau und die verstärkte Delegation von Entscheidungen.[48] Diese Ausführungen zeigen, dass die **Stellenbesetzung** auch hier eine wichtige Rolle spielt, da auch hier durch die entsprechenden Umstrukturierungsmaßnahmen neue Stellen entstehen, Stellen verändert oder sogar eliminiert werden könnten.

Im Rahmen der **Personalbeurteilung** liegt der Schwerpunkt ähnlich wie bereits im Zusammenhang mit den Entwicklungsteams erläutert wurde, auf der Teamarbeit. Die Transformation zu Verkaufsteams mit interner Arbeitsorganisation erfordert von den

---

[48] vgl. **Carl, Dr. Notger; Kiesel, Dr. Manfred**: Unternehmensführung – Methoden, Instrumente, Managementkonzepte, S. 263 Verlag Moderne Industrie, Landsberg/Lech, 2000.

Mitarbeitern ein hohes Maß an Teamfähigkeit. Die Personalbeurteilung würde sich dann folglich auf die Art und Qualität der Beteiligung der einzelnen Mitarbeiter in den Verkaufsteams konzentrieren müssen. Einfacher als bei den Entwicklungsteams würde aber hier die Frage geregelt, wer die jeweilige Personalbeurteilung vornehmen wird, da es hier keine doppelte Zugehörigkeit geben wird. Beispielsweise könnte der Teamleiter der entsprechenden Verkaufteams die Grundlagen für die Personalbeurteilung liefern. Abgesehen von diesen ja ehr als soziale Kompetenzen zu bezeichnenden Qualifikationen müsste hier auch dem Aspekt der häufigen Jobrotation, ähnlich wie bei der Gruppenarbeit im Fabrikbetrieb, Rechnung getragen werden. Demnach würde derjenige Mitarbeiter eine bessere Personalbeurteilung erhalten, der möglichst viele verschiedene Aufgaben erledigen kann, der also besonders vielseitig ist, und derjenige Mitarbeiter würde eine schlechtere Personalbeurteilung erhalten, der relativ wenig verschiedene Aufgaben erledigen kann, der also als weniger vielseitig einzustufen ist.

Daraus resultieren wiederum Kernpunkte für die **Personalentwicklung**. Sie müsste sich dann nämlich zunächst auf den Aufbau und die Weiterentwicklung der sozialen Kompetenzen, wie beispielsweise Teamfähigkeit konzentrieren, um die Mitarbeiter für Ihrer neue Aufgabe als Mitglied eines Verkaufteams vorzubereiten. Darüber hinaus müssen jedoch auch Qualifikationen erlangt werden, die eine eigene interne Arbeitsorganisation ermöglichen. Beispielsweise würde bei Teilautonomie der Gruppe oder des Teams grundsätzlich eine Selbstregulierung, Selbstbestimmung und Selbstverwaltung angestrebt.[49] Ohne an dieser Stelle tiefgründiger in die genauen Bedeutungen dieser Begrifflichkeiten eintauchen zu wollen, so lassen sich dennoch die grundsätzlichen Inhalte intuitiv ableiten. Selbstregulierung könnte in diesem Zusammenhang der Verkaufteams als die Befolgung von selbst aufgestellten Arbeitsregeln über die Zusammenarbeit verstanden werden. Selbstbestimmung könnte sich in diesem Zusammenhang auf die Entscheidungskompetenzen des Verkaufteams beziehen und Selbstverwaltung könnte sich auf sämtliche Verwaltungstätigkeiten im Verkaufteam beziehen. Dieses Beispiel sollte nur einen kurzen Einblick darüber geben, dass im Rahmen der Personalentwicklung bezogen auf die eigene interne Arbeitsorganisation von Verkaufteams plötzlich Qualifikationenbedarfe entstehen die mit dem eigentlichen Verkaufen von Produkten und Dienstleistungen wenig zu tun haben. Am Ende können jedoch gerade diese Qualifikationen in erheblichem Umfang zur Leistungsfähigkeit der Verkaufteams beitragen. Nur der Vollständigkeit halber wird an dieser Stelle angemerkt, dass selbstverständlich auch die häufige Jobrotation vielfältige Personalentwicklungsmaßnahmen erfordert.

In Analogie der zurückliegenden Ausführungen ist auch hier die **leistungsgerechte Entlohnung** ein Ergebnis planvoller und systematischer Personalentwicklung und Personalbeurteilung. Es sei jedoch hier angemerkt, dass voraussichtlich für die praktische Transformation zu Verkaufteams, weniger Probleme auftauchen werden, als dies bei der Koordinierung der Zulieferkette der Fall ist. Denn hier wird es wahrscheinlich keine

---

[49] vgl. **Rahn, Horst-Joachim**: Unternehmensführung, S. 378, 4. Aufl., Kiehl Verlag, Ludwigshafen, 2000.

Zweiteilung der Mitarbeitergruppe geben, indem eine Gruppe von Mitarbeitern aufgewertet und eine andere Gruppe von Mitarbeitern abgewertet wird. Es ist anzunehmen, dass hier alle Verkaufsmitarbeiter gleichermaßen in Verkaufsteams organisiert werden und somit auch alle Mitarbeiter eine einheitliche Beurteilung und nachfolgend einheitliche Entlohnung erhalten.

4.3.5 Personaleinsatz: Management des schlanken Unternehmens

Der Personaleinsatz beim Management des schlanken Unternehmens muss grundsätzlich so ausgerichtet sein sodass der Transfer von traditionell tayloristischer Unternehmensführung zur schlanken Unternehmensführung sinnvoll realisiert werden kann. Auch hier entstehen durch den Veränderungsprozess neue Funktionen, Stellen und daraus resultierend neue Anforderungen an die **Stellenbesetzung**. Besonders sind aber diejenigen neuen Mitarbeiter herauszustellen, die den Veränderungsprozess selbst in einer völlig neuen Funktion vorantreiben, begleiten, Ziele definieren und sich um die Umsetzung kümmern.[50] Bezogen auf die Stellenbesetzung ist hier herauszustellen das es nun nicht nur darum geht, vorhandene Stellen umzugestalten, sondern es hier auch darum geht, völlig neue Stellen zu bilden und zu besetzen. Beispielsweise die Stelle des bereits erwähnten Change Agents, wird voraussichtlich schwierig zu besetzen sein wird, denn dieser Veränderungsmanager wird eine Führungskraft mit großem Erfahrungsschatz sein müssen, um die Ihm gestellte Aufgabe adäquat bewältigen zu können. Gerade diese Führungskräfte sind jedoch meistens in Ihrer eigentlichen Aufgabe vollkommen eingebunden und nur schwierig ersetzbar. Für die Transformation des Unternehmens zum schlanken Unternehmen übernimmt der Change Agent jedoch eine Schlüsselrolle sodass der Interessenskonflikt vorprogrammiert scheint.[51] Diese und andere Interessenskonflikte gilt es bei der Stellenbesetzung zu berücksichtigen.

Welche Aspekte könnten nun für die **Personalbeurteilung**, gerade im Hinblick auf das Management des schlanken Unternehmens von Bedeutung sein? Hier steht die personale Qualität der Ausgestaltung des Transformationsprozesses zum schlanken Unternehmen im Vordergrund. Folglich die Fähigkeit des Managements diesen Veränderungsprozess zu begleiten und voranzutreiben. Besonders sei an dieser Stelle angemerkt, dass es aus diesem Grunde augenscheinlich außerordentlich sinnvoll ist, das gesamte Management eines Unternehmens ohne Ausnahme in die Personalbeurteilung einzubeziehen. Es drängt sich zusätzlich hier der Gedanke auf, dass in diesem Zusammenhang zwei Gruppen von Management existieren, die einer Personalbeurteilung unterzogen werden müssen. Zum einen sind das alle Linienvorgesetzten aller Managementebenen inklusive der Unternehmensführung. Zum anderen sind das diejenigen die explizit für das Management des

---

[50] vgl. **Regber, Holger; Zimmermann, Klaus**: Change Management in der Produktion, S. 187, Verlag Moderne Industrie, Landsberg/Lech, 2001.

[51] vgl. **Regber, Holger; Zimmermann, Klaus**: Change Management in der Produktion, S. 188, Verlag Moderne Industrie, Landsberg/Lech, 2001.

Veränderungsprozesses verantwortlich sind. Wie bereits erwähnt sind das der Change Agent, der Prozessgestalter, der Prozessbegleiter und der Umsetzer.[52] Da die Aufgabeninhalte und die daraus resultierenden Stellenbeschreibungen grundlegend unterschiedlich sind, ist es wahrscheinlich auch erforderlich jeweils unterschiedliche inhaltliche Aspekte in der jeweiligen Personalbeurteilung zu berücksichtigen.

Wird davon ausgegangen, dass auf der Basis der zurückliegenden Darstellungen es tatsächlich auch im Bereich des Managements von Unternehmen Mitarbeiter gibt, die aufgrund Ihrer Personalbeurteilung nicht den auf Basis der Stellenbeschreibung vorgegebenen Qualifikationsanforderungen entsprechen, so ist zwangläufig die **Personalentwicklung** auch für das Management von Bedeutung. Ähnlich differenziert wie die Personalbeurteilung vorgenommen werden sollte, so sollte folglich auch die Personalentwicklung organisiert und abgewickelt werden. Vielleicht ist ja gerade in der unternehmerischen Praxis davon auszugehen, dass das Unternehmen umso leistungsfähiger ist, umso leistungsfähiger das Management dieses Unternehmens ist. Auf dieser Grundlage fällt der Personalentwicklung gerade für das Management des schlanken Unternehmens eine besondere Bedeutung zu, die hier bewusst herausgestellt wird.

Wiederum basiert die **leistungsgerechte Entlohnung** auf der Stellenbeschreibung und der Personalbeurteilung, allerdings ist dieser Aspekt gerade im Hinblick auf die öffentlichen Diskussionen über Vergütungen von Topmanagern besonders interessant. Methodisch scheint jedoch die Ableitung der Vergütung des Managements, inklusive der Gruppe des Veränderungsmanagements, auf der oben genannten Basis unproblematisch zu sein. Die Betriebswirtschaftslehre liefert jedenfalls wieder gut strukturierte und systematisierte Ansatzpunkte für die praktische Umsetzung. Inwieweit die Unternehmen dies jedoch sinnvoll zur Anwendung bringen wird auch hier die Zukunft zeigen.

4.4   Führungsmodul

Für Steinmann und Schreyögg schließt sich die Führung idealtypisch der Planung, der Organisation und der personellen Ausstattung an, weil dadurch die generellen Voraussetzungen für den Aufgabenvollzug geschaffen wurden. Folglich beinhaltet die Führung die **konkrete Veranlassung der Arbeitsausführung** und ihre **zieladäquate Feinsteuerung** im vorgegebenen Rahmen. Im Gegensatz dazu beinhaltet die Führung im engeren Sinne den **täglichen Arbeitsvollzug** und seine **Formung durch die Vorgesetzten**.[53]

Auf Basis gleicher Systematik, wie bei den bereits dargestellten Modulen, werden nun auch in diesem Führungsmodul zur Strukturierung dieser Aspekte sinnvolle Schwerpunkte gebildet. Zunächst können die beiden Aspekte konkrete Veranlassung der Arbeitsausführung

---

[52] vgl. **Regber, Holger; Zimmermann, Klaus**: Change Management in der Produktion, S. 188–192, Verlag Moderne Industrie, Landsberg/Lech, 2001.

[53] vgl. **Steinmann, Dr. Horst; Schreyögg, Dr. Georg**: Management, S. 10, 5. Aufl., Betriebswirtschaftlicher Verlag Dr. Th. Gabler, Wiesbaden, 2000.

und zieladäquate Feinsteuerung, als Führung im weiteren Sinne unter dem Schwerpunkt der **praktischen zieladäquaten Umsetzung** zusammengefasst werden. Des Weiteren können die beiden Aspekte täglicher Arbeitsvollzug und Formung durch die Vorgesetzten unter dem Schwerpunkt **Führungsverhalten der Vorgesetzten** zusammengefasst werden.

Nachfolgend werden nun auch diese Gedanken in der bereits bekannten strukturierten Methodik der dargestellten Module Planung, Organisation und Personaleinsatz mit den inhaltlichen Anregungen aus der MIT-Studie von Womack, Jones und Roos verbunden, um auch hier Wechselwirkungen herauszuarbeiten. Besonders sei an dieser Stelle darauf hinge-wiesen, dass in diesem Führungsmodul die praktische Umsetzung der einzelnen Methoden und Techniken der schlanken Unternehmung im Vordergrund steht und folglich nun stärker auf die Inhalte dieser Methoden und Techniken eingegangen werden muss. Dabei liefern die Ausführungen von Carl und Kiesel wiederum hilfreiche Unterstützung zur Gliederung dieser Inhalte. Siehe hierzu auch die Abb. 11 bis 16.[54]

4.4.1 Führungsmodul: Fabrikbetrieb

Basierend auf den Ausführungen von Steinmann und Schreyögg, folgt somit nun im Rah-men der Führung die praktische Umsetzung der vorbereiteten Maßnahmen insbesondere in diesem Teilbereich Fabrikbetrieb.[55] Die **praktische zieladäquate Umsetzung** ergibt sich im Wesentlichen aus der Anwendung entsprechender Methoden und Techniken. Als zieladäquat werden in Rahmen dieses Buches alle Strukturen und Prozesse bezeichnet, die den Transformationsprozess zum schlanken Unternehmen mit gestalten. Die Vergangenheit hat beispielsweise eindrucksvoll gezeigt, dass ein nur auf einzelnen Operationen hin bezo-genes Prinzip der Stückkostendegression in Verbindung mit der Zergliederung der Arbeit in kleine Operationen und der im Taylorismus angelegten Tendenz der Ersetzung mensch-licher Arbeit durch Maschinen zu einer hohen Technisierung der Operationen in der Massenproduktion führt. Schließlich wird bei gewandelten Marktverhältnissen und dem Druck, kürzerer Produktzyklen und gestiegener Variantenanzahl, die Investition in hoch spezialisierte, auf große Serien spezifizierte technische Anlagen zum Problem. Daher ist die Flexibilisierung des Maschinensystems eine wichtige Bedingung innerhalb der schlan-ken Fertigung.[56]

Diese flexiblen Produktionsmaschinen zeichnen sich besonders durch Anpassungs-fähigkeit an die Anzahl verschiedenartiger zu bearbeitender Werkstücke, sowie hinsichtlich

---

[54] vgl. **Carl, Dr. Notger; Kiesel, Dr. Manfred**: Unternehmensführung – Methoden, Instrumente, Managementkonzepte, S. 253–264, Verlag Moderne Industrie, Landsberg/Lech, 2000.

[55] vgl. **Steinmann, Dr. Horst; Schreyögg, Dr. Georg**: Management, S. 10, 5. Aufl., Betriebs-wirtschaftlicher Verlag Dr. Th. Gabler, Wiesbaden, 2000.

[56] vgl. **Weber, Prof. Dr. Hajo; Königstein, Ute; Töpsch, Dr. Karin**: Hochleistungsorganisation – Wettbewerbsfähigkeit und Restrukturierung, S. 20, Verlag C.H. Beck, München, 1999.

der möglichen Zahl von Bearbeitungsfunktionen aus. Diese beiden Arten von Flexibilität werden auch als Objektflexibilität und Verrichtungsflexibilität bezeichnet. Diese fertigungstechnische Flexibilität ermöglicht es, in schlanken Unternehmen Klein- und sogar Einzelserien bei variablem Personaleinsatz wirtschaftlich zu produzieren.[57] In der schlanken Produktion werden Maschinen nur für schwere oder monotone Arbeitsprozesse einsetzt, während man für komplexe, qualitätssensible Arbeitsgänge weiterhin auf den Menschen vertraut. Es wird davon ausgegangen, dass nur durch das Mitdenken von Menschen ständige Verbesserungen erreicht werden können, was weder mit Maschinen noch mit tayloristischen Bewegungsvorgaben möglich ist. Diese Denkweise wird auch als Human Integrated Manufactoring bezeichnet.[58]

Die Rüstzeitreduzierung ist ein weiterer wichtiger Bestandteil des Bestrebens, die Produktivität und damit Wettbewerbsfähigkeit eines Unternehmens durch die Fähigkeit zu steigern, schnell, flexibel und dabei wirtschaftlich auf veränderte Marktanforderungen zu reagieren. Als Rüstzeit bezeichnet man allgemein die Zeitspanne, die für die Vorbereitung der Produktiveinheit zur Erfüllung der Arbeitsaufgabe erforderlich ist.[59] Shigeo Shingo, ein japanischer Unternehmensberater, hat bereits Mitte der 60iger Jahre für die Unternehmen Matsushita, Toyota und Bridgestone eine Methodik zur drastischen Reduzierung der Rüstzeiten entwickelt. Der Schwerpunkt dieser Methodik mit dem Namen SMED, single minute exchange of die oder Rüsten im einstelligen Minutenbereich, lag dabei nicht auf hochautomatisierten Systemen, sondern auf dem Ansatz, Rüstzeiten durch konsequent verbesserte Arbeitsorganisation zu reduzieren.[60] Nur der Vollständigkeit halber und ohne an dieser Stelle unnötig ins Detail abgleiten zu wollen, sei hier noch erwähnt, dass die Weiterentwicklung von SMED das Rüsten durch eine einzige Berührung anstrebt und unter dem Namen OTED, one touch exchange of die, geführt wird.[61]

Zur fertigungsnahen Produktionsteuerung sind zum Verständnis zunächst einige grundsätzliche Vorbemerkungen notwendig. Im allgemeinen Verständnis suggeriert eine Fertigung in der vermeintlich all das auf Lager liegt was man gegebenenfalls braucht, um dann doch bei plötzlichen Veränderungen des Marktes festzustellen, dass die entsprechende Variante entweder nicht in hinreichender Qualität, Menge oder Art vorhanden ist, den Eindruck der Robustheit. Demgegenüber suggeriert eine Fertigung, die den Anspruch erhebt, nahezu lagerlos zu fertigen, Fragilität. Der aufmerksame Beobachter hingegen kommt zu dem Ergebnis,

---

[57] vgl. **Weber, Prof. Dr. Hajo; Königstein, Ute; Töpsch, Dr. Karin**: Hochleistungsorganisation – Wettbewerbsfähigkeit und Restrukturierung, S. 45, Verlag C.H. Beck, München, 1999.

[58] vgl. **Carl, Dr. Notger; Kiesel, Dr. Manfred**: Unternehmensführung – Methoden, Instrumente, Managementkonzepte, S. 261–263, Verlag Moderne Industrie, Landsberg/Lech, 2000.

[59] vgl. **Weber, Prof. Dr. Hajo; Königstein, Ute; Töpsch, Dr. Karin**: Hochleistungsorganisation – Wettbewerbsfähigkeit und Restrukturierung, S. 48, Verlag C.H. Beck, München, 1999.

[60] vgl. **Regber, Holger; Zimmermann, Klaus**: Change Management in der Produktion, S. 89, Verlag Moderne Industrie, Landsberg/Lech, 2001.

[61] vgl. **Regber, Holger; Zimmermann, Klaus**: Change Management in der Produktion, S. 102, Verlag Moderne Industrie, Landsberg/Lech, 2001.

dass das Massenproduktionsmodell nur so lange erfolgreich war, wie es eine Verbindung zwischen wachsenden Märkten nach primär produktionsspezifisch differenzierten Produkten gab, während es bei stagnierenden, im Volumen begrenzten Märkten und bei stark kundenspezifisch orientierter Fertigung an seine Grenzen stößt. Dieses System reagiert typischerweise auf Nachfrageschwankungen mit der Reduktion von Produktionsvolumina und damit auch mit Änderungen der Beschäftigungsvolumina. „Hire and fire" und Produktionskapazitätskürzungen sind hier die beiden Reaktionsformen.[62]

Die Transformation zur nahezu lagerlosen schlanken Produktion hat jedoch erhebliche Konsequenzen für die Art und Weise wie die Herstellung der jeweils benötigten Teile gesteuert wird. Die Idee ist, nicht den jeweiligen Spitzen und Tälern der Nachfrage nachzujagen, sondern die Produktion an dem Prinzip der Produktionsnivellierung oder Produktionsflussglättung auszurichten. Dieses Prinzip zielt darauf ab, die Produktion in ihrem Volumen und ihrem Fluss möglichst konstant zu halten, das heißt die Organisation der Fertigung und die Abstimmung der Kapazitäten, sind an der Referenz kontinuierlicher Auslastung und eines harmonischen Flusses von Teilen und Operationen orientiert.

In der Massenproduktion erfolgt ein Schiebe- oder push-Verfahren der Fertigungsplanung und Fertigungssteuerung, während in der schlanken Organisation die Logik des Fertigungsprozesses und die der Zuführung entsprechender Teile und Ressourcen einem Zieh- oder pull Verfahren folgt. In der schlanken Fertigung orientiert man sich in der Organisation und im Materialfluss an den Kriterien, „zur rechten Zeit", „in der richtigen Menge", „am richtigen Ort", also an dem Grundsatz von „Just-in-time".[63] Eine Methode zur Umsetzung von „Just-in-time" ist das Kanban-System.[64] Kanban ist japanisch und bedeutet sinngemäß Karte und bezeichnet den Informationsträger, der alle Fertigungsaktivitäten auslöst.[65] Während nun ein zentralistisches Produktionssteuerungssystem zu jedem Zeitpunkt des Produktionsprozesses alle möglichen Daten abfragt, setzt das Kanban-System auf Selbststeuerung. In diesem System werden nur noch die Daten ausgetauscht, die unbedingt notwendig sind. Wesentliche Elemente dieses Systems sind Flexibilität und Eigensteuerung.[66] Auf diese Weise wird eine fertigungsnahe Produktionssteuerung praktisch realisiert.

Die integrierte Qualitätskontrolle basiert zunächst auf der Einführung unternehmensweiter Qualitätskonzepte, wie etwa Total Quality Management, kurz TQM. Diese Kon-

---

[62] vgl. **Weber, Prof. Dr. Hajo; Königstein, Ute; Töpsch, Dr. Karin**: Hochleistungsorganisation – Wettbewerbsfähigkeit und Restrukturierung, S. 17, Verlag C.H. Beck, München, 1999.

[63] vgl. **Weber, Prof. Dr. Hajo; Königstein, Ute; Töpsch, Dr. Karin**: Hochleistungsorganisation – Wettbewerbsfähigkeit und Restrukturierung, S. 18, Verlag C.H. Beck, München, 1999.

[64] vgl. **Ohno, Taiichi**: Das Toyota – Produktionssystem, S. 56, Campus Verlag, Frankfurt a.M., New York, 1993.

[65] vgl. **Heinen, Edmund**: Industriebetriebslehre, S. 606, 9. Aufl., Betriebswirtschaftlicher Verlag Dr. Th. Gabler, Wiesbaden, 1991.

[66] vgl. **Regber, Holger; Zimmermann, Klaus**: Change Management in der Produktion, S. 68, Verlag Moderne Industrie, Landsberg/Lech, 2001.

zeption zielt auf die Veränderung von Einstellungen, dem Denken in Kundennutzen statt in eigenem Aufwand und damit auf die Änderung der Verhaltensmuster aller Mitarbeiter ab, um letztendlich eine Steigerung der Wettbewerbsfähigkeit der Unternehmung zu erzielen. Zur Realisierung bedarf es veränderter, qualitätsförderlicher Organisationsstrukturen, was bedeutet, dass die Prozesse und Organisationseigenschaften optimiert werden müssen, um schließlich die Organisation derart umzustrukturieren, dass qualitätsförderliche Rahmenbedingungen geschaffen werden.[67]

Weitere Schlagworte eines integrierten Qualitätsmanagementsystems sind Qualitätszertifizierungen, das Informationsmanagement, die Visualisierung produktionsbezogener Informationen, der kontinuierliche Verbesserungsprozess und der Aufbau von internen Kunden-Lieferanten-Beziehungen.[68] Die integrierte Qualitätskontrolle folgt im Rahmen dieser Konzeption dem Prinzip der Selbstkontrolle, innerhalb dessen jeder operative Mitarbeiter voll in die Qualitätsverantwortung einbezogen ist. Um zu gewährleisten, dass ausschließlich fehlerfreie Teile an die nachgelagerte Bearbeitungseinheit weitergegeben werden, müssen bei Abweichungen von einer vorgegebenen Soll-Qualität die Fehler sofort durch den verantwortlichen Operateur beseitigt werden. Dadurch wird Qualität zu einem systemimmanenten Ergebnis.[69] Spitzenunternehmen gehen jedoch noch einen Schritt weiter und streben nach dem Ziel des Null-Fehler-Produktionsprozesses. Die Realisierung des Null-Fehler-Produktionsprozesses erfolgt dort beispielsweise in vier Schritten:

- Minimierung der Werkerfehler durch kleine Regelkreise und Selbstprüfung
- Minimierung der Maschinenfehler durch Prozessfähigkeit und Prozessstabilisierung
- Minimierung der Materialfehler durch Lieferantenentwicklung und Null-Fehler-Programme und
- Optimale Kundenzufriedenheit durch Maximierung der Service- und Lieferqualität sowie durch die Bildung von Service- und Problemlösungsteams.[70]

Im Zusammenhang mit der relativ homogenen Ausbildung muss zunächst vorweg geschickt werden, dass in japanischen Unternehmen die Fähigkeit, das intellektuelle Potenzial der Mitarbeiter zu aktivieren als zentraler Wettbewerbsvorteil gegenüber amerikanischen und westeuropäischen Konkurrenten gilt. Beispielsweise signalisieren Unternehmen, die mit Null-Puffer-Null-Fehler-Systemen arbeiten und kontinuierliche Verbesserungsprozesse

---

[67] vgl. **Weber, Prof. Dr. Hajo; Königstein, Ute; Töpsch, Dr. Karin**: Hochleistungsorganisation – Wettbewerbsfähigkeit und Restrukturierung, S. 49, Verlag C.H. Beck, München, 1999.

[68] vgl. **Weber, Prof. Dr. Hajo; Königstein, Ute; Töpsch, Dr. Karin**: Hochleistungsorganisation – Wettbewerbsfähigkeit und Restrukturierung, S. 51, Verlag C.H. Beck, München, 1999.

[69] vgl. **Weber, Prof. Dr. Hajo; Königstein, Ute; Töpsch, Dr. Karin**: Hochleistungsorganisation – Wettbewerbsfähigkeit und Restrukturierung, S. 60, Verlag C.H. Beck, München, 1999.

[70] vgl. **Rommel, Günter; und andere; McKinsey & Company, Inc.**: Qualität gewinnt – mit Hochleistungskultur und Kundennutzen an die Weltspitze, S. 112, Schäffer-Poeschel Verlag, Stuttgart, 1995.

vor Ort als Basis der permanenten Optimierung einsetzen, ein grundlegend anderes Verständnis der Potenziale menschlicher Arbeitskraft, als tayloristisch geprägte Organisationen.[71] Die Personalentwicklung in der schlanken Organisation erfolgt durch systematische, an die Organisationserfordernisse angepasste Qualifizierung. In diesem Sinne wird nicht konzeptionslos ausgebildet, sondern anlassbezogen und relativ homogen qualifiziert, um die geistigen Potenziale aller Mitarbeiter optimal zu nutzen.[72]

Das eben dargestellte veränderte Leitbild des Menschen, der vom Produktionsfaktor zum zentralen Akteur der Wertschöpfung im Unternehmen wird, findet seine organisatorische Entsprechung in der Gruppenarbeit. Die Reintegration vormals ausdifferenzierter Funktionen in der Gruppe, die Selbstregulation hinsichtlich zentraler Dimensionen der Arbeitsorganisation und des Arbeitseinsatzes, die Bereitstellung entsprechender Regulationsmechanismen und die Verfügung über die notwendigen Ressourcen, schaffen die Voraussetzungen für eine weitgehende Selbstorganisation der Mitarbeiter der operativen Ebene. Dies führt zwangsläufig zur Entfaltung von Kreativitätspotenzialen und Motivationspotenzialen, die in der hocharbeitsteiligen Organisation der Massenproduktion nicht genutzt wurden. Die Gruppenarbeit bildet den Kern schlanker Unternehmensorganisation. Damit ist die erfolgreiche Einführung der Gruppenarbeit einer der entscheidenden wettbewerbssteigernden Faktoren im Konzept des Lean Management. Gerade im Hinblick auf die MIT-Studie sei an dieser Stelle erwähnt, dass dort ja schon Anfang der 90er-Jahre der immense Produktivitätsunterschied zwischen japanischen und westlichen Unternehmen festgestellt wurde und das Team als Herz der schlanken Fabrik entdeckt wurde.[73]

Schließlich ist das Konzept der wechselnden Arbeitsplätze, das Job Rotation, eine Form der Qualifizierung am Arbeitsplatz, die in der schlanken Fertigung insbesondere im Zusammenhang mit der Vermittlung von Prozesskompetenz und gruppenorientierten Arbeitsformen eine Rolle spielt. Durch die praktische Umsetzung dieses Konzeptes werden die Mitarbeiter mit verschiedenen Prozessen bekannt gemacht, ihrer Qualifikationsbreite sowie das Verständnis für vor und nachgelagerte Prozesse vergrößern sich und die einseitige Spezialisierung auf einzelnen Arbeitsschritte wird durchbrochen. Folglich können die Mitarbeiter ohne weiteren Einarbeitungsaufwand bei gleicher Arbeitsleistung an mehreren Abschnitten der Prozesskette eingesetzt werden, was die Einsatzflexibilität der Mitarbeiter erhöht.[74]

Der Schwerpunkt **Führungsverhalten der Vorgesetzten** ergibt sich aus der Anforderung an die Führungskräfte, den Transformationsprozess zur schlanken Unternehmen

---

[71] vgl. **Weber, Prof. Dr. Hajo; Königstein, Ute; Töpsch, Dr. Karin**: Hochleistungsorganisation – Wettbewerbsfähigkeit und Restrukturierung, S. 205, Verlag C.H. Beck, München, 1999.

[72] vgl. **Weber, Prof. Dr. Hajo; Königstein, Ute; Töpsch, Dr. Karin**: Hochleistungsorganisation – Wettbewerbsfähigkeit und Restrukturierung, S. 228, Verlag C.H. Beck, München, 1999.

[73] vgl. **Weber, Prof. Dr. Hajo; Königstein, Ute; Töpsch, Dr. Karin**: Hochleistungsorganisation – Wettbewerbsfähigkeit und Restrukturierung, S. 69, Verlag C.H. Beck, München, 1999.

[74] vgl. **Weber, Prof. Dr. Hajo; Königstein, Ute; Töpsch, Dr. Karin**: Hochleistungsorganisation – Wettbewerbsfähigkeit und Restrukturierung, S. 231, Verlag C.H. Beck, München, 1999.

mit allen Kräften zu fördern und voranzutreiben. An dieser Stelle wird, wie bereits an anderen Stellen dieses Buches, aus methodisch didaktischen Gründen auf detaillierte Ausführungen zum Thema Mitarbeiterführung und Führungsstil verzichtet.

4.4.2 Führungsmodul: Entwicklung

Für die Entwicklung in der schlanken Unternehmung ergibt sich die **praktische zieladäqua-te Umsetzung** ebenfalls aus der Anwendung entsprechender Methoden und Techniken, auf die nun näher eingegangen wird. Die Innovationsfähigkeit ist nicht nur ein zentraler Aspekt der Wettbewerbsfähigkeit einzelner Unternehmen, sondern ganzer industrieller Standorte. Folglich bezeichnet Innovativität nicht alleine die Fähigkeit zur Vermarktung neuer Produkte, sondern auch, dass ein innovatives Unternehmen, das sich im globalen Wettbewerb behaupten will, die Fähigkeit besitzt, neue Produkte möglichst kostengünstig, in möglichst kurzer Zeit und mit einem hohen Maß an Kundennähe auf den Markt zu bringen. Schließlich ist eine effektive Entwicklungsorganisation als Voraussetzung für die Hervorbringung marktgerechter, kostengünstiger, innovativer und damit attraktiver Produkte als zentraler Wettbewerbsfaktor zu begreifen.[75]

Im Rahmen der Produktentwicklung sind nun eine Reihe von unterschiedlichen Aktivitäten innerhalb eines Unternehmens notwendig, die im Allgemeinen sequenziell, also nacheinander erledigt werden. Dieses Vorgehen wird auch als sequenzielle Produktentwicklung bezeichnet. Um den Produktentwicklungsprozess zu beschleunigen und damit Kosteneinsparungen zu erreichen, ist es nötig, die Arbeitsabläufe zu parallelisieren, um beispielsweise bereits bei der Produktentwicklung Erkenntnisse aus der nachgelagerten Produktionsplanung und Produktionssteuerung zu berücksichtigen.[76] Dieses Simultaneous Engineering, oder auch Simultane Entwicklung genannt, bedeutet also die Abschwächung der Effekte einer funktionalen Differenzierung und verspricht eine Integration von Entwicklungstätigkeiten über traditionelle Bereichsgrenzen hinweg.[77] Praktisch zeichnet sich die schlanke Produktentwicklung durch das Vorherrschen von Projektteams aus, die häufig nicht nur crossfunktional oder interfunktional zusammengesetzt sind, sondern schließlich häufig auch Mitarbeiter aus Zulieferer- und Händlerbetrieben mit einbeziehen. Die Leitung dieser Teams hat der starke Projektleiter, der über umfassende Macht-, Entscheidungs- und Verantwortungskompetenz verfügt, für den gesamten Projektablauf die Kosten, das Layout und die Komponenten des Produktes verantwortlich ist, den Kontakt zu Ingenieuren und Kunden hält und somit als Schwergewichtsmanager den gesamten

---

[75] vgl. **Weber, Prof. Dr. Hajo; Königstein, Ute; Töpsch, Dr. Karin**: Hochleistungsorganisation – Wettbewerbsfähigkeit und Restrukturierung, S. 101–102, Verlag C.H. Beck, München, 1999.

[76] vgl. **Bühner, Dr. Rolf**: Management – Lexikon, S. 693, Oldenbourg Wissenschaftsverlag, München, Wien, 2001.

[77] vgl. **Weber, Prof. Dr. Hajo; Königstein, Ute; Töpsch, Dr. Karin**: Hochleistungsorganisation – Wettbewerbsfähigkeit und Restrukturierung, S. 112, Verlag C.H. Beck, München, 1999.

Entwicklungsprozess direkt führt. Diese Entwicklungsorganisation hat sich als äußerst leistungsfähig erwiesen.[78] Auf Basis dieser Struktur- und Prozessorganisation wird in der schlanken Entwicklung die frühzeitige Einbeziehung aller beteiligten Bereiche, die gemeinschaftliche Definition im Lastenheft, die gemeinsame Verantwortung, die frühzeitige Korrektur bei Fehlern und die ständige gegenseitige Information gewährleistet. Wie bereits erwähnt, gehen Experten schließlich davon aus, dass dadurch die Entwicklungszeiten von Produkten verkürzt werden können.[79]

Der vorgegebenen inhaltlichen Struktur folgend, wird an dieser Stelle nur der Vollständigkeit halber noch einmal kurz auf den Begriff der Projektorganisation im Allgemeinen eingegangen. Die Projektorganisation ist die Strukturierung von Projekten, wobei Projekte Vorhaben mit definiertem Anfang und Abschluss sind, die beispielsweise durch die Merkmale Einmaligkeit, begrenzte Dauer, Komplexität, interdisziplinärer Umfang, Schwierigkeit und Risiko charakterisiert sind.[80] Auf die Parallelisierung von Prozessen wurde ja bereits im Rahmen des Simultaneous Engineering eingegangen.

Zum Schwerpunkt **Führungsverhalten der Vorgesetzten** sei neben den bereits bekannten Ausführungen noch erwähnt, dass der Projektleiter von Entwicklungsprojekten über spezielle Qualifikationen, wie beispielsweise integratives Denken, Kommunikationsfähigkeit mit ausdifferenzierten, gegebenenfalls an spezifischen disziplinären Kriterien orientierten Sprachstilen im Bereich von Forschung und Entwicklung, Marketing oder Produktion, verfügen sollte.[81] Weitere Anforderungen an die Führungskräfte ergeben sich auch hier daraus, dass sie den Transformationsprozess zur schlanken Unternehmen mit allen Kräften fördern und vorantreiben müssen.

4.4.3 Führungsmodul: Koordination der Zulieferkette

Die **praktische zieladäquate Umsetzung** der Koordination der Zulieferkette im Rahmen des Transformationsprozesses zum schlanken Unternehmen wird durch die Anwendung einiger Methoden und Techniken ausgestaltet, die nachfolgend präsentiert werden.

Wie bereits im Verlaufe dieses Buches gezeigt wurde, hat die Reorganisation in den einzelnen Hersteller- und Zulieferfirmen, sowie ihr neu gestaltetes, auf Partnerschaft und Vertrauen basiertes Verhältnis zueinander, erhebliche Auswirkungen auf die Struktur, das heißt das Muster der Beziehungen zwischen den Unternehmen des Zuliefersystems. Das

---

[78] vgl. **Weber, Prof. Dr. Hajo; Königstein, Ute; Töpsch, Dr. Karin**: Hochleistungsorganisation – Wettbewerbsfähigkeit und Restrukturierung, S. 112, Verlag C.H. Beck, München, 1999.

[79] vgl. **Carl, Dr. Notger; Kiesel, Dr. Manfred**: Unternehmensführung – Methoden, Instrumente, Managementkonzepte, S. 257, Verlag Moderne Industrie, Landsberg/Lech, 2000.

[80] vgl. **Rahn, Horst-Joachim**: Unternehmensführung, S. 330, 4. Aufl., Kiehl Verlag, Ludwigshafen, 2000.

[81] vgl. **Weber, Prof. Dr. Hajo; Königstein, Ute; Töpsch, Dr. Karin**: Hochleistungsorganisation – Wettbewerbsfähigkeit und Restrukturierung, S. 112, Verlag C.H. Beck, München, 1999.

Ergebnis dieser organisatorischen Gestaltung wird sein, dass sich die Anzahl der Zulieferer und die Art ihrer Positionierung erheblich ändern wird. Experten gehen davon aus, das es in Europa, wie bereits in Japan weitgehend erfolgt, zu einer drastischen Reduzierung der Anzahl der Zulieferer auf Größen im dreistelligen Bereich und zu vertikal strukturierten Beziehungen zwischen Zulieferern, das heißt dem Aufbau von Zulieferer-Hierarchien oder Zulieferer-Pyramiden kommen wird.[82] Das dieser Prozess bereits praktisch längst eingesetzt hat, bestätigen Informationen, nach denen Volkswagen bereits 1999 begonnen hat, die Anzahl der Zulieferer von bis zu diesem Zeitpunkt 10.000 auf lediglich 400 Systemlieferanten zu reduzieren, während AUDI die Anzahl der Zulieferer von bis zu diesem Zeitpunkt 950 Lieferanten auf 100 bis 200 Systemlieferanten reduzieren wollte.[83]

Eine wirksame Methode zur Verringerung der Anzahl an Lieferanten ist die gezielte Strategie, bestimmte Teile aus weniger Quellen oder genauer aus einer einzigen Quelle zu beziehen, was in Fachkreise wie bereits erwähnt als Single Sourcing bezeichnet wird. Auf diesem Wege wird der, mit vermehrten Fremdbezugsentscheidungen einhergehende erhöhte logistische Aufwand durch die Verringerung der beauftragten Firmen reduziert und darüber hinaus die Kosten der Abwicklung gesenkt. Zusätzlich werden die Kosten für doppelte Werkzeugausrüstungen bei den Zulieferern einspart. Allerdings ist der eindeutige Nachteil dieser Strategie, dass dadurch eine hohe Empfindlichkeit gegenüber jeglicher Form von Lieferantenunterbrechungen im Zuliefersystem besteht.[84] Zur Auswahl der entsprechenden Lieferanten werden sie mittels des Verfahrens der Wertanalyse systematisch anhand vielfältiger Kriterien über beispielsweise Produktivität, Qualität, Lieferfristen sowie Zuverlässigkeit bewertet und klassifiziert.[85] Im Rahmen des Dual Sourcing bei Volumenteilen wird sich, wie es der Begriff schon sachlich sinnvoll beschreibt, auf zwei Lieferanten konzentriert.

Der Schlüssel zu einem wettbewerbsfähigen Teilezuliefersystems liegt jedoch nach Womack, Jones und Roos in der Art und Weise, wie Hersteller und Zulieferer zusammenarbeiten.[86] Im schlanken Zuliefersystem basieren die Beziehungen zwischen Herstellern und Zulieferern auf wechselseitig vorteilhaften, transparenten, ausgehandelten Geschäftsbeziehungen, die in vertraglicher Form festgelegt werden.[87] Diese Vereinbarung regelt nicht die Steigerung der ökonomischen Ergebnisse des einen auf Kosten des anderen,

---

[82] vgl. **Weber, Prof. Dr. Hajo; Königstein, Ute; Töpsch, Dr. Karin**: Hochleistungsorganisation – Wettbewerbsfähigkeit und Restrukturierung, S. 147, Verlag C.H. Beck, München, 1999.

[83] vgl. **Weber, Prof. Dr. Hajo; Königstein, Ute; Töpsch, Dr. Karin**: Hochleistungsorganisation – Wettbewerbsfähigkeit und Restrukturierung, S. 137, Verlag C.H. Beck, München, 1999.

[84] vgl. **Weber, Prof. Dr. Hajo; Königstein, Ute; Töpsch, Dr. Karin**: Hochleistungsorganisation – Wettbewerbsfähigkeit und Restrukturierung, S. 148, Verlag C.H. Beck, München, 1999.

[85] vgl. **Weber, Prof. Dr. Hajo; Königstein, Ute; Töpsch, Dr. Karin**: Hochleistungsorganisation – Wettbewerbsfähigkeit und Restrukturierung, S. 159, Verlag C.H. Beck, München, 1999.

[86] vgl. **Womack, James P.; Jones, Daniel T.; Roos, Daniel**: Die zweite Revolution in der Autoindustrie, S. 146, 8. Aufl., Campus Verlag, Frankfurt a.M., New York, 1994.

[87] vgl. vgl. **Weber, Prof. Dr. Hajo; Königstein, Ute; Töpsch, Dr. Karin**: Hochleistungsorganisation – Wettbewerbsfähigkeit und Restrukturierung, S. 143, Verlag C.H. Beck, München, 1999.

sondern die gemeinsame Maximierung von ökonomischen Vorteilen ist das Geheimnis der intelligenten Organisation des Zuliefersystems.[88] Dies wird durch unternehmensübergreifende Kooperationen realisiert, bei denen technische, logistische oder qualitätsbezogene Anforderungen von Kunden bereits frühzeitig diskutiert und als Bestandteil des Entscheidungsprozesses ins Unternehmen integriert werden. Themenschwerpunkte für derartige Kooperationen können beispielsweise die Auslagerung von Entwicklungs- und Konstruktionsaufgaben an die Lieferanten, die Kooperation mit Lieferanten beim Qualitätsmanagement oder die Integration in Just-in-time-Systemen sein.[89]

Im Rahmen der Reduktion der Produktionskomplexität versuchen die Hersteller zusätzlich den Zukaufanteil zu erhöhen und die Wertschöpfung im eigenen Hause zu reduzieren. Dies wird praktisch durch die Verringerung der Anzahl der zu fertigenden sowie einzubauenden Teile realisiert. Teile werden zu Komponenten oder Systemen zusammengefasst, sowie die Teileanzahl in den Komponenten oder Systemen reduziert, um dadurch die intern erzeugten Leistungen zu reduzieren und auf die Zulieferer zu übertragen. Dieses Outsourcing, das heißt die Vergabe von Aufträgen nach außen, führt zur Reduktion der Fertigungstiefe beim Hersteller und zu einem Anstieg des Aufgabenvolumens des Zuliefersystems und dadurch tendenziell zu einer Erhöhung der Ertragschancen.[90] Das Ergebnis ist eine steigende Anzahl von Systemlieferanten.[91]

Schließlich hat die Strategie der Hersteller zur Verwirklichung einer schlanken, puffer- und fehlerlosen Fertigung eine fehlerfreie, just-in-time oder just-in-sequence erfolgende Anlieferung von Teilen seitens der Lieferanten zur Folge. In dem die Hersteller also ihre Produktion nach schlanken Prinzipien reorganisieren, verändern sich folglich auch die Anforderungen an die Produktionsbedingungen bei den Zulieferer.[92]

4.4.4 Führungsmodul: Umgang mit den Kunden

Der Transformationsprozess vom Produktionsparadigma der Massenproduktion zu dem der schlanken Produktion tangiert nicht nur solche Bereiche wie Fertigung, Entwicklung und Beschaffung, sondern auch in zentralem Maße die Art und Weise, wie sich diese Unternehmen am Markt orientieren, wie die Kunden behandelt werden, wie auf die

---

[88] vgl. **Weber, Prof. Dr. Hajo; Königstein, Ute; Töpsch, Dr. Karin**: Hochleistungsorganisation – Wettbewerbsfähigkeit und Restrukturierung, S. 145, Verlag C.H. Beck, München, 1999.

[89] vgl. **Weber, Prof. Dr. Hajo; Königstein, Ute; Töpsch, Dr. Karin**: Hochleistungsorganisation – Wettbewerbsfähigkeit und Restrukturierung, S. 165–169, Verlag C.H. Beck, München, 1999.

[90] vgl. **Weber, Prof. Dr. Hajo; Königstein, Ute; Töpsch, Dr. Karin**: Hochleistungsorganisation – Wettbewerbsfähigkeit und Restrukturierung, S. 139–140, Verlag C.H. Beck, München, 1999.

[91] vgl. **Carl, Dr. Notger; Kiesel, Dr. Manfred**: Unternehmensführung – Methoden, Instrumente, Managementkonzepte, S. 257, Verlag Moderne Industrie, Landsberg/Lech, 2000.

[92] vgl. **Weber, Prof. Dr. Hajo; Königstein, Ute; Töpsch, Dr. Karin**: Hochleistungsorganisation – Wettbewerbsfähigkeit und Restrukturierung, S. 138–139, Verlag C.H. Beck, München, 1999.

Wettbewerbsstrategie anderer Firmen eingegangen wird und schließlich wie der Vertrieb selbst organisiert, qualifiziert und ausgerichtet ist.[93] Die **praktische zieladäquate Umsetzung** von entsprechenden Methoden und Techniken zur Weiterentwicklung des Umgangs mit den Kunden wird nachfolgend dargestellt.

Es hat sich die zentrale Logik der Organisation des Unternehmens von der Produkt- oder Fertigungsorientierung hin zur Kunden- oder Marktorientierung gewandelt. Während in traditionellen Unternehmen alle Operationen und Steuerungsstrukturen darauf hinaus liefen, einen möglichst reibungslosen Ablauf der Herstellung des Produktes, des Bezugs seines Inputs und schließlich seines Verkaufs zu sichern, was auch als product-out bezeichnet wird, folgen schlanke Unternehmen einer völlig neuen Orientierung. Das Management eines schlanken Unternehmens konzentriert sich jetzt nicht mehr auf den technischen Kern und den technischen Output, sondern auf die verstärkte Orientierung an Kunden und Märkten, was auch als market-in bezeichnet wird. Dies ist eine zwangsläufige Entwicklung, weil sich die Märkte von stabilen homogenen, zu hochdifferenzierten, heterogenen, fluktuierenden und damit turbulenten Märkten gewandelt haben.[94]

Die Unternehmen müssen folglich Kompetenzen entwickeln, um kundenbezogene individuelle Produkte zu niedrigen Kosten und mit hoher Qualität entwickeln und produzieren zu können. Zusätzlich bedingt die erhöhte Variabilität auf Seiten der Kundenbedürfnisse in gewisser Hinsicht eine entsprechende Variabilität im Produktspektrum. Eine verbreitete Methode, um mit diesem Variantendilemma umzugehen, immer mehr verschiedene Teile in immer kleineren Serien zu produzieren, ist das Gleichteilekonzept. Differenzierungen der Produkte werden nach diesem Konzept nur im kundenwahrnehmbaren Bereich vorgenommen, während im nicht kundenwahrnehmbaren Bereich Gleichteile verwendet werden. Dies hat beispielsweise die Automobilindustrie mit Ihrer Plattformstrategie realisiert, wo zum Teil 70 bis 80 % Gleichteile verwendet werden.[95]

Die langen Produktzyklen der Massenproduzenten, die sich auf die Sicherung der Operationen im technischen System und die Stabilisierung der Produktionsvolumina konzentrierten, führten zwangsläufig zu Spannungen zwischen Herstellern und Händlern. Sie wurden nicht nur gezwungen, einen immer größer werdenden Berg nicht absetzbarer Produkte auf Halde zu nehmen, sondern sie mussten auch über Preisnachlässe für die Verkaufbarkeit von diesen Produkten sorgen, die ohne Berücksichtigung der Präferenzen von Kunden hergestellt worden waren.[96] Die höhere Flexibilität der schlanken Unternehmen erlaubt es, die Produktentwicklungszeiten an die verkürzten Produktlebenszyklen anzupassen und einen häufigeren

---

[93] vgl. **Weber, Prof. Dr. Hajo; Königstein, Ute; Töpsch, Dr. Karin**: Hochleistungsorganisation – Wettbewerbsfähigkeit und Restrukturierung, S. 175, Verlag C.H. Beck, München, 1999.

[94] vgl. **Weber, Prof. Dr. Hajo; Königstein, Ute; Töpsch, Dr. Karin**: Hochleistungsorganisation – Wettbewerbsfähigkeit und Restrukturierung, S. 176–179, Verlag C.H. Beck, München, 1999.

[95] vgl. **Weber, Prof. Dr. Hajo; Königstein, Ute; Töpsch, Dr. Karin**: Hochleistungsorganisation – Wettbewerbsfähigkeit und Restrukturierung, S. 179, Verlag C.H. Beck, München, 1999.

[96] vgl. **Weber, Prof. Dr. Hajo; Königstein, Ute; Töpsch, Dr. Karin**: Hochleistungsorganisation – Wettbewerbsfähigkeit und Restrukturierung, S. 177–178, Verlag C.H. Beck, München, 1999.

Modellwechsel vorzunehmen. Die Folge ist zwar eine erhebliche Reorganisation im Bereich Entwicklung und das Ansteigen der Diversität der Produkte bei kürzeren Produktvolumen und Lebenszyklen, jedoch bedingt eine erhöhte Variabilität auf Seiten der Kundenbedürfnisse ja gerade zwangsläufig eine entsprechende Variabilität im Produktspektrum.[97]

Wie bereits im Verlaufe dieses Buches dargestellt wurde, ist die Absatzorganisation durch einen einstufigen Vertrieb gekennzeichnet, um auf diese Weise die Anforderungen des Marktes direkt bei Kunden abzufragen und mit dem einmal gewonnen Kunden ständig in Kontakt bleiben zu können.[98] Der Vertrieb befindet sich jedoch hier in einem klassischen Dilemma, denn er soll auf der einen Seite die Belange der Produktion hinsichtlich Komplexitätsreduktion und Produktionsflussglättung berücksichtigen und auf der anderen Seite den speziellen Kundenwünschen, welche die Fertigungskomplexität erhöhen würde, Rechnung tragen. Folglich fließt der vollständigen Synchronisation von Produktions- und Absatzmengen an dieser Stelle eine besondere Bedeutung zu.[99]

Schließlich wird der Kunden zu seinen Erfahrungen mit dem gekauften Produkt befragt, um durch Nachbesserungsmaßnahmen Enttäuschungen in Anerkennung umzuwandeln und gleichzeitig Wünsche zu Neuprodukten zu sammeln, da der Kunde ja auch intensiv das bisherige Produkt genutzt hat.[100] Diese langfristigen, partnerschaftlichen Beziehungen zum Kunden sind ein zentraler Bestandteil schlanker Unternehmensorganisation, was ja gerade im Zusammenhang mit dem hohen Maße an After-Sales-Service, das heißt Kundenbetreuung nach dem Kauf, deutlich zum Ausdruck kommt. Der Vertrieb hat hier also die Aufgabe auf die Kunden zuzugehen, responsiv auf deren Wünsche und Kritik zu reagieren und sie durch Beratung und Betreuung dauerhaft zu gewinnen.[101] Diese hohe Serviceintensität ist ein weiteres wichtiges Merkmal für den Umgang mit den Kunden in schlanken Unternehmen.

4.4.5   Führungsmodul: Management des schlanken Unternehmens

Im Rahmen des Führungsmoduls und des Managements des schlanken Unternehmens geht es nun explizit um die Methoden und Techniken für die Unternehmensleitung zur Transformation des Unternehmens zum schlanken Unternehmen. In der Praxis gehen Experten beispielsweise

---

[97] vgl. **Weber, Prof. Dr. Hajo; Königstein, Ute; Töpsch, Dr. Karin**: Hochleistungsorganisation – Wettbewerbsfähigkeit und Restrukturierung, S. 178–179, Verlag C.H. Beck, München, 1999.

[98] vgl. **Carl, Dr. Notger; Kiesel, Dr. Manfred**: Unternehmensführung – Methoden, Instrumente, Managementkonzepte, S. 264, Verlag Moderne Industrie, Landsberg/Lech, 2000.

[99] vgl. **Weber, Prof. Dr. Hajo; Königstein, Ute; Töpsch, Dr. Karin**: Hochleistungsorganisation – Wettbewerbsfähigkeit und Restrukturierung, S. 192, Verlag C.H. Beck, München, 1999.

[100] vgl. **Carl, Dr. Notger; Kiesel, Dr. Manfred**: Unternehmensführung – Methoden, Instrumente, Managementkonzepte, S. 264, Verlag Moderne Industrie, Landsberg/Lech, 2000.

[101] vgl. **Weber, Prof. Dr. Hajo; Königstein, Ute; Töpsch, Dr. Karin**: Hochleistungsorganisation – Wettbewerbsfähigkeit und Restrukturierung, S. 198, Verlag C.H. Beck, München, 1999.

davon aus, das Erfolg oder Misserfolg von Wandlungsprozessen in Unternehmen von Variablen unterschiedlichen Typs abhängen. Zum einen führen sie die Rahmenbedingungen der Modernisierung, also betriebliche, organisatorische, vielleicht auch qualifikatorische Kontextbedingungen an und zum anderen führen sie solche Variablen an, welche die Art und Weise betreffen, wie der Wandlungsprozess auf den Weg gebracht wird.[102] Zur Darstellung der Methoden und Techniken für das Management des schlanken Unternehmens erscheint diese Strukturierung an dieser Stelle sinnvoll zu sein, aus diesem Grunde wird nun zunächst dieser Strukturierung gefolgt.

Wie das vorliegende Buch bisher gezeigt hat, ändern sich im Zusammenhang mit **Wandlungsprozessen in Organisationen** nicht nur die organisatorischen Strukturen, Kommunikationsweisen und die Art der Integration, sondern es ändert sich gegebenenfalls auch zentral das Volumen an Stellen in der Organisation, die Ausstattung der Stellen mit entsprechenden finanziellen Mitteln, Karrierechancen und Qualifikationen. Wird nun zusätzlich der Mitarbeiter als zentraler Erfolgsfaktor angesehen, der das Potenzial für Veränderungen hat, für die Verbesserung der Produkte zuständig ist und über die Verbesserung der Produktionsfaktoren nachdenkt und somit eine Produktivitätskoalition über die Verbesserung des Unternehmens und zur Erhöhung der Einkommen eingeht, dann resultiert hieraus ein völlig anderes beschäftigungspolitisches Modell. Langfristige Beziehungen werden eingegangen, die wiederum eine zentrale Voraussetzung für die Entwicklung von Humanressourcen und die wechselseitige Verschränkung der Perspektiven der Verbesserung von Einkommen und Beschäftigung auf der einen Seite und der Verbesserung von Unternehmensparametern auf der anderen Seite, darstellen. Empirische Untersuchungen über die Wettbewerbsfähigkeit einzelner Unternehmen belegen, dass insbesondere solche Unternehmen sich durchsetzen, die eine langfristige, involvierte Beziehung zu ihren Mitarbeitern haben.[103]

Eine weitere zentrale Dimension, die den Wandlungsprozess beeinflusst, ist das **beschäftigungspolitische Modell als Vertrauensorganisation** oder als Misstrauensorganisation. Durch Misstrauensverhältnisse zwischen Belegschaft und Unternehmen entsteht ein gewisser Druck, der auf Seiten des Betriebsrats für entsprechende restriktive Formen des Umgangs mit Veränderungen sorgt. Beispielsweise werden vitale Interessen der Beschäftigten, wie die Arbeitsplatzsicherheit, die Entlohnung, Freizeit, Arbeitseinsatz in Misstrauensorganisationen restriktiver geregelt als in Vertrauensorganisationen. Die Chancen für einen erfolgreichen Wandlungsprozess hängen folglich auch davon ab, welches Beziehungsgeflecht zwischen Management, Betriebsrat und Mitarbeitern besteht.[104]

---

[102] vgl. **Weber, Prof. Dr. Hajo; Königstein, Ute; Töpsch, Dr. Karin**: Hochleistungsorganisation – Wettbewerbsfähigkeit und Restrukturierung, S. 238, Verlag C.H. Beck, München, 1999.

[103] vgl. **Weber, Prof. Dr. Hajo; Königstein, Ute; Töpsch, Dr. Karin**: Hochleistungsorganisation – Wettbewerbsfähigkeit und Restrukturierung, S. 239–241, Verlag C.H. Beck, München, 1999.

[104] vgl. **Weber, Prof. Dr. Hajo; Königstein, Ute; Töpsch, Dr. Karin**: Hochleistungsorganisation – Wettbewerbsfähigkeit und Restrukturierung, S. 241–242, Verlag C.H. Beck, München, 1999.

Eine weitere Rahmenbedingung mit zentralem Einfluss auf den Erfolg von Wandlungsprozessen, ist das **Engagement innerhalb des Unternehmens**, wobei sich hier die Ebenen
Topmanagement, mittleres Management, Betriebsrat und die Beschäftigen unterscheiden
lassen. In diesem Zusammenhang hat Schumpeter bereits darauf hingewiesen, dass es einen Unterschied macht, ob ein Unternehmer mit eigenem Kapital und eigenem Risiko im
Betrieb involviert ist oder ob ein Manager im Unternehmen angestellt ist. Schumpeter
schreibt ersterem grundsätzlich eine hohe Innovationsbereitschaft und letzterem eine niedrige Innovationsbereitschaft zu.[105] Diese Frage ist wahrscheinlich endgültig genau so offen, wie die Frage nach der Beteiligung oder dem Engagement der anderen genannten
Ebenen. Eindeutig ist jedoch an dieser Stelle festzuhalten, dass niedriges Engagement die
Chancen für grundsätzliche Organisations- und Verhaltensänderung reduziert, während
hohes Engagement diese Chancen erhöht.[106]

Schließlich stellt die **Unternehmenskultur** eine weitere Rahmenbedingung für die
Realisation von tiefgreifenden Veränderungsprozessen dar.[107] Der Kulturbegriff ist der
Ethnologie entliehen und bezeichnet dort die gemeinsamen Hintergrundüberzeugungen,
Orientierungsmuster, Verhaltensnormen und Symbole, die einer Volksgruppe ihre Identität
verleihen und sie von anderen Volksgruppen unterscheidbar machen. Betriebswirtschaftlich
beeinflusst die Unternehmenskultur in vielfacher Weise das betriebliche Handeln, sie kanalisiert Verhalten, prägt die Sichtweise von Problemen, liefert Interpretationsmuster und
belegt Ereignisse mit positiven oder negativen Emotionen.[108] Die Kultur einer Organisation
ist nach Edgar Schein, Mitglied der MIT Sloan School of Management, all das, was sie im
Laufe ihres Bestehens in ihrer Eigenschaft als soziale Einheit gelernt hat.[109] Die kulturel-
len Eigenschaften in einer Organisation können nun wandlungsfördernd oder wandlungs-
hemmend sein. Wiederum gehen Experten davon aus, dass in einer Organisation, in der die
Ausprägungen der Entscheidungsprämissen darin besteht, Änderungen auf die Konformität
mit althergebrachten Entscheidungsweisen oder Entscheidungsinhalten zu überprüfen und
dann abzulehnen, Kultureigenschaften vorliegen, die es eher unwahrscheinlich machen,
dass Neuerungen Eingang in die Organisationsstrukturen finden. Auf der anderen Seite
erleichtert die Unternehmenskultur Veränderungen immer dort, wo als Prämisse gilt, dass
auch in die Entscheidungen Eingang finden kann, was bislang nicht durch den vorhandenen Kodex an Normen abgedeckt ist.[110]

---

[105] vgl. **Weber, Prof. Dr. Hajo; Königstein, Ute; Töpsch, Dr. Karin**: Hochleistungsorganisation –
Wettbewerbsfähigkeit und Restrukturierung, S. 242–243, Verlag C.H. Beck, München, 1999.

[106] vgl. **Weber, Prof. Dr. Hajo; Königstein, Ute; Töpsch, Dr. Karin**: Hochleistungsorganisation –
Wettbewerbsfähigkeit und Restrukturierung, S. 242–243, Verlag C.H. Beck, München, 1999.

[107] vgl. **Weber, Prof. Dr. Hajo; Königstein, Ute; Töpsch, Dr. Karin**: Hochleistungsorganisation –
Wettbewerbsfähigkeit und Restrukturierung, S. 243, Verlag C.H. Beck, München, 1999.

[108] vgl. **Bühner, Dr. Rolf**: Management – Lexikon, S. 800, Oldenbourg Wissenschaftsverlag,
München, Wien, 2001.

[109] vgl. **Hindle, Tim**: Die 100 wichtigsten Managementkonzepte, S. 309, 1. Aufl, Econ Ullstein List
Verlag, München, 2001.

[110] vgl. **Weber, Prof. Dr. Hajo; Königstein, Ute; Töpsch, Dr. Karin**: Hochleistungsorganisation –
Wettbewerbsfähigkeit und Restrukturierung, S. 243–244, Verlag C.H. Beck, München, 1999.

Neben diesen Rahmenbedingungen spielt für den Erfolg von Transformationsprozessen jedoch die Art und Weise wie diese Wandlungsprozesse auf den Weg gebracht werden, eine weitere zentrale Rolle. Experten für Veränderungsmanagement unterscheiden hier den Spezialistenansatz, den partizipativen Ansatz und einen Mittelweg. Der **Spezialistenansatz** geht von einer strikten Arbeitsteilung zwischen planender und ausführender Arbeit aus, wobei die Spezialisten die Aufgabe haben, Optimierungspotentiale in der Arbeit zu identifizieren und zu realisieren. Diese Spezialisten bilden in großen Unternehmen oftmals eigene Stabsabteilungen, die nach dem Prinzip der zentralistischen Planung und Steuerung die Leistungsfähigkeit in den einzelnen Standorten und Bereichen überprüfen und die Realisierung lokalisierter Optimierungspotentiale überwachen.[111] Die fortschreitende Umsetzung von Gruppenarbeit brachte jedoch im Gegensatz dazu den **partizipativen Ansatz** zur Organisation von Wandlungsprozessen hervor. Hier obliegt es den Gruppenmitgliedern, welche Optimierungs- und Rationalisierungspotentiale identifiziert und realisiert werden. In der Regel wird ihnen dafür ein bestimmter Anteil der Arbeitszeit zur Verfügung gestellt da Selbststeuerung und Eigenverantwortung im Vordergrund stehen. In partizipativen Veränderungsprozessen sollen die Mitarbeiter die Gestaltung ihrer Arbeit und deren Rationalisierung selbst übernehmen, während die Unternehmensleitung die zentrale Aufgabe hat, das Zusammenwirken der einzelnen Arbeitsgruppen zu koordinieren.[112]

Die **Erfahrungen der Vergangenheit** zeigten jedoch dass der Spezialistenansatz im Wesentlichen an den Widerständen der Mitarbeiter scheiterte und dem partizipativen Ansatz Selbstzufriedenheit und eine schwierige Steuerung des Gesamtunternehmens gegenüberstanden. Zusätzlich haben Experten festgestellt, dass die Schwierigkeiten bei Veränderungen letztlich daraus resultieren, dass Unternehmen und Mitarbeiter unterschiedliche Ziele verfolgen. Wenn es also um einen Mittelweg zwischen diesen beiden bisher beschriebenen Veränderungsstrategien geht, dann muss dieser gleichermaßen Unternehmensziele und Mitarbeiterziele berücksichtigen. Betrachtet man beispielsweise Arbeitsprozesse einmal genauer, dann wird man bemerken, dass die Arbeitsauslastung der Mitarbeiter einerseits recht hoch, der Anteil der tatsächlich wertschöpfenden Tätigkeiten jedoch relativ gering ist. Die Suche nach Werkzeug und Material, lange Greif- und Transportwege, aufwendiger Kampf mit innerbetrieblicher Bürokratie sind Beispiele für Tätigkeiten, die für den Mitarbeiter Arbeit bedeuten und für das Unternehmen Verschwendung und damit Kosten darstellen. Folgt man diesem Gedanken hinsichtlich der Organisation von Veränderungsprozessen, dann entschärft sich der Zielkonflikt und neue interessante Aspekte werden sichtbar. Beispielsweise verlangt die Umsetzung dieser Idee von den, nach wie vor notwendigen, Spezialisten zunächst eine völlig

---

[111] vgl. **Regber, Holger; Zimmermann, Klaus**: Change Management in der Produktion, S. 174, Verlag Moderne Industrie, Landsberg/Lech, 2001.

[112] vgl. **Regber, Holger; Zimmermann, Klaus**: Change Management in der Produktion, S. 176–177, Verlag Moderne Industrie, Landsberg/Lech, 2001.

neue Ausrichtung. Während sie bisher damit betraut waren, Prozesse zu analysieren und Lösungen für Probleme zu finden, so haben sie nun die Aufgabe, die jeweilige Arbeitsgruppe zu betreuen und zu beraten. Ihrer Rolle als Experten wandelt sich zu einer Rolle als Prozessbetreuer oder Coach, dessen wesentliche Tätigkeit darin besteht, vom Unternehmen oder den Mitarbeitern erkannte Probleme zu kommunizieren, unterschiedliche Interessen abzugleichen und daraus Ziele zu formulieren. In diesem Fall obliegt die eigentliche Suche nach Lösungsalternativen, deren Bewertung und schließlich die Ausarbeitung und Umsetzung einer bevorzugten Lösung den Mitarbeitern.[113]

Diese dargestellten Dimensionen für ein erfolgreiches Management von Transformationsprozessen verfolgen letztendlich also das Ziel, Gruppendenken, Konsensorientierung, Gruppenverantwortung, Dankbarkeit, Leidensfähigkeit, das Senioritätsprinzip, die gegenseitige Verpflichtung, die lebenslange Beschäftigung, das „sowohl als auch" und die Selbstverantwortung zu initiieren und zu fördern.[114]

4.5   Kontrollmodul

Nach Steinmann und Schreyögg findet der Managementprozess seine endgültige Vollendung erst durch die Kontrolle. In dieser Phase werden die erreichten Ergebnisse registriert und mit den Plandaten verglichen. Insofern stellt diese Phase logisch den letzten Schritt dar. Ein **Soll/ Ist-Vergleiche** zeigt, ob es gelungen ist, die Pläne in die Tat umzusetzen und **Abweichungen** sind daraufhin zu prüfen, ob sie die Einleitung von Korrekturmaßnahmen oder grundsätzliche Planrevision erfordern. Die Kontrolle bildet auf Basis ihrer Informationen zugleich den Ausgangspunkt für die Neuplanung und damit den neu beginnenden Managementprozess. Aus diesem Grunde werden Planung und Kontrolle auch als Zwillingsfunktionen bezeichnet, da keine Planung ohne Kontrolle und keine Kontrolle ohne Planung stattfinden kann.[115]

Wie bei den bereits dargestellten Modulen, werden nun auch in diesem Kontrollmodul zur Strukturierung dieser Aspekte sinnvolle Schwerpunkte gebildet. Hier können die beiden Aspekte **Soll/Ist-Vergleich** und **Abweichungsanalyse** herausgearbeitet werden. Diese Gedanken werden nun auch in der bereits bekannt strukturierten Methodik der dargestellten Module Planung, Organisation, Personaleinsatz und Führung mit den inhaltlichen Anregungen aus der MIT-Studie von Womack, Jones und Roos verbunden, um auch hier Wechselwirkungen herauszuarbeiten. Die Ausführungen von Carl und Kiesel leisten wiederum

[113] vgl. **Regber, Holger; Zimmermann, Klaus**: Change Management in der Produktion, S. 179–180, Verlag Moderne Industrie, Landsberg/Lech, 2001.

[114] vgl. **Carl, Dr. Notger; Kiesel, Dr. Manfred**: Unternehmensführung – Methoden, Instrumente, Managementkonzepte, S. 253, Verlag Moderne Industrie, Landsberg/Lech, 2000.

[115] vgl. **Steinmann, Dr. Horst; Schreyögg, Dr. Georg**: Management, S. 10, 5. Aufl., Betriebswirtschaftlicher Verlag Dr. Th. Gabler, Wiesbaden, 2000.

hilfreiche Unterstützung zur Gliederung dieser Inhalte. Siehe hierzu auch die Abb. 11 bis 16.[116]

Zunächst ist jedoch die Klärung der **Begrifflichkeiten** Kontrolle, Soll/Ist-Vergleich und Abweichungsanalyse notwendig. Nach Rahn ist Kontrolle ein Vorgang der personen-, sach- und zeitbezogenen Gewinnung von Informationen. Die Kontrolle schließt sich der Durch- führungsphase an und ist in Überwachung und Untersuchung zu gliedern. Die Überwachung, die seiner Meinung nach vergangenheitsorientiert ist, beschreibt die Erfassung von Ist- Werten der Unternehmensbereiche und die Bildung der Differenzen zu den angestrebten Soll-Werten; also ein Soll/Ist-Vergleich. Die Untersuchung hingegen schließt sich der Über- wachung an und analysiert vergangenheits- und zukunftsorientiert die Soll-Ist-Abweichung, um Gründe der Abweichung herauszufinden; also eine Abweichungsanalyse.[117]

Da sich das vorliegende Buch mit dem Transformationsprozess von Unternehmen zu schlanker Unternehmensorganisation befasst, wird folglich in diesem Kapitel der Versuch unternommen, die soeben dargestellten Grundlagen zur Kontrolle auf den hier vorliegen- den Transformationsprozess anzuwenden. Diese Gedanken führen zwangläufig zum Begriff der **Auditierung**, da Experten davon ausgehen, dass nicht nur Qualitätsmanagement- systeme sondern alle Managementsysteme zur Beurteilung ihrer Leistungsfähigkeit einem sogenannten Audit unterzogen werden sollten. Ein Audit ist allgemein eine systematische Überprüfung eines Objektes durch interne oder externe Prüfer. Das Ziel dieses Audits ist die Überprüfung von Vorgaben; also einem Soll, und der Realität; also einem Ist. In die- sem Fall ist das übergeordnete Ziel, das Entdecken von Mängeln und Fehlern sowie die Verbesserung von organisatorischen und fachlichen Abläufen. Folglich beinhaltet ein Audit sowohl einen Soll/Ist-Vergleich als auch eine Abweichungsanalyse. Spezieller muss im Rahmen dieses Buches das System- oder Prozessaudit herausgestellt werden, da sich dieser Spezialfall auf die Überprüfung des Systems, die Ermittlung der Wirksamkeit des Systems, die Verbesserung der Leistungen des Systems, die Erfüllung von Vorschriften oder Verträgen und auf eine eventuelle Zertifizierung bezieht. Praktisch werden diese Audits auf der Basis von Befragungen, Beobachtungen und vorliegenden Dokumenten abgewickelt.[118]

Folgt man zusätzlich dem Gedanken, dass ein Audit eine systematische Überprüfung eines Objektes ist und schaut man sich diesbezüglich die Arten von Kontrollen an, stößt man auf eine interessante begriffliche Übereinstimmung. Rahn unterscheidet nämlich bei Kontrollen nach dem Objekt die Verhaltenskontrolle und die Ergebniskontrolle. Die Verhaltenskontrolle dient der Beurteilung des Verhaltens von Mitarbeitern und die Ergebniskontrolle bezieht sich

---

[116] vgl. **Carl, Dr. Notger; Kiesel, Dr. Manfred**: Unternehmensführung – Methoden, Instrumente, Managementkonzepte, S. 253–264, Verlag Moderne Industrie, Landsberg/Lech, 2000.

[117] vgl. **Rahn, Horst-Joachim**: Unternehmensführung, S. 161–162, 4. Aufl., Kiehl Verlag, Ludwigshafen, 2000.

[118] vgl. **Holzbaur, Dr. Ulrich D.**: Management, S. 175, Kiehl Verlag, Ludwigshafen, 2000.

auf die Leistungsfähigkeit von Mitarbeitern.[119] Dieser Terminologie folgend kann zu der Auffassung gelangt werden, dass die Verhaltenskontrolle durch Audits abgewickelt werden kann und das die praktische Abwicklung der Ergebniskontrolle zu diesem Zeitpunkt offen ist. Das betriebswirtschaftliche Instrument zur quantitativen Überwachung von Zielvorgaben sind jedoch **Kennzahlen**. Sie ergeben sich aus dem Rechnungswesen oder den einzelnen Managementsystemen und lassen sich zu komplexen Kennzahlensystemen zusammenfassen, um auf diese Weise dem Unternehmenscontroller Informationen über die Leistungsfähigkeit des Unternehmens zu liefern. Folglich sind Kennzahlensysteme die Grundlage für die Ergebniskontrolle in Unternehmen.[120]

Zusammenfassend kann schließlich gefolgert werden, dass für die spezielle Fragestellung des vorliegenden Buches die Auditierung in Verbindung mit Kennzahlensystem hinreichend leistungsfähige Instrumente zur Abwicklung von Soll-/Ist-Vergleichen und Abweichungsanalysen darstellen. Auf diese Weise kann nun das zu präsentierende Kontrollmodul sinnvoll ausgestaltet werden. Dies vorausgeschickt erfolgt nun in gewohnter Strukturierung die Untersuchung der Wechselwirkungen in den fünf unterschiedlichen Unternehmensbereichen.

4.5.1 Kontrollmodul: Fabrikbetrieb

Zur Evaluation der **Flexibilität von Maschinen** müssen zunächst die technischen Voraussetzungen gegeben sein. Hier wird ausdrücklich darauf hingewiesen, dass in heutigen Zeiten für die Neuanschaffung von Maschinen und Anlagen die Flexibilität ein immer Wichtiger werdender Faktor wird. Die zurückliegenden Ausführungen im Rahmen dieses Buches belegen diese These hinreichend. Neben diesen technischen Voraussetzungen müssen jedoch auch organisatorische Rahmenbedingungen geschaffen werden, um Flexibilität zu organisieren. So liegt es auf der Hand, dass die Flexibilität einer Maschine nicht ausgenutzt wird, wenn sie größere Stückzahlen auf längere Zeit vom gleichen Produkt fertigt. Folglich ist eine Maschine nur so flexibel, wie leistungsfähig ihre Belegung mit Aufträgen organisiert ist. Die Umsetzung von Maßnahmen zur Flexibilisierung der Maschinenbelegung könnte somit schon einem Soll-/Ist-Vergleich unterzogen werden. Kennzahlen zur Messung der Flexibilität dieser Maschinen würden das Bild schließlich abrunden. Die anschließende Abweichungsanalyse deckt Defizite in diesem Bereich auf und Korrekturmaßnahmen können zielgerichtet eingeleitet werden. Das gleiche gilt für die Bereiche der sinnvollen Automatisierung und Reduzierung von Rüstzeiten.[121]

---

[119] vgl. **Rahn, Horst-Joachim**: Unternehmensführung, S. 390, 4. Aufl., Kiehl Verlag, Ludwigshafen, 2000.

[120] vgl. **Holzbaur, Dr. Ulrich D.**: Management, S. 170, Kiehl Verlag, Ludwigshafen, 2000.

[121] vgl. **Carl, Dr. Notger; Kiesel, Dr. Manfred**: Unternehmensführung – Methoden, Instrumente, Managementkonzepte, S. 263, Verlag Moderne Industrie, Landsberg/Lech, 2000.

Die **fertigungsnahe Produktionssteuerung** ist hingegen ja im Wesentlichen auf die Umsetzung von organisatorischer Veränderung ausgerichtet. Wie könnte hier ein Soll-/Ist-Vergleich angewandt werden? Aus praktischer Sicht ist es hinreichend einleuchtend, dass die Umsetzung von Maßnahmen aller Art im täglichen Leben mit einer entsprechenden Verantwortlichkeit und einem entsprechenden Zieltermin ausgestattet werden muss. Dies bietet auch gleichzeitig die Grundlage für einen Soll-/Ist-Vergleich, denn es ist selbstverständlich möglich zu prüfen, ob eine Maßnahme in der vorgegebenen Art und Weise, von der verantwortlichen Person zum vereinbarten Termin erledigt wurde oder nicht. Für derartige Fragestellungen bietet das Projektmanagement unzählige Hinweise und Ansatzpunkte, die für den Wandel in den Organisationen und den damit Verbundenen Aufgaben immer wichtiger werden. Das Projektmanagement ist aus dieser Blickrichtung ein ganzheitlicher Ansatz zur Durchführung von zielgerichteten Aktivitäten.[122] Im Rahmen des Kontrollmoduls spielt dabei die Projektüberwachung eine besondere Roll, die sich mit der Überwachung von Fertigstellung und Qualität, mit der Überwachung des Ressourcenverbrauchs und mit der Überwachung der Termine auseinandersetzt.[123] Diese Überwachung gilt es auf der Basis von Soll-/Ist-Vergleichen und Abweichungsanalysen im Unternehmen zu organisieren. Dies gilt auch für die Bereiche der Einführung der integrierten Qualitätskontrolle, der Maßnahmen zur Homogenisierung der Ausbildung, der Umsetzung von Gruppenarbeit und der Realisierung von Job Rotation.[124] Betriebswirtschaftliche Kennzahlen können auch hier das Bild zusätzlich abrunden.

4.5.2 Kontrollmodul: Entwicklung

Im Rahmen der Produktentwicklung drängt sich nun eine weitere differenzierte Betrachtungsweise zum eben skizzierten Projektmanagement auf. Hier geht es nämlich spezieller um die Organisation von Projekten zur Produktentwicklung. Für beide Projekttypen lassen sich jedoch ähnliche Merkmale herausarbeiten. Wie die zurückliegenden Ausführungen im Rahmen des vorliegenden Buches gezeigt haben, werden zur Realisation der simultanen Entwicklung beispielsweise integrierte Projektteams durch Repräsentanten aus ausgewählten Fachbereichen zusammengezogen, um eine ganzheitliche Aufgabe, nämlich die Entwicklung eines neue Produktes, zu bearbeiten. Die frühzeitige Einbeziehung aller beteiligten Bereiche kann auf diese Weise realisiert werden. Auch die gemeinschaftliche Definition im Lastenheft und die gemeinsame Verantwortung können im Rahmen dieses Projektes geregelt werden.[125]

---

[122] vgl. **Holzbaur, Dr. Ulrich D.**: Management, S. 347, Kiehl Verlag, Ludwigshafen, 2000.

[123] vgl. **Holzbaur, Dr. Ulrich D.**: Management, S. 379, Kiehl Verlag, Ludwigshafen, 2000.

[124] vgl. **Carl, Dr. Notger; Kiesel, Dr. Manfred**: Unternehmensführung – Methoden, Instrumente, Managementkonzepte, S. 263, Verlag Moderne Industrie, Landsberg/Lech, 2000.

[125] vgl. **Carl, Dr. Notger; Kiesel, Dr. Manfred**: Unternehmensführung – Methoden, Instrumente, Managementkonzepte, S. 257, Verlag Moderne Industrie, Landsberg/Lech, 2000.

Folglich gilt auch für die schlanke Produktentwicklung, dass Maßnahmen geplant, organisiert, umgesetzt und kontrolliert werden müssen. Auch liefern Soll-/Ist-Vergleiche wesentliche Informationen über den Fortschritt und die Qualität des Entwicklungsprozesses. Die anschließende Abweichungsanalyse liefert dann, bei sinnvoller Anwendung, hinreichend viele Informationen, wodurch eine frühzeitige Korrektur möglich wird. Dies ist jedoch nur durch eine ständige gegenseitige Informationspolitik möglich, die alle Beteiligten im gesamten Verlauf des Entwicklungsprozesses zu jeder Zeit über Leistungen und Ergebnisse informiert. Schließlich wird auf diese Art und Weise die Parallelisierung von Prozessen überhaupt erst möglich, was im Zusammenspiel mit einer leistungsfähigen Projektorganisation am Ende die Produktentwicklungszeiten reduziert und damit Kosten einspart.[126] Aus Sicht der Praxis drängt sich jedoch der Gedanke auf, dass die Interaktion zwischen diesem Projekt im Projekt sinnvoll geregelt werden muss.

4.5.3   Kontrollmodul: Koordinierung der Zulieferkette

Neben den in diesem Kapitel bereits dargestellten Ausführungen zum Projektmanagement fließt der Kontrolle bezogen auf die Koordinierung der Zulieferkette noch eine weitere substanzielle Bedeutung zu. Gerade im Hinblick auf die im Verlaufe dieser Arbeit dargestellte gezielte Auswahl von Lieferanten, haben Soll-/Ist-Vergleiche und Abweichungsanalysen eine besondere Bedeutung. Ziel ist es ja gerade die leistungsfähigsten Lieferanten auszuwählen und sich auf diese Unternehmen im Rahmen des Single Sourcing vollständig zu verlassen. Es wurde gezeigt, dass Systeme zur Lieferantenbewertungen entwickelt und entsprechende Bewertungsprozesse organisiert und durchgeführt werden müssen. Neben der Frage nach umgesetzten Maßnahmen in der richtigen Qualität, mit dem vereinbarten Ressourceneinsatz und zum vereinbarten Termin, spielen hier also auch Fragen nach den Ergebnissen eine besondere Rolle. Eine Verschlechterung der Ergebnisse von Lieferanten könnte einen Lieferantenwechsel nach sich ziehen. Das wiederum könnte bei den Zulieferunternehmen zu wirtschaftlichen Problemen führen, da sich diese ja vielleicht auch zu einem großen Teil auf den einen Kunden konzentriert haben. Folglich muss das System aus Soll-/Ist-Vergleich und Abweichungsanalyse bezogen auf Lieferanten sehr wohl überlegt und durchdacht sein, da der eventuelle Schaden durch Fehlverhalten oder Fehlentscheidungen tiefgreifende Folgen hat. Dies gilt logischerweise auch für das Dual Sourcing bei Volumenteilen und die Erhöhung des Zukaufteilanteil sowie der Reduzierung der Wertschöpfung. Das Ergebnis wird ein hoher Anteil Systemlieferanten sein, was im Rahmen des hier relevanten Transformationsprozesses ja auch bewusst erzielt werden soll.[127]

---

[126] vgl. **Carl, Dr. Notger; Kiesel, Dr. Manfred**: Unternehmensführung – Methoden, Instrumente, Managementkonzepte, S. 257, Verlag Moderne Industrie, Landsberg/Lech, 2000.

[127] vgl. **Carl, Dr. Notger; Kiesel, Dr. Manfred**: Unternehmensführung – Methoden, Instrumente, Managementkonzepte, S. 257–260, Verlag Moderne Industrie, Landsberg/Lech, 2000.

Wie die zurückliegenden Ausführungen im Rahmen dieses Buches jedoch auch gezeigt haben, ist in diesem Bereich ein Projekt zur gezielten Entwicklung von Zulieferunternehmen sinnvoll und notwendig. Folglich gelten für die Koordinierung der Zulieferkette ähnliche Merkmale des Projektmanagements, die auch beispielsweise für den Fabrikbetrieb gelten. Der organisierte Aufbau von Kooperationsbeziehungen ist nämlich auch eine ganzheitliche Aufgabe mit hoher Komplexität und sehr hohem Koordinationsaufwand.[128]

Speziell wird jedoch im Rahmen dieses Kontrollmoduls bezogen auf die Koordinierung der Zulieferkette die Evaluation von Just-in-time und Just-in-sequence-Belieferung herausgestellt. Auf Basis dieser, bereits im Verlaufe dieser Arbeit erläuterten Anforderungen bekommt der Begriff der Liefertreue eine besondere Bedeutung, denn nun ist Just-in-time und Just-in-sequence das Maß aller Dinge und nicht mehr ein grober voraussichtlicher Liefertermin. Folglich bilden die häufigen termingerechten Lieferungen, mit den gewünschten Mengen in der gewünschten Qualität das Soll für einen qualifizierten Soll-/Ist-Vergleich. Dementsprechende wird dann die Kennzahl zur systematischen Messung der Liefertreue gebildet und auf diese Weise nachvollziehbar die Leistungsfähigkeit des Lieferanten evaluiert. Sollten Abweichungen in einen vorab definierten Umfang vorliegen, werden diese analysiert und Korrekturmaßnahmen im Rahmen des Lieferantenentwicklungsprogramms projektorientiert umgesetzt.[129]

4.5.4 Kontrollmodul: Umgang mit den Kunden

Auch die im Rahmen des Umgangs mit den Kunden angestrebte absatzfördernde Differenzierungsstrategie wird nun dem hier zugrundeliegenden Managementprozess einer Kontrolle unterzogen. Zunächst liegt auf der Hand, dass eine Steigerung der Variantenzahl und ein häufiger Modelwechsel problemlos einem Soll-/Ist-Vergleich unterzogen werden kann. Beispielsweise könnte für jedes Produkt oder jede Produktfamilie eine anzustrebende Variantenanzahl vorgegeben werden, die am Ende einer Geschäftsperiode mit der tatsächlich erreichten Variantenanzahl verglichen wird. Deckungslücken können auf diese Weise ermittelt und analysiert werden, um eventuelle Korrekturmaßnahmen einzuleiten.[130] Das gleiche gilt für den Modellwechsel. Es könnte im Rahmen der Geschäftsplanung festgelegt werden in welchen Monats- oder Jahreszyklen komplette Modellreihen auslaufen und neue Modellreihen anlaufen sollen. Entsprechend würden Soll-/Ist-Vergleiche durch-

---

[128] vgl. **Carl, Dr. Notger; Kiesel, Dr. Manfred**: Unternehmensführung – Methoden, Instrumente, Managementkonzepte, S. 260, Verlag Moderne Industrie, Landsberg/Lech, 2000.

[129] vgl. **Carl, Dr. Notger; Kiesel, Dr. Manfred**: Unternehmensführung – Methoden, Instrumente, Managementkonzepte, S. 257–260, Verlag Moderne Industrie, Landsberg/Lech, 2000.

[130] vgl. **Carl, Dr. Notger; Kiesel, Dr. Manfred**: Unternehmensführung – Methoden, Instrumente, Managementkonzepte, S. 264, Verlag Moderne Industrie, Landsberg/Lech, 2000.

geführt werden können, um die Abweichung vom strategischen Plan zu ermitteln, anschließend zu analysieren und auch hier Gegenmaßnahmen einzuleiten.[131]

Anspruchsvoller wird hingegen der Soll-/Ist-Vergleich bei dem verstärkten Vertrieb individueller Güter. Neben der einfachen Messung der Anzahl individueller Güter im Produktprogramm müssen hier andere Instrumente ergänzend angewandt werden, um eine effektive Kontrolle der durchgeführten Maßnahmen zu realisieren. Hier ist Kreativität gefragt. Eine Möglichkeit ist die Kundenbefragung. Da die schlanke Absatzorganisation, wie bereits gezeigt wurde, ja ohnehin eine sehr enge Beziehung mit den Kunden zu pflegen hat, könnte die Vertriebsleistung ja auch über eine qualifizierte Kundenbefragung evaluiert werden. Ein Punktbewertungssystem würde die Ergebnisse der Befragung messbar machen, um auf diese Art und Weise am Ende wiederum einen Soll-/Ist-Vergleich zu ermöglichen. Die Meinung des Kunden über die Individualisierung der Produkte würde auf diesem Wege messbar und eine anschließende Abweichungsanalyse würde Defizite in diesem System aufdecken, die wiederum die Einleitung von Korrekturmaßnahmen zur Folge haben.[132]

Die Umsetzung des einstufigen Vertriebs, der Produktfindung beim Kunden und der erhöhten Serviceintensität stellen in diesem Zusammenhang wieder organisatorische Veränderungsmaßnahmen dar, deren Leistungsfähigkeit ähnlich wie bereits dargestellt, im Rahmen von Instrumenten des Projektmanagements evaluiert werden sollte. Aus diesem Grunde wird an dieser Stelle auf diese drei Punkte nicht näher eingegangen.[133]

4.5.5 Kontrollmodul: Management des schlanken Unternehmens

Das Management des schlanken Unternehmens konzentriert sich ja, wie bereits ausführlich gezeigt wurde, auf den Transformationsprozess des Unternehmens zum schlanken Unternehmen. Diese Transformation zur Organisation des Wandels im Unternehmen ist in jedem Falle eine Aufgabe mit relativ hoher Komplexität und funktionsübergreifender Interaktion.[134] In Anlehnung an die DIN 69901 ist ein Projekt eine Aufgabe, die abgeschlossen, einmalig und komplex ist, und durch Zielvorgaben, zeitlich, personelle oder andere Begrenzungen, Abgrenzung gegen andere Vorhaben und projektspezifische Organisation gekennzeichnet ist.[135] Die Maßnahmen zur Durchführung eines Projektes werden unter dem Begriff

---

[131] vgl. **Carl, Dr. Notger; Kiesel, Dr. Manfred**: Unternehmensführung – Methoden, Instrumente, Managementkonzepte, S. 264, Verlag Moderne Industrie, Landsberg/Lech, 2000.

[132] vgl. **Carl, Dr. Notger; Kiesel, Dr. Manfred**: Unternehmensführung – Methoden, Instrumente, Managementkonzepte, S. 264, Verlag Moderne Industrie, Landsberg/Lech, 2000.

[133] vgl. **Carl, Dr. Notger; Kiesel, Dr. Manfred**: Unternehmensführung – Methoden, Instrumente, Managementkonzepte, S. 264, Verlag Moderne Industrie, Landsberg/Lech, 2000.

[134] vgl. **Bühner, Dr. Rolf**: Management – Lexikon, S. 631, Oldenbourg Wissenschaftsverlag, München, Wien, 2001.

[135] vgl. **Holzbaur, Dr. Ulrich D.**: Management, S. 348, Kiehl Verlag, Ludwigshafen, 2000.

Projektmanagement subsumiert.[136] Trotz aller Übereinstimmung dieser allgemeingültigen Auffassung zu Projekten mit der hier vorliegenden Problemstellung, bleibt ein wesentlicher kritischer Punkt offen. Besonders sei an dieser Stelle nämlich herausgestellt, dass es sich aus Sicht der bereits ausführlich dargestellten anerkannten Auffassung aus der Unternehmensentwicklung bei derartigen Vorhaben um kontinuierlich ablaufende und niemals endende Prozesse handelt. Aus diesem Grunde muss an dieser Stelle dem Grundsatz der Einmaligkeit ausdrücklich widersprochen werden. Folglich sind prozessbegleitende und nicht projektabschließende Kontrollinstrumente auf der Managementebene zu etablieren. Dennoch können an dieser Stelle die Erkenntnisse aus dem Projektmanagement hilfreich sein, um die Frage nach der ganzheitlichen Kontrolle derartig umfassender Reformen zu organisieren. Wie könnte nun ein Soll-/Ist-Vergleich auf dieser Managementebene aussehen? Dazu muss zunächst einmal das Soll beschrieben werden. Auf der Basis des Projektmanagements könnten das zunächst die Projektorganisation mit entsprechender Regelung über Zuständigkeiten und Verantwortung, die Definition von Ziel und Aufgabe des Projektes und die Projektplanung inklusive der Ressourcen-, Ergebnis-, und Terminplanung sein.[137]

Speziell heißt das, dass auf der Managementebene für das gesamte Vorhaben Sollzustände in Bezug auf die Fertigstellung und Qualität von umgesetzten Maßnahmen, den Ressourcenverbrauch und die Termineinhaltung anzufertigen sind.[138] Projektmanagementtechniken wie beispielsweise Arbeitsstrukturpläne, Phasenkonzepte oder Netzplantechniken können hier sinnvolle praktische Unterstützung liefern.[139] Das auf diese Weise determinierte Soll kann anschließend problemlos mit den Ist-Daten verglichen werden. Diese Planung und Überwachung derartiger ganzheitlicher Vorhaben wird auch als Projektcontrolling bezeichnet.[140] Bleibt nur noch der Vollständigkeit halber festzuhalten, dass die zugrundeliegenden Daten aus dem Projektcontrolling zusammen mit entsprechenden betriebswirtschaftlichen Kennzahlen regelmäßig verglichen werden sollten, um Abweichungen festzustellen. Selbstverständlich sollten diese Abweichungen auch analysiert werden, um eventuelle Korrekturmaßnahmen rechtzeitig einleiten zu können.

Mit Abschluss dieses Kapitels, sind nun der gesamte Managementprozess von Steinmann/Schreyögg und die wesentlichen Erkenntnisse aus der MIT-Studie vollständig auf Wechselwirkungen untersucht worden. Nachfolgend wird nun die Rolle der Informations- und Kommunikationssysteme in Rahmen der Entwicklung, Einführung und Anwendung integrierter Managementsysteme auf Basis ausgewählter Perspektiven ausgestaltet.

---

[136] vgl. **Bühner, Dr. Rolf**: Management – Lexikon, S. 631, Oldenbourg Wissenschaftsverlag, München, Wien, 2001.

[137] vgl. **Holzbaur, Dr. Ulrich D.**: Management, S. 352–353, Kiehl Verlag, Ludwigshafen, 2000.

[138] vgl. **Holzbaur, Dr. Ulrich D.**: Management, S. 379, Kiehl Verlag, Ludwigshafen, 2000.

[139] vgl. **Holzbaur, Dr. Ulrich D.**: Management, S. 358–363, Kiehl Verlag, Ludwigshafen, 2000.

[140] vgl. **Holzbaur, Dr. Ulrich D.**: Management, S. 371, Kiehl Verlag, Ludwigshafen, 2000.

4.6 IT-basierte Managementunterstützung

Die IT-basierte Managementunterstützung besitzt eine lange Historie. Bereits mit dem Beginn der kommerziellen Nutzung der elektronischen Datenverarbeitung in den 60er-Jahren des letzten Jahrhunderts begannen erste Versuche, die Führungskräfte mit Hilfe von Informationssystemen zu unterstützen. Vor dem Hintergrund enthusiastischer Technikgläubigkeit und eines eher mechanisch ausgerichteten Organisationsverständnisses entstanden umfassende Ansätze, die jedoch allesamt scheiterten. Erst im Laufe der Jahre gelang es, benutzergruppenspezifische und aufgabenorientierte Einzelsysteme zu entwickeln, die erfolgreich im Management eingesetzt werden konnten.[141] Nachfolgend werden die allgemeinen aktuellen Entwicklungen und die IT-basierte Managementunterstützung an folgenden drei Themengebieten exemplarisch dargestellt.

- Nachhaltiges Informationsmanagement
- Business Intelligence und Data Warehousing
- Workflow Management Systeme

4.6.1 Nachhaltiges Informationsmanagement

Im Zuge steigenden Wettbewerbs und dynamischer Märkte spielen Informations- und Kommunikationstechnologien (IKT) eine Schlüsselrolle. Wertschöpfungsnetzwerke sind heute vielfach digitalisiert und prägen die Beziehungen zwischen Herstellern, Lieferanten und Kunden. Umso wichtiger wird es zum Erhalt der Wettbewerbssituation die Voraussetzungen für eine nachhaltige Wertschöpfung zu schaffen. Letzteres trifft auch auf das Informationsmanagement zu. Der wachsende Energieverbrauch in Rechenzentren bei kontinuierlich steigenden Anforderungen an Rechenleistungen erfordert neue strategische Konzepte für das Informationsmanagement, die über die aktuell diskutierten Maßnahmen unter dem Schlagwort „Green IT" hinausgehen. Nachhaltiges Informationsmanagement erweitert die bislang primär ökonomisch orientierten Konzepte des Informationsmanagements um zwei neue Dimensionen, eine ökologische und eine soziale Perspektive.[142]

Das heute vorherrschende Verständnis der Nachhaltigkeit wurde durch die Definition der Brundtland-Kommission im Jahre 1987 geprägt, die „nachhaltige Entwicklung" als eine Entwicklung bezeichnet, die den Bedürfnissen der heutigen Generation entspricht, ohne die Möglichkeiten künftiger Generationen zu gefährden, ihre eigenen Bedürfnisse zu befriedigen. Auf betrieblicher Ebene hat sich das Konzept der Nachhaltigkeit, ausgehend

---

[141] vgl. **Kemper, Hans-Georg; Baars, Henning; Mehanna, Walid**: Business Intelligence – Grundlagen und praktische Anwendungen, S. 1, Vieweg und Teubner Verlag, Springer Fachmedien, Wiesbaden GmbH, 2010.

[142] vgl. **Gómez, Jorge Marx; Strahringer, Susanne; Teuteberg, Frank**: Green Computing & Sustainability, S. 18, dpunkt.Verlag, Heidelberg, 2010.

von Zielen der Ressourcenschonung und des Umweltschutzes, zu einer gleichberechtigten und gleichzeitigen Berücksichtigung ökonomischer, ökologischer und sozialer Ziele, dem Drei-Säulen-Modell der Nachhaltigkeit, weiterentwickelt. Adressaten eins nachhaltigen Managements sind insbesondere unternehmensinterne (z. B. Mitarbeiter) und externe Anspruchsgruppen (z. B. Kunden, Lieferanten), die über verschiedene Wirkmechanismen einen materiellen oder immateriellen Einfluss auf das Unternehmen ausüben und dadurch zu umwelt- und sozialverträglicher Wertschöpfung anreizen.[143]

Die Ergebnisse von empirischen Untersuchungen und Unternehmensfallstudien (Gómez, Jorge Marx; Strahringer, Susanne; Teuteberg, Frank: Green Computing & Sustainability, dpunkt.Verlag, Heidelberg, 2010) verdeutlichen, dass sich in Unternehmen eine ganzheitliche Betrachtung des Themas Green-IT noch nicht durchgesetzt hat. IT muss stärker in das Umweltmanagement der Unternehmen integriert werden. Viele der in der Praxis umgesetzten Green-IT-Ansätze beschränken sich auf Einzelmaßnahmen. Ungeachtet ihrer Bedeutung zur Reduktion des Energieverbrauchs und damit der CO_2-Emission betreffen diese Ansätze jedoch nur den IT-Leistungserstellungsprozess. Ein nachhaltiges Informationsmanagement muss hingegen ganzheitlich über die Strategie-, Prozess- und Systemebene betrachtet werden, um seinen vollen Nutzen zu entfalten. Dies schließt auf der Prozessebene die gesamte Wertschöpfungskette von Unternehmen mit ein.[144] Das Vorgehen zur Umsetzung eines nachhalteigen Informationsmanagements lässt sich nach Gómez, Strahringer und Teuteberg in sechs Phasen unterteilen:

- Strategische Ziele bestimmen
- Ist-Analyse
- Maßnahmenentwicklung und -identifikation
- Priorisierung
- Implementierung
- Bewertung und Kontrolle[145]

Um keinen zusätzlichen Administrationsaufwand zu erzeugen, ist die Integration von Green IT in bestehende Managementkonzepte und Best Practices, wie z. B. Balanced Scorecard sinnvoll. Im Speziellen können Performance-Measurement-Systeme im Rahmen eines Self-Assessments und eins Ressourcen-Monitorings verwendet werden, die sowohl Grundlage für ein Benchmark sein können als auch Potentiale zur Verbesserung erkennen lassen. Zudem sind IT-bezogene Kennzahlen im Nachhaltigkeitsbericht der Organisation mit aufzunehmen. Letzteres lässt nicht nur den Wertbeitrag einer internen IT-Organisation am Geschäft erkennen, sondern führt auch zu mehr Transparenz gegenüber den Stakeholdern. In Zukunft wird die Bedeutung ökologischer und sozialer Themen im Rahmen des

---

[143] vgl. **Gómez, Jorge Marx; Strahringer, Susanne; Teuteberg, Frank**: Green Computing & Sustainability, S. 19, dpunkt.Verlag, Heidelberg, 2010.

[144] vgl. **Gómez, Jorge Marx; Strahringer, Susanne; Teuteberg, Frank**: Green Computing & Sustainability, S. 25, dpunkt.Verlag, Heidelberg, 2010.

[145] vgl. **Gómez, Jorge Marx; Strahringer, Susanne; Teuteberg, Frank**: Green Computing & Sustainability, S. 26, 6dpunkt.Verlag, Heidelberg, 2010.

Informationsmanagements weiter zunehmen. Unternehmen müssen sich dieses Wandels bewusst werden, um auch in Zukunft wettbewerbsfähig zu bleiben.[146]

4.6.2   Business Intelligence und Data Warehousing

In den 80er-Jahren etablierte sich für das Konglomerat von Informations- und Kommunikationssystemen zunächst der Sammelbegriff „Management Support Systems" (MSS) – Im Deutschen als „Managementunterstützungssysteme" (MUS) bezeichnet. Scott Morton, einer der Protagonisten dieses Ansatzes, definierte den Begriff Management Support Systems als „the use of computers and related information technologies to support managers".[147] Somit wurde bereits vor Jahrzehnten verdeutlicht, dass die Unterstützung des Managements sich nicht auf den isolierten Einsatz von Computern beschränken kann, sondern das gesamte Umfeld der Informations- und Kommunikationstechnologie umfasst. Scott Morton konstatierte zu dieser Zeit bereits treffend: „For example, teleconferencing, electronic data bases, and graphic workstations are all information technologies that are potentially useful für MSS."[148] In der betrieblichen Praxis hat sich jedoch seit Mitte der 90er-Jahre eine neue Bezeichnung entwickelt und dort auch bereits umfassend etabliert. „Business Intelligence" (BI) heißt der vielschichtige Begriff. Er lässt sich primär auf Überlegungen der Gartner Group aus dem Jahre 1996 zurückführen. Die anfängliche Unsicherheit im Umgang mit diesem Begriff wird von Mertens prägnant dargestellt. Bei seiner Untersuchung gängiger BI-Abgrenzungen identifiziert er sieben unterschiedliche Varianten:

- BI als Fortsetzung der Daten- und Informationsverarbeitung für die Unternehmensführung
- BI als Filter in der Informationsflut: Informationslogistik
- BI = Managementinformationssystem, aber besonders schnelle/flexible Auswertungen
- BI als Frühwarnsystem („Alerting")
- BI = Data Warehousing
- BI als Informations- und Wissensspeicherung
- BI als Prozess: Symptomerhebung ⇒ Diagnose ⇒ Therapie ⇒ Prognose ⇒ Therapiekontrolle.[149]

---

[146] vgl. **Gómez, Jorge Marx; Strahringer, Susanne; Teuteberg, Frank**: Green Computing & Sustainability, S. 26, 6dpunkt.Verlag, Heidelberg, 2010.

[147] vgl. **Kemper, Hans-Georg; Baars, Henning; Mehanna, Walid**: Business Intelligence – Grundlagen und praktische Anwendungen, S. 1, Vieweg und Teubner Verlag, Springer Fachmedien, Wiesbaden GmbH, 2010.

[148] vgl. **Kemper, Hans-Georg; Baars, Henning; Mehanna, Walid**: Business Intelligence – Grundlagen und praktische Anwendungen, S. 1, Vieweg und Teubner Verlag, Springer Fachmedien, Wiesbaden GmbH, 2010.

[149] vgl. **Kemper, Hans-Georg; Baars, Henning; Mehanna, Walid**: Business Intelligence – Grundlagen und praktische Anwendungen, S. 2–3, Vieweg und Teubner Verlag, Springer Fachmedien, Wiesbaden GmbH, 2010.

Unter Business Intelligence im engeren Sinne werden lediglich wenige Kernapplikationen verstanden, die eine Entscheidungsfindung unmittelbar unterstützen. Hierbei sind vor allem das Online Analytical Processing (OLAP), die Management Information Systems (MIS) und Executive Information Systems (EIS) zu nennen.[150] Business Intelligence im analyseorientierten Sinne umfasst sämtliche Anwendungen, bei denen der Entscheider direkt mit dem System arbeitet, das heißt einen unmittelbaren Zugriff auf eine Benutzeroberfläche mit interaktiven Funktionen besitzt. Unter Business Intelligence im weiteren Sinne werden alle direkt und indirekt für die Entscheidungsunterstützung eingesetzten Anwendungen verstanden. Dieses beinhaltet neben der Auswertungs- und Präsentationsfunktionalität auch die Datenaufbereitung und -speicherung.[151]

Business Intelligence (BI) bezeichnet einen integrierten unternehmensspezifischen IT-basierten Gesamtansatz zur Entscheidungsunterstützung. Der Einsatzbereich von BI-Anwendungen liegt im gesamten Führungssystem einer Organisation, vom Top-Management über das Middle-Management bis zum Lower-Management. Aufgrund der Komplexität des Führungssystems sind neben dem eigentlichen Management auch unterstützende Organisationseinheiten in vielen Entscheidungsprozessen als Entscheidungsvorbereiter involviert.[152]

Der Begriff Data Warehouse geht auf Inmon zurück. Inmon beschreibt ihn mit der Aufgabe, Daten zur Unterstützung von Managemententscheidungen bereitzustellen, die die folgenden vier wesentlichen Eigenschaften aufweisen:

- Themenorientierung
- Vereinheitlichung
- Zeitorientierung
- Beständigkeit.[153]

Die in einem Data Warehouse abzulegenden Daten orientieren sich an dem Informationsbedarf von Entscheidungsträgern und beziehen sich demnach auf Sachverhalte, die das Handeln und den Erfolg eines Unternehmens bestimmen. Die Daten fokussieren sich daher auf die Kernbereiche der Organisation. Für die Managementunterstützung werden

---

[150] vgl. **Kemper, Hans-Georg; Baars, Henning; Mehanna, Walid**: Business Intelligence – Grundlagen und praktische Anwendungen, S. 3, Vieweg und Teubner Verlag, Springer Fachmedien, Wiesbaden GmbH, 2010.

[151] vgl. **Kemper, Hans-Georg; Baars, Henning; Mehanna, Walid**: Business Intelligence – Grundlagen und praktische Anwendungen, S. 4, Vieweg und Teubner Verlag, Springer Fachmedien, Wiesbaden GmbH, 2010.

[152] vgl. **Kemper, Hans-Georg; Baars, Henning; Mehanna, Walid**: Business Intelligence – Grundlagen und praktische Anwendungen, S. 9–10, Vieweg und Teubner Verlag, Springer Fachmedien, Wiesbaden GmbH, 2010.

[153] vgl. **Hahne, Michael**: SAP® Business Information Warehouse – Mehrdimensionale Datenmodellierung, S. 7–8, Springer Verlag, Berlin Heidelberg, 2005.

Daten benötigt, welche die Entwicklung des Unternehmens über einen bestimmten Zeitraum repräsentieren und zur Erkennung und Untersuchung von Trends herangezogen werden. Dazu wird der Data Warehouse Datenbestand periodisch aktualisiert und der Zeitpunkt der letzten Aktualisierung definiert.[154]

In Bezug auf die Durchführung von Analysen zum Zweck der Entscheidungsunterstützung liegt der Focus des Data Warehouse Konzeptes auf der effizienten Bereitstellung großer Datenmengen durch Integration operativer Datenbanken und externen Datenquellen. Es entsteht ein Kreislauf, der eine steige Verbesserung der Unternehmenssituation zum Ziel hat. Die ziel- und benutzerorientierte Datenauswahl folgt immer unter Berücksichtigung des Informationsangebotes und tatsächlichen Bedarfes. Daraus resultiert die Problematik der Erreichung eines Informationsoptimums – die Beziehung zwischen Informationsmenge, -qualität und der Informationsversorgung zum richtigen Zeitpunkt.[155] Betriebliche operative Systeme stellen Insellösungen dar, die nur bedingt untereinander kommunikationsfähig sind. Ihre Daten werden teilweise redundant, in unterschiedlichen Formaten und unsystematisch historisch gewachsen dezentral in mehreren System verwaltet. Die Datenstrukturen sind in Bezug auf ihre syntaktische Konsistenz zur Integration in den Analyseprozess unterschiedlich. Das Herauslösen und Zusammenführen von Daten ist nur mit hohem Aufwand möglich. Es ist eine Datenbasis mit einem unternehmensweit einheitlichen Datenmanagement erforderlich.[156] Entscheidungen des Managements basieren in der Regel auf einer Vielzahl aggregierter Daten. Die unregelmäßigen Zugriffe zum Zweck der komplexen Analysen über mehrere Systemkomponenten hinweg würden jedoch zu einer Performancebelastung operativer Datensystem führen. Die Konsequenz daraus ist die Vorwegnahme von Berechnungen und die zentrale Verwaltung von Daten, die bei Analysen direkt auf den operationalen Datenbeständen erst im Moment der Anforderungen erstellt würden.[157]

4.6.3   Workflow Management Systeme

Ein **Geschäftsprozess** wird technisch durch einen Workflow unterstützt. Ein Geschäftsprozess ist ein Geschäftsvorfall in einer Wirtschaftseinheit mit einem definierten Anfang und einem definierten Ende, der jeweils zwischen Start und Ende einen unterschiedlichen

---

[154] vgl. **Hahne, Michael**: SAP® Business Information Warehouse – Mehrdimensionale Datenmodellierung, S. 8, Springer Verlag, Berlin Heidelberg, 2005.

[155] vgl. **Knöll, Heinz-Dieter; Schulz-Sacharow, Christoph; Zimpel, Michael**: Unternehmensführung mit SAP® BI, S. 42, Vieweg Verlag, Springer Science-Business Media, Wiesbaden GmbH, 2006.

[156] vgl. **Knöll, Heinz-Dieter; Schulz-Sacharow, Christoph; Zimpel, Michael**: Unternehmensführung mit SAP® BI, S. 43, Vieweg Verlag, Springer Science-Business Media, Wiesbaden GmbH, 2006.

[157] vgl. **Knöll, Heinz-Dieter; Schulz-Sacharow, Christoph; Zimpel, Michael**: Unternehmensführung mit SAP® BI, S. 44, Vieweg Verlag, Springer Science-Business Media, Wiesbaden GmbH, 2006.

Verlauf nehmen kann und dessen unterschiedliche fachliche Funktionen ausgeführt werden. Dieser Verlauf, mit dem Leistungen oder Informationen transportiert werden, wird zuvor durch die Modellierung des Geschäftsprozesses festgelegt. Ein Geschäftsprozess wird durch ein Ereignis initiiert und ist eine Folge von Aktivitäten, die in einer logischen Verbindung stehen. Der Ablauf des Geschäftsprozesses wird durch die Eingabe (Input) von erforderlichen Daten sowie internen und externen Ereignissen beeinflusst.[158]

Der Geschäftsprozess kann mit seinem Arbeitsablauf in seiner Gesamtheit oder auch nur in Teilen unterstützt werden. Das heißt, die in dem Geschäftsprozess modellierten Aktivitäten müssen nicht zwangsläufig durch ein **Workflow Management System** unterstützt werden, sondern können auch organisatorisch, mit nur vereinzelt eingesetzten Software-Werkzeugen gelöst werden. Ein Workflow läuft immer wieder nach demselben oder zumindest nach einen ähnlichen Schema ab. Der Ablauf wird durch Ereignisse beeinflusst, die den Start eines Geschäftsprozesses und damit des speziellen Workflows auslösen und die enthaltenen Aktivitäten bereitstellen und beenden können.[159] Die vier grundlegenden Workflow-Typen sind:

- Der **Ad-hoc-Workflow** unterstützt einmalig oder stark variierende Prozesse, die wenig strukturiert und nicht vorhersehbar sind.
- Der **Collaborative Workflow** unterstützt das gemeinsame Erarbeiten eines Ergebnisses; dieser Begriff wird auch als Synonym für Groupware verwendet.
- Der **Administrative Workflow** unterstützt strukturierte Routineabläufe, die nicht strategisch, selten zeitkritisch und von geringem Geldwert sind.
- Der **Production Workflow** unterstützt fest strukturierte und vordefinierbare Vorgänge, die zumeist zeitkritisch und von strategischer Bedeutung sind.[160]

Nach Picot werden für eine genauere Bestimmung der Workflow-Typen fünf Kriterien verwendet. Diese Kriterien nennt Picot Prozess-Variablen und sind nachfolgend aufgeführt.

- Komplexität
- Grad der Veränderlichkeit
- Detaillierungsgrad
- Grad der Arbeitsteilung und
- Interprozessverflechtung[161]

---

[158] vgl. **Müller, Joachim**: Workflow-based Integration, S. 7–8, Springer Verlag, Berlin Heidelberg, 2005.

[159] vgl. **Müller, Joachim**: Workflow-based Integration, S. 8, Springer Verlag, Berlin Heidelberg, 2005.

[160] vgl. **Müller, Joachim**: Workflow-based Integration, S. 8, Springer Verlag, Berlin Heidelberg, 2005.

[161] vgl. **Müller, Joachim**: Workflow-based Integration, S. 9, Springer Verlag, Berlin Heidelberg, 2005.

Aus diesen Prozessvariablen ergeben sich nach Picot die folgenden drei Prozesstypen

- Routineprozess
- Regelprozess
- Einmaliger Prozess[162]

Geeignet für die Anwendung von **Workflow Management Systemen** sind die Prozesse, in denen der Kernprozess und die Hilfsprozesse komplett standardisiert sind und einer hohen Wiederholungsrate unterliegen. Als ungeeignet zählen die Prozesse, die keinem planbaren Ablauf unterliegen und selten auftreten. Hier kann ein Workflow Management System lediglich eine Unterstützung in Form einer vom Sachbearbeiter zu erstellenden Checkliste wahrnehmen. Das Workflow Management befasst sich folglich mit allen Aufgaben, die bei der Analyse, der Modellierung, der Simulation, der Reorganisation sowie bei der Ausführung und Steuerung von Workflows benötigt werden. Es kann in verschiedenen Software-Komponenten mit unterschiedlichen Aufgaben unterteilt sein. Diese können durch einen einzelnen Hersteller oder durch unterschiedliche Hersteller abgedeckt werden.[163]

Die **Modellierungskomponente** dient in erster Linie der grafischen Beschreibung der Prozesse. Ein Prozess muss so beschrieben werden, dass er von der Steuerungskomponente interpretiert und ausgeführt werden kann. Die **Steuerungskomponente** liest die Prozessdefinition und bildet daraus eine Prozessinstanz. Diese wird in Form eines Geschäftsvorfalles gestartet, gesteuert und protokolliert. Die Steuerungskomponente enthält Funktionen wie Terminüberwachung, Eskalationsmanagement, Wiedervorlage, Protokollierung, Starten eines Falles sowie Bereitstellung der Informationen und der Werkzeuge für die Bearbeitung des Geschäftsvorfalles bei den zuständigen Akteuren. Die **Überwachungskomponente** ermöglicht es, zwei Arten von Informationen darzustellen. Die instanzbezogenen Daten werden durch die Steuerungskomponente protokolliert und dargestellt. Diese aufgezeichneten Daten ermöglichen es, das Laufzeitverhalten zu einem bestimmten Fall auszuwerten. Die zweite Art der Daten sind die (aggregierten) vorgangsbezogenen Daten. Diese ermöglichen es, eine Aussage darüber zu treffen, ob der Geschäftsprozessablauf im Mittel effektiv ist oder ob sich einzelne Aktivitäten als Flaschenhälse darstellen. Die Architektur und die Technologie der **Schnittstellenkomponente** sind wichtige Komponenten des Workflow Management Systems, da sie die Anbindung zur „Außenwelt" ermöglicht. Für ein Workflow Management System ist die Anbindung von Fremdsystemen von großer

---

[162] vgl. **Müller, Joachim**: Workflow-based Integration, S. 10, Springer Verlag, Berlin Heidelberg, 2005.

[163] vgl. **Müller, Joachim**: Workflow-based Integration, S. 10–11, Springer Verlag, Berlin Heidelberg, 2005.

Bedeutung, da es im Idealfall den Prozess unsichtbar im Hintergrund steuert und da-durch ein hoher Integrationsgrad in bestehenden Anwendungen notwendig ist.[164]

Die **Simulationskomponente** hat sich bereits als Standardkomponente in den gängi-gen Modellierungswerkzeugen etabliert. Sie soll den Ablauf des modellierten Prozesses simulieren können, um Schwachstellen und Verbesserungsmöglichkeiten frühzeitig auf-zeigen zu können. Für diesen Zweck müssen in der Modellierungskomponente die Bear-beitungswahrscheinlichkeiten und die angenommenen Zeiten (Bearbeitungs-, Liege- und Transportzeit) für die Aktivitäten eingegeben werden. Wurde dies für alle Aktivitäten spe-zifiziert, gibt man für die Simulation nach die Anzahl der Durchläufe bzw. die Anzahl der zu startenden Fälle für einen bestimmten Zeitbereich an und startet die Simulation. Anhand der grafischen Darstellung des Geschäftsprozesses kann dann festgestellt werden, in wel-chem Zweig des Prozesses es zu ungewollten Verzögerungen kommt und an welchen Stellen man den Prozess reorganisieren muss. Hierbei ist anzumerken, dass die Simulation nur so gut sein kann wie die zugrundeliegenden Modelldaten und daher auch nur das Modell prüfen kann. In der Praxis ergeben sich aber manchmal erhebliche Unterschiede zwischen dem Modell und den Abläufen im realen Produktionsprozess.[165]

Die IT-basierte Managementunterstützung hat für die praktische Umsetzung und Anwen-dung von integrierten Managementsystemen eine sehr große Bedeutung. Der wirtschaftliche Einsatz von Informations- und Kommunikationssystemen ist heute wichtiger Erfolgsfaktor für eine wettbewerbsfähige Unternehmensführung und Unternehmensentwicklung.

---

[164] vgl. **Müller, Joachim:** Workflow-based Integration, S. 11–12, Springer Verlag, Berlin Heidelberg, 2005.

[165] vgl. **Müller, Joachim:** Workflow-based Integration, S. 13, Springer Verlag, Berlin Heidelberg, 2005.

Ergebnis, kritische Auseinandersetzung und Ausblick in die Zukunft

5

Zusammenfassung

Das finale Kapitel jedes Buches ist der Darstellung der Ergebnisse vorbehalten. So wird auch das vorliegende Buch auf diese, sowohl logisch sinnvolle als auch methodisch praktikable Art und Weise, abgerundet. Zunächst wird jedoch die Vorgehensweise der Untersuchung kurz bewertet. Diese Gedanken dienen sowohl dem Autor als auch dem Leser dazu, für einen Moment die inhaltliche Ebene des WAS zu verlassen und die methodische Perspektive des WIE einzunehmen. Dies dient dazu, die eigene Arbeitsweise nochmals zu reflektieren sowie positive Erfahrungen und Verbesserungspotenziale für das methodische Vorgehen in zukünftigen Büchern zu ermitteln. Den Hauptschwerpunkt bildet jedoch die Darstellung der Ergebnisse. In gewohnt systematischer Logik werden hier die Ergebnisse aus den Darstellungen zur Unternehmensführung, Unternehmensentwicklung, Nutzwertanalyse und schließlich die Ergebnisdarstellung des Transformationsmodells präsentiert. Anschließend erfolgt eine Zusammenstellung der Potenziale und Grenzen, die sich aus den vorgetragenen Ergebnissen ergeben. Üblicherweise hinterlassen wissenschaftliche Arbeiten darüber hinaus die einen oder anderen offenen Fragen und werfen neue Ansätze für die Zukunft auf. Auch diese Punkte finden hier Ihren Platz. Das vorliegende Buch soll dann durch ein Schlusswort endgültig abgeschlossen werden.

5.1 Beurteilung der Vorgehensweise

Ziel der vorliegenden Untersuchung war es, systematisch eine inhaltlich sinnvolle Themenstruktur für das aktuelle Transformationsmanagement wissenschaftlich fundiert und methodisch qualifiziert herzuleiten und aufzubauen, die entwickelte Themenstruktur auf Wirkungszusammenhänge zu untersuchen und schließlich im weiteren Verlauf der Arbeit

M.C. Kemnitz, *Transformationsmodell nachhaltiger Unternehmensführung durch Unternehmensentwicklung*, DOI 10.1007/978-3-658-13867-7_5

auf Basis dieser Wirkungszusammenhänge Ansätze für die praktische Ausgestaltung dieser einzelnen Transformationsthemen zu erarbeiten. Entsprechend wurde die Untersuchung auch aufgebaut. Im **ersten Kapitel** stand zunächst die Darstellung der Zielvorstellung für die vorliegende Untersuchung im Vordergrund. Dieses Vorgehen diente dazu, die Notwendigkeit und Wichtigkeit, sowie das Ziel dieses Buches zu präsentieren. Um sicher zu gehen, dass der inhaltliche Gegenstand hinreichend interessant, aber nicht zu umfangreich ist, wurde anschließend eine systematische inhaltliche und räumliche Abgrenzung des Untersuchungsfeldes vorgenommen. Die weiteren Unterkapitel der Begriffsdefinition, der Einordnung der Arbeit in die wissenschaftliche Diskussion, der Literaturauswertung und der methodischen Vorgehensweise finden ihren Ursprung in der anerkannten wissenschaftsmethodischen Arbeitsweise im Umfeld von Forschungsarbeiten. Aus diesem Grunde sind die genannten Punkte selbstverständlich auch Bestandteil des vorliegenden Buches.

Es folgte die theoretische Auseinandersetzung mit der Unternehmensführung und der Unternehmensentwicklung im **zweiten Kapitel**. Schwerpunkt dieser Ausführungen war die originalgetreue Wiedergabe der theoretischen Grundkonzepte der Unternehmensführung und der Unternehmensentwicklung. Besonderer Wert lag hier auf der objektiven Darstellung dieser Konzeptionen. Im Anschluss an die entsprechenden Ansätze wurde dann jeweils eine kurze zusammenfassende Beurteilung im Hinblick auf die Fragestellung vorgenommen. Dieses Vorgehen diente dazu, die für den vorliegenden Untersuchungsgegenstand interessanten Aspekte zu sammeln und zu kommentieren.

Die im **dritten Kapitel** vorgenommene theoriegestützte Herleitung des Grundmodells basierte nun auf diesen Zwischenergebnissen der zurückliegenden Ausführungen. Ziel dieses Kapitels war es, ein zweidimensionales Modell aus den Ansätzen zur Unternehmensführung und Unternehmensentwicklung abzuleiten. Folglich mussten aus den verschiedenen Ansätzen systematisch jeweils ein Ansatz ausgewählt werden, der den weiteren Verlauf der Untersuchung begleitete und gestaltete. Da in der Betriebswirtschaftslehre eine Auswahl immer auch ein Entscheidungsproblem ist, erschien die Anwendung der Entscheidungstheorie sinnvoll. Verschiedene entscheidungstheoretische Methoden wurden analysiert, um die für das vorliegende Entscheidungsproblem sinnvollste Methode herauszuarbeiten. Anschließend erfolgte die Anwendung der aus diesem Prozess als effektivste Methode ausgewählten Nutzwertanalyse für die Unternehmensführungsansätze und die Unternehmensentwicklungsansätze. Der auf diese Weise ausgewählte Ansatz zur Unternehmensführung bildete die vertikale Dimension, der Ansatz zur Unternehmensentwicklung die horizontale Dimension des Grundmodells. Rein methodisch entstanden durch dieses Vorgehen im inneren der Matrix Felder, in denen die Kernpunkte der beiden Ansätze miteinander verbunden wurden. Diese Vorgehensweise kann zum jetzigen Zeitpunkt als sehr wertvoll systematisch strukturiertes Verfahren zur Lösung des vorliegenden Entscheidungsproblems gewertet werden.

Im **vierten Kapitel** wurden dann diese Verbindungen systematisch auf sinnvolle Wirkungszusammenhänge untersucht und diese erläutert. Besonderer Wert lag an dieser Stelle auf kreativen Vorschlägen zur möglichen praktischen Umsetzung dieser Elemente, da nur auf diese Weise praktisch sinnvolle Wirkungszusammenhänge erarbeitet und nachgewiesen werden konnten. Das im dritten Kapitel abgeleitete Grundmodell in Verbindung mit den im vierten Kapitel präsentierten Ausführungen zu den inneren Wirkungszusammenhängen bildete nach Auffassung des Autors das Grundmodell betriebswirtschaftlicher Nachhaltigkeit. Die Verfahrensweise, zunächst eine Modellstruktur systematisch zu entwickeln und anschließend inhaltlich auszugestalten, erscheint an dieser Stelle sowohl wissenschaftsmethodisch als auch praktisch sinnvoll zu sein. Abgesehen davon ist die Vorgehensweise sich vom Allgemeinen zum Besonderen bei der Strukturierung von Problemen vorzuarbeiten durchaus gängiges Expertenvorgehen.

Das Forschungsergebnis wird nun im vorliegenden **fünften Kapitel** evaluiert und präsentiert. Aus methodischen Gründen müsste an dieser Stelle die Evaluation der Evaluation der Vorgehensweise erfolgen, jedoch erscheint es praktisch sinnvoll zu sein diesen Gedanken zu vernachlässigen. Die detaillierte Ergebnisdarstellung erfolgt im Anschluss an dieses Unterkapitel. Im Anschluss daran werden Potenziale und Grenzen aufgezeigt sowie Ansätze für zukünftige Forschungen zusammengetragen. Diese Ausführungen sollen den Wert des Untersuchungsergebnisses einschätzen sowie offene Fragen und Punkte zusammentragen, da jede noch so vollständige wissenschaftliche Forschung stets Fragen und Punkte offen lässt. Dieses Vorgehen erscheint hier methodisch sinnvoll zu sein.

5.2   Ergebnisdarstellung

5.2.1   Ergebnis aus Unternehmensführung

Ziel der umfangreichen theoretischen Auseinandersetzung mit Ansätzen zur Unternehmensführung war es ein möglichst breites Bild an Merkmalen und Aspekten verschiedener namhafter Autoren zu diesem Thema aufzuzeichnen. Diese sehr breite Darstellung über die Unternehmensführung stellte sicher, dass zur Herleitung des Transformationsmodells möglichst viele verschiedene Perspektiven eingenommen wurden. Aus diesem Grunde erfolgt in der vorliegenden Untersuchung die Konzentration auf relativ heterogene Konzepte der Unternehmensführung. Das Ergebnis ist eine Sammlung von Beschreibungen, Strukturierungen, Begrifflichkeiten, Grundideen und Konzeptionen zur Unternehmensführung die nun subsumierend dargestellt werden.

Gutenberg teilt die Unternehmensführung zunächst in die Bereiche Institution und Funktion, wobei er dem institutionellen Managementbegriff zunächst noch ein höheres Gewicht verleiht. Der funktionale Managementbegriff wird von ihm in die Teile Entscheidung und Aufgabe zergliedert, wobei er sich hier vornehmlich mit den Führungsentscheidungen beschäftigt. Diese institutionelle und funktionale Aufteilung hat sich bis heute in vielen Ansätzen zur Unternehmensführung durchgesetzt. Auch **Staehle** folgt dieser Auffassung nachhaltig, ergänzt sie jedoch um eine weitere Aufteilung. Er betrachtet spezieller das verfahrens- und verhaltensorientierte Management und versucht auf diese Weise den Managementbegriff auszugestalten. **Rahn** beschreibt hingegen Management als sachbezogene und personenbezogene Unternehmensführung und spezifiziert dies weiter in eine aufgabenbezogene, personenbezogene, strukturbezogene und prozessbezogene Unternehmensführung. **Schierenbeck** konzentriert sich hingegen wieder auf den funktionalen Managementbegriff und unterscheidet die Hauptfunktionen Planung, Kontrolle, Organisation, Disposition und Führung. Darüber hinaus unterscheidet er eine prozessuale, strukturelle und personelle Dimension der Unternehmensführung und erklärt Management als einen zyklischen Prozess.

Braunschweig vertritt die Meinung, dass ein Unternehmen ein sozio-technisches System ist, und definiert Management im Wesentlichen durch eine institutionelle Sicht und Führung im Wesentlichen durch das Führungsverhalten. Er sieht Management auch als Prozess an und fordert die Konzeptionierung dieses Prozesses auf der Basis seines Simultan-Management-Systems. Gerade im Hinblick auf das vorliegende Buch ist diese Forderung eindeutig zu unterstützen, denn das Grundmodell betriebswirtschaftlicher Nachhaltigkeit ist ja gerade ein Versuch der Konzeptionierung des Managementprozesses.

Steinmann und Schreyögg führen wiederum eine neue Grundidee ein und beschreiben das Management als Querschnittsfunktion, welche horizontal durch alle Funktionsbereiche einer Unternehmung verläuft und Prozesse steuert. Dieser Managementprozess, den er aus dem Fünferkanon von Managementfunktionen wie Planung, Organisation, Personaleinsatz, Führung und Kontrolle zusammengestellt hat, wird als niemals endender Prozess von ihnen kreisförmig dargestellt, strukturiert und beschrieben. **Hahn und Taylor** nahmen hingegen eine ganz andere Perspektive ein und schauten von den verschiedenen Unternehmensumfeldern aus auf das Unternehmen. Das Ergebnis war eine umfeldorientierte Grundkonzeption des Managements, die darüber hinaus die Führung ins Zentrum ihrer Betrachtungen stellte. **Macharzina** vertritt eine funktionsorientierte Auffassung von Management und unterscheidet die Funktionen Entwicklung von Unternehmenszielen, Unternehmensgrundsätzen und einer Unternehmenskultur, sowie der Formulierung von Strategien und dem Aufbau von Controlling, Organisation, Personalführung und Verhandlungsführung. Dem Begriff der Verhandlungsführung misst er hier eine neue und besondere Bedeutung bei. **Rühli** und sein Züricher Ansatz konzentriert sich zunächst auf die Innweltperspektive sowie die Umweltperspektive und beschreibt die Unternehmung als soziales System. Dabei ist das soziale System in seinen Augen das Erfahrungsobjekt, wobei die Führung und Steuerung das Erkenntnisobjekt ist. Neben den Hauptdimensionen Führungstechnik, Menschenführung, Innenpolitik und Außenpolitik, sieht er interessanter Weise die Unternehmensführung als System Framework, was übersetzt Gerüst, Gerippe oder Struktur heißt. Auch diese Auffassung ist gerade im Hinblick auf das vorliegende Buch als sehr wertvoll einzustufen.

Bleicher konzeptioniert schließlich auf Basis der Auffassung des St. Galler Managementinstitutes das integrierte Managementsystem mit seinen sechs Ordnungsmerkmalen, wie dem normativen, strategischen und operativen Management sowie den Strukturen, Aktivitäten und dem Verhalten. Sein Modell bezieht sich darüber hinaus auch auf die Unternehmensverfassung, Unternehmenspolitik, Unternehmenskultur, Organisationsstrukturen, Managementsysteme, Problemverhalten, organisatorische Prozesse, Dispositionssysteme sowie Leistungs- und Kooperationsverhalten. Darüber hinaus definiert er die Begriffe Vision, Mission und Programme im Sinne seiner Unternehmensführung.

Diese Ergebnisse aus der Unternehmensführung lieferten die erste Grundlage zur Entwicklung des zweidimensionalen Transformationsmodells. Die zweite Grundlage für das Transformationsmodell bildeten die Ergebnisse aus der Unternehmensentwicklung, die nachfolgend dargestellt werden.

5.2.2 Ergebnis aus Unternehmensentwicklung

Die Zusammenstellung der Ansätze zur Unternehmensentwicklung folgte dem gleichen Ziel, wie die Zusammenstellung der Ansätze zur Unternehmensführung. Auch hier sollte ein möglichst breites Bild an Merkmalen und Aspekten verschiedener namhafter Autoren zu diesem Thema aufgezeichnet werden. Das Ergebnis ist auch hier eine Sammlung von Beschreibungen, Strukturierungen, Begrifflichkeiten, Grundideen und Konzeptionen, die im Folgenden ebenfalls subsumierend dargestellt wird.

Pümpin und Prange unterscheiden Unternehmen zunächst nach vier Grundtypen. Sie definieren das Pionierunternehmen, das Wachstumsunternehmen, das Reifeunternehmen und das Wendeunternehmen. Diese vier Typen werden charakteristisch beschrieben, Vor- und Nachteile zusammengestellt und mögliche Chancen und Risiken formuliert. Darüber hinaus liefern sie auch Lösungsansätze für das normative, strategische und operative Management. Genau hier befindet sich auch die Verbindung zum St. Galler Managementkonzept, dass Pümpin und Prange als Grundlage für ihre Arbeiten sehen. **Bleicher** vertritt speziell für die Unternehmensentwicklung die Auffassung, dass Unternehmensentwicklung ein evolutorischer Prozess ist, der nur begrenzt gestaltbar und lenkbar ist. Er stellt die Anpassungsfähigkeit der Unternehmungen in den Vordergrund und sieht Management ehr als reagierenden Part. Allerdings propagiert er den Aufbau von strategischen Erfolgspotenzialen zur Sicherung der positiven Unternehmensentwicklung und da befindet sich auch die Schnittstelle zu seiner Auffassung zur Unternehmensführung und dem Ansatz von Pümpin Prange.

Schwaninger führt den Begriff des Unternehmensentwicklungssystems ein. Damit stellt er die Verbindung von Managementphilosophie und Managementkonzeption zu dem Unternehmensleitbild, der Vision und dem planvollen Entwicklungsprozess her und baut auf dieser Grundlage sein Unternehmensentwicklungssystem auf. Zusätzlich liefert er Gestaltungsempfehlung und stellt auf dieser Grundlage eine gelungen Zusammenführung von Theorie und Praxis der Unternehmensentwicklung her. **Womack, Jones und Roos** liefern für das vorliegende Buch einen empirischen Ansatz zur praktischen Unternehmensentwicklung. Auf Basis ihrer Veröffentlichung der MIT-Studie in der amerikanischen, europäischen und asiatischen Automobilindustrie unter Einbeziehung der Zulieferindustrie und der Vertriebssysteme, wurden weltweit neue Impulse für Strukturen und Prozesse wirtschaftlichen Handelns gegeben. Die Arbeitsweisen von Massenproduzenten wurden systematisch den Arbeitsweisen der schlanken Unternehmen gegenübergestellt und analysiert.

Praktische Beispiele, Vorgehensbeschreibungen, Darstellungen von Zusammenhängen und Zahlenmaterial verdeutlichen die drastischen Unterschiede eindrucksvoll. Sie strukturierten ihren empirischen Ansatz der Unternehmensentwicklung in die fünf Bestandteile Fabrikbetrieb, Entwicklung, Koordinierung der Zulieferkette, Umgang mit den Kunden und Management des schlanken Unternehmens.

Kobayashi liefert im Umfeld der Diskussion um Unternehmensentwicklung nun keine vergangenheitsorientierte Untersuchung, wie die MIT-Studie, sondern bietet ein System zur planvollen Gestaltung von Unternehmensentwicklungsprozessen an. Rückblickend auf die Erfahrungen zum Reengineering ist in ihm der Gedanke der kontinuierlichen Unternehmensentwicklung gereift. Unternehmungen betrachtet ehr stets ganzheitlich und hat folglich ein entsprechendes ganzheitliches Gestaltungssystem mit großen Wirkzusammenhängen entwickelt. Die Perspektiven Qualitätssteigerung, Prozessbeschleunigung und Kostensenkungen zur Steigerung der Wettbewerbsfähigkeit von Unternehmen nehmen hier eine zentrale Position ein. Der Erfolg dieser Systematik wird auf der Grundlage von Kennzahlenvergleichen und einem speziellen Verfahren als Benchmark gemessen. Besonders hervorzuheben ist zusätzlich die konsequente Einbeziehung aller Mitarbeiter des gesamten Unternehmens.

Diese Ergebnisse aus der Unternehmensentwicklung lieferten die zweite Grundlage zur Entwicklung des zweidimensionalen Transformationsmodells. Im nachfolgenden Teil wird nun auf das Ergebnis aus der Nutzwertanalyse eingegangen.

5.2.3   Ergebnis aus Nutzwertanalyse

Die **Anwendung der Nutzwertanalyse** verfolgte das Ziel, aus den verschiedenen Ansätzen zur Unternehmensführung und Unternehmensentwicklung jeweils einen Ansatz auszuwählen, der im Hinblick auf die vorliegende Fragestellung den höchsten Nutzwert erbringt. Zu diesem Zweck wurden zwei getrennte Nutzwertanalysen durchgeführt. Eine Analyse für die Ansätze zur Unternehmensführung und eine für die Ansätze zur Unternehmensentwicklung. Hier wurden jeweils zunächst Bewertungskriterien hergeleitet und anschließend Gewichtungsfaktoren gebildet auf deren Grundlage die Analyse durchgeführt wurde.

Das Ergebnis der Nutzwertanalyse für die Ansätze zur **Unternehmensführung** ist, dass der Ansatz von Steinmann und Schreyögg mit einem Nutzwert von 9 den höchsten Nutzen für die vorliegende Fragestellung lieferte und das Ansatz von Hahn und Taylor mit einem Nutzwert von 3 den niedrigsten Nutzen für die vorliegende Fragestellung erreichte.

Das Ergebnis der Nutzwertanalyse für die Ansätze zur **Unternehmensentwicklung** ist, dass der Ansatz von Womack, Jones und Roos mit einem Nutzwert von 9 den höchsten Nutzen für die vorliegende Fragestellung erreichte und das der Ansatz von Pümpin und Prange mit einem Nutzwert von 3 den niedrigsten Nutzen für die vorliegende Fragestellung liefert.

Aus diesen Teilergebnissen konnte nun das nächste Ergebnis, nämlich das Grundmodell, abgeleitet werden. Die Zweidimensionalität des Grundmodells führt nahezu zwangsläufig zu einer matrixartigen Struktur des Modells mit einer vertikalen und einer horizontalen

Komponente. Im vorliegenden Modell wurde der Ansatz zur Unternehmensführung vertikal und der Ansatz zur Unternehmensentwicklung horizontal abgetragen. Folglich wurde
die vertikale Komponente in die Dimensionen Planung, Organisation, Personaleinsatz,
Führung und Kontrolle nach Steinmann/Schreyögg gegliedert, während die horizontale
Komponente in die Dimensionen Fabrikbetrieb, Entwicklung, Koordinierung der Zulieferkette, Umgang mit den Kunden und Management des schlanken Unternehmens gegliedert wurde. Auf diese Weise entstand die Struktur für das Grundmodell.

5.2.4   Ergebnis aus Transformationsmodell

Im inneren dieses Transformationsmodells entstanden nun durch die logische Kombination
der vertikalen und horizontalen Dimensionen Begriffspaare, deren Bedeutung im weiteren Verlauf der vorliegenden Arbeit auf Wirkungszusammenhänge untersucht wurde.

Die **Ergebnisse dieser Untersuchung** sind sehr vielfältig und umfangreich. Sie wurden im Kapitel 4 der vorliegenden Arbeit systematisch zusammengestellt, sodass eine
Wiederholung oder Zusammenfassung all dieser Ergebnisse an dieser Stelle aus methodisch didaktischen Gründen nicht sinnvoll ist. Nach Auffassung des Autors ist das gesamte Kapitel 4 als Ergebniskapitel bezogen auf das Transformationsmodell zu verstehen.

Subsumierend kann jedoch festgehalten werden, dass aus der Sicht des Autors überra-
schend viele sinnvolle und wertvolle Wirkungszusammenhänge existieren. Zu Beginn der
vorliegenden Untersuchung konnte keine Aussage darüber getroffen werden, wie viele der
25 einzelnen Untersuchungsfelder sinnvolle Verbindungen im Sinne der vorliegenden Fragestellung darstellen. Das Risiko an irgendeinem Punkt dieser Untersuchungsfelder keine
nachvollziehbaren Wirkungszusammenhänge erklären zu können, wurde vom Autor bewusst eingegangen. Umso überraschender erscheint es, dass sich im Rahmen des vorliegenden Transformationsmodells alle Bestandteile des Ansatzes von Steinmann/Schreyögg
und des Ansatzes von Womack, Jones und Roos vollständig und nachvollziehbar sinnvoll
miteinander verbinden ließen. Bei genauerer Untersuchung der einzelnen Felder musste
sogar auf die Erklärung einiger weiterer hochinteressanter Wirkungszusammenhänge verzichtet werden, um den Umfang der vorliegenden Arbeit nicht zu sprengen. Am Ende ist
jedoch auf diese Weise ein Grundmodell betriebswirtschaftlicher Nachhaltigkeit entstanden, dass einen wertvollen Beitrag um das Ringen nach Konzeptionen leistet, die Unternehmen in Zukunft wettbewerbsfähig aufstellen. Das Ziel des vorliegenden Buches
wurde folglich vollständig und umfangreich erreicht.

5.3   Potentiale und Grenzen

Zunächst wird auf die **Potentiale** des vorliegenden Buches eingegangen. Die theoretische
Auseinandersetzung mit verschiedenen Ansätzen zur **Unternehmensführung** gibt zu-
nächst einen sehr guten Überblick darüber, welche wesentlichen Auffassungen in der
Betriebswirtschaftslehre zu diesem Themengebiet existieren. Auf Basis der verschiedenartigen

Strukturierungen, Konzeptionen und Begrifflichkeiten können wissenschaftstheoretisch neue Verbindungen und Zusammenhänge gelernt werden. Für den Praktiker liefern diese Strukturierungen, Konzeptionen und Begrifflichkeiten vielfältige Ansatzpunkte zur Systematisierung und Evaluierung von Managementprozessen im eigenen Unternehmen. Betriebswirtschaftliche Probleme in Wissenschaft und Praxis können auf diese Weise leichter strukturiert und bearbeitet werden.

Die theoretische Auseinandersetzung mit verschiedenen Ansätzen zur **Unternehmensentwicklung** gibt überdies hinaus einen sehr guten Überblick darüber, welche wesentlichen Auffassungen in der Betriebswirtschaftslehre zu diesem Themengebiet existieren. Gerade im Hinblick darauf, dass die Begrifflichkeit der Unternehmensentwicklung sich noch keiner überragender Popularität erfreut, sind diese überblicksartigen Darstellungen von besonderem Wert für Wissenschaftler und Praktiker gleichermaßen. Die Ansätze liefern neben Strukturierungen, Konzeptionen und Begrifflichkeiten Verfahrensweisen zur kontinuierlichen Gestaltung von Unternehmen und Ihren Prozessen. Gerade die praxisorientierten Ansätze von Kobayashi sowie von Womack, Jones und Roos bieten eine ganzheitliche Systematik zur effektiven Organisation von Wandel in Unternehmen an. Alleine diese Potenziale sollten dem Leser des vorliegenden Buches spätestens zu diesem Zeitpunkt deutlich geworden sein.

Im weiteren Verlauf der Arbeit wurden die Ansätze zur Unternehmensführung und Unternehmensentwicklung auf Basis einer **Nutzwertanalyse** bewertet. Dies ist sicher für den weiteren Verlauf der vorliegenden Untersuchung von besonderer Bedeutung, jedoch lassen sich aus dieser Analyse alleine noch keine direkten Potenziale ableiten.

Das **Transformationsmodell nachhaltiger Unternehmensführung** hingegen liefert unzählige Potenziale sowohl für die Wissenschaft als auch für den Praktiker. An dieser Stelle werden aus Gründen der Systematisierung fünf Potenzialschwerpunkte gebildet, für die jeweils Einzelpotenziale abgeleitet werden können, die sich der Leser problemlos im Eigenstudium erarbeiten kann.

Der erste Potenzialschwerpunkt des Transformationsmodells ist, dass dieses Modell aus der Sicht des Autors eine sehr gute Grundlage zur Bildung von **Organisationsstrukturen** in Unternehmen liefert. Eine Organisationsstruktur auf der Basis des Transformationsmodells würde zum einen die prozessorientierte Perspektive auf der vertikalen Ebene und zum anderen die funktionale Perspektive auf der horizontalen Ebene berücksichtigen. Das Ergebnis wäre eine Matrixorganisation, die vollständig dem vorliegenden Transformationsmodell entspricht.

Der zweite Potenzialschwerpunkt des Transformationsmodells ist, dass dieses Modell aus der Sicht des Autors eine sehr gute Grundlage zur Organisation sämtlicher **Geschäftsprozesse** darstellt. Heute ist die Analyse und Optimierung von Geschäftsprozessen im Rahmen der Prozessorganisation wichtiger denn je, um Schnittstellen und Reibungspunkte abzubauen. Am Ende geht man davon aus, das dadurch Kosten reduziert, Durchlaufzeiten verkürzt und Fehlerquoten gesenkt werden können.[1] Häufig besteht jedoch die Schwierigkeit darin, sämtliche Geschäftsprozesse im Unternehmen zu strukturieren und hier setzt das Transformationsmodell ein. Davon ausgehend, dass die 25 Komponenten innerhalb des

---

[1] vgl. **Rahn, Horst-Joachim**: Unternehmensführung, S. 354, 4. Aufl., Kiehl Verlag, Ludwigshafen, 2000.

Transformationsmodells alle Geschäftsprozesse eines Unternehmens hinreichend vollständig abdecken, ist die Schlussfolgerung naheliegend die Geschäftsprozesse auch entsprechend zu strukturieren und zu analysieren. Beispielsweise existiert dann ein Geschäftsprozess Planung im Fabrikbetrieb. Selbstverständlich sind weitere Untergliederungen möglich und sinnvoll.

Der dritte Potenzialschwerpunkt des Transformationsmodells ist, dass dieses Modell aus der Sicht des Autors eine sehr gute Grundlage zur Strukturierung von **Managementsystemen** aller Art liefert. Unabhängig davon ob es um die Einführung von integrierten Managementsystemen, Qualitätsmanagementsystemen, Umweltmanagementsystemen, Risikomanagementsystemen, Informationsmanagementsystemen oder Innovationsmanagementsystemen geht, das hier entwickelte Transformationsmodell liefert eine sehr gute Strukturierungshilfe zum Aufbau derartiger Systeme.

Der vierte Potenzialschwerpunkt des Transformationsmodells ist, dass dieses Modell aus der Sicht des Autors eine sehr gute Grundlage für die **Projektorganisation** zur Einführung von unternehmensweiten Veränderungsmaßnahmen aller Art ist. Das können selbstverständlich die oben aufgeführten Managementsysteme sein, jedoch sind auch unzählige weitere unternehmensweite Arbeitspakete oder Initiativen denkbar. Beispielsweise wenn Unternehmen sich neue Märkte und damit neue Kunden und damit neue Wettbewerbsbedingungen erschließen, auf denen völlige neue Regeln herrschen, muss sich das Unternehmen ganzheitlich dieser kundenorientierten Herausforderung stellen und gezielte Projekte initiieren und effektiv umsetzen. Das vorliegende Transformationsmodell kann für die Organisation derartiger Projekte sehr gute Hilfestellung bieten.

Der fünfte Potenzialschwerpunkt des Transformationsmodells ist schließlich, dass dieses Modell aus der Sicht des Autors eine sehr gute Grundlage zur gezielten Anwendung von betriebswirtschaftlichen **Methoden und Techniken** liefert, die zur Steigerung der Leistungsfähigkeit von Unternehmen beitragen. Schaut man sich beispielsweise eine der aktuelleren Veröffentlichung von Tim Hindle an, in der er die 100 wichtigsten Managementkonzepte zusammengetragen hat, so stehen Unternehmen doch vor dem großen Entscheidungsproblem, die für das eigene Unternehmen geeigneten Methoden und Techniken auszuwählen.[2] Wie sollen die Unternehmen bei dieser Fülle an Hilfsmitteln vorgehen? In diesem Falle bietet das vorliegende Transformationsmodell eine wertvolle Vorgehensanleitung an. Im ersten Schritt könnte das Unternehmen jede einzelne der 25 Komponenten durchgehen und sich fragen welche aktuelle Managementtechnik sie in diesem Thema unterstützen könnte. Beispielsweise könnte für die Organisation des Umgangs mit den Kunden das Customer Relationship Management (CRM) ausgewählt und angewandt werden, um die wertvollsten Kunden zu identifizieren und anzuwerben, um auf diese Weise ein gewinnträchtiges Wachstum der Unternehmung zu sichern.[3] Die zurückliegenden Ausführungen zeigten, dass bereits auf den ersten Blick zahlreiche Potenzialschwerpunkte

---

[2] vgl. **Hindle, Tim**: Die 100 wichtigsten Managementkonzepte, S. 9, 1. Aufl., Econ Ullstein List Verlag, München, 2001.

[3] vgl. **Hindle, Tim**: Die 100 wichtigsten Managementkonzepte, S. 55, 1. Aufl., Econ Ullstein List Verlag, München, 2001.

mit entsprechenden Einzelpotenzialen gebildet werden können, die selbstverständlich keinen Anspruch auf Vollständigkeit erheben.

Wie jedes Modell hat jedoch darüber hinaus auch das vorliegende Grundmodell betriebswirtschaftlicher Nachhaltigkeit **Grenzen,** die nachfolgend zusammengetragen werden. Konsequenterweise wird dabei zunächst die systematische Struktur der Potenzialschwerpunkte angewandt.

Der erste Grenzschwerpunkt des Transformationsmodells ist, dass dieses Modell aus der Sicht des Autors keine Hinweise für die individuell sinnvollste **Organisationsstruktur** liefert. Es teilt das Unternehmen standardmäßig in Fabrikbetrieb, Entwicklung, Koordinierung der Zulieferkette, Umgang mit den Kunden und Management des schlanken Unternehmens. Die Organisationsstrukturen von Unternehmen sind jedoch derart vielfältig und wahrscheinlich lassen sich fallweise auch deutlich sinnvollere Strukturen für Unternehmen gestalten.

Der zweite Grenzschwerpunkt des Transformationsmodells ist, dass dieses Modell aus der Sicht des Autors keine Vollständigkeit bezogen auf die im Unternehmen existenten **Geschäftsprozesse** erhebt. Auch hier gilt, das individuelle Unternehmen auch individuelle Strukturen ihrer Geschäftsprozesse aufweisen. Das Transformationsmodell ist in diesem Punkt sicher nicht die einzig richtige Lösung, weitere andere Strukturierungen sind denkbar.

Der dritte Grenzschwerpunkt des Transformationsmodells ist, dass dieses Modell aus der Sicht des Autors auch kein vollständiges und perfektes **Managementsystem** ist. Es ist eine Möglichkeit Managementsysteme zu strukturieren, jedoch sind andere Strukturierungen durchaus denkbar und vielleicht sogar sinnvoll. Beispielsweise beinhaltet das Transformationsmodell kein Bewertungssystem, wodurch das Unternehmen ihre Weiterentwicklung sinnvoll messen kann. Auch ein Fragenkatalog, wie es von Qualitätsmanagementsystemen bekannt ist, existiert nicht, sodass eine Einschätzung, wie erfolgreich ein Unternehmen in ihrem Transformationsprozess fortgeschritten ist, nur schwer möglich ist.

Der vierte Grenzschwerpunkt des Transformationsmodells ist, dass dieses Modell aus der Sicht des Autors zwar die Struktur einer **Projektorganisation** vorschlägt, jedoch keine konkrete Umsetzungsanleitung enthält. Das Unternehmen kennt zwar die 25 Arbeitspakete, erhält jedoch keine vollständigen Hinweise und Anregungen für die konkreten Aktivitäten in den einzelnen Arbeitspaketen.

Der fünfte Grenzschwerpunkt des Transformationsmodells ist, dass dieses Modell aus der Sicht des Autors keine konkreten **Methoden und Techniken** zur Transformation der Unternehmensführung zur Unternehmensentwicklung enthält. Der Anwender muss sich aus den allgemein bekannten betriebswirtschaftlichen Methoden und Techniken bedienen, um die praktische Umsetzung in Gang zu bringen.

Neben diesen Grenzen, ist jedoch die mächtigste Grenze des Transformationsmodells zur Unternehmensführung durch Unternehmensentwicklung der **Mensch** selbst. Wie das vorliegende Buch gezeigt hat, wurde im Rahmen der Human Relationship Bewegung der Mensch als zentraler Erfolgsfaktor entdeckt und akzeptiert. Diese Denkweise hat sich glücklicherweise bis heute weiter durchgesetzt und ist, mal Mehr mal weniger, fester

Bestandteil von unternehmerischem Handeln geworden. Vor diesem Hintergrund erscheint die instrumentelle Modellierung eines Transformationsprozesses von traditioneller Unternehmensführung zur Konzeption der Unternehmensentwicklung zunächst als kontraproduktiv. Dieser Eindruck täuscht jedoch, denn das vorliegende Modell hat zum Ziel eine Handlungsstruktur jedoch keine Handlungsanleitung für Veränderungsprozesse zu liefern. Folglich stößt es genau an diesem Punkt an seine Grenzen. Menschen in Unternehmen sind soziale Akteure mit psychosozialen Eigenschaften, die sich niemals in Modelle pressen lassen.[4] Dies beweist auch die umfangreiche Diskussion um Veränderungsmanagement, Change Management und Organisationsentwicklung. Dies war jedoch nicht Inhalt der vorliegenden Forschung.

Auch diese Ausführungen zeigten, dass bereits auf den ersten Blick zahlreiche Grenzen des vorliegenden Buches existieren, die selbstverständlich auch keinen Anspruch auf Vollständigkeit erheben.

5.4   Ausblick in die Zukunft

Jedes Buch sollte einen Beitrag für die wissenschaftliche Diskussion leisten. So leistet auch das vorliegende Buch einen Beitrag für die betriebswirtschaftliche Diskussion über die Unternehmensführung und Unternehmensentwicklung. Besonders wertvoll erscheint es dem Autor aber zu sein, wenn ein vorliegendes Untersuchungsergebnis einen Lösungsvorschlag für ein betriebswirtschaftliches Problem liefert und gleichzeitig Ansatzpunkte für zukünftige Forschungen bietet. Das trifft auf das vorliegende Buch zu. Aus diesem Grunde werden nun die wesentlichen fünf Ansätze für zukünftige Forschungen kurz zusammengetragen. Selbstverständlich sind weitere Ansätze denkbar und möglich.

5.4.1   Projektmanagement

Projektmanagement ist das Management, das erforderlich ist, um ein Projekt einer bestimmten Art, in einer bestimmten Zeit, mit bestimmten Ressourcen, zu einem bestimmten Ergebnis zu bringen. Ein Projekt in diesem Sinne ist ein Vorhaben das im Wesentlichen durch die Einmaligkeit seiner Bedingungen in ihrer Gesamtheit gekennzeichnet ist. Diese Bedingungen können die Zielvorgabe, zeitliche, finanzielle, personelle Begrenzung der Ressourcen, Abgrenzung gegenüber anderen Vorhaben oder die projektspezifische Organisation sein.[5]

---

[4] vgl. **Claessens, Dieter; Claessens, Karin**: Gesellschaft – Lexikon der Grundbegriffe, S. 184–185, Rowohlt Taschenbuch Verlag GmbH, Reinbek bei Hamburg, 1992.

[5] vgl. **Keßler, Heinrich; Winkelhofer, Georg**: Projektmanagement – Leitfaden zur Steuerung und Führung von Projekten, S. 9–10, 3. Aufl., Springer Verlag, Berlin, 2002.

Aus der Sicht des Projektmanagements bedeutet Unternehmensentwicklung eine tief greifende und evolutionäre Veränderung, die das System in starkem Maße beeinflusst und in einen Prozess einbezieht, der sein Potenzial an Reflexion, Selbstthematisierung, Flexibilität, Hinterfragung und Einordnung der eigenen Handlungen erweitert. Dadurch ermöglicht die Unternehmensentwicklung es dem System, neue Probleme zu lösen sowie unbekannte und komplexe Situationen zu steuern. Dieser Auffassung folgend wird die Unternehmensentwicklung im Wesentlichen durch das Strategische Management beeinflusset, indem die Änderungen der Umwelt nicht nur reaktiv verarbeitet werden, sondern eine proaktive, bewusste problemvorgreifende Denkhaltung angestrebt wird. Nach der Auffassung von Keßler strebt das Strategische Management die Planung, Steuerung, Koordination und zukünftige Gestaltung der Unternehmensentwicklung an. Damit erfolgt die Ableitung von konkreten Projektdefinitionen auf Basis der Strategie oder den Strategien über Jahreszielpläne und den einzelnen Zielfeldern. Anschließend sind für jedes Zielfeld konkrete einzelne Projekte zu definieren, zu beauftragen und zu realisieren. Dieses Vorgehen ermöglicht nach Keßler nicht nur eine transparente Budgetverwendung für Projekte, sondern beantwortet gleichzeitig die Sinnfrage der Projektteammitglieder.[6]

Ist das nicht ein Widerspruch? Die Unternehmensentwicklung spricht von einem niemals endenden Prozess, während das Projektmanagement die Einmaligkeit in den Vordergrund stellt. Nein, augenscheinlich nicht, es scheint eine Frage der Projektplanung, Projektorganisation und Projektführung zu sein, allerdings helfen dort traditionelle Methoden und Techniken des Projektmanagements aus der Sicht des Autors nicht weiter. Es gilt Verbindungen zwischen der evolutionären Unternehmensentwicklung und dem praktischen Projektmanagement zu erforschen, nachzuweisen und zusammenzustellen. Die Entwicklung eines Leitfadens zur praktischen Umsetzung des Transformationsmodells auf Basis des Projektmanagements, wäre somit ein erster hochinteressanter Beitrag für diesbezügliche Forschungen.

5.4.2   Ausgegrenzte Unternehmensperspektiven

Wie bereits in Kapitel 1.3 dargestellt, lassen sich betriebliche Probleme nach verschiedenen Gesichtspunkten analysieren. Wegen der Komplexität betriebswirtschaftlicher Fragestellungen ist es sinnvoll, das Gesamtobjekt Betriebswirtschaft gedanklich zu zerlegen und zu typisieren.[7] Für das vorliegende Buch wurde im Kapitel 1.3 folglich eine entsprechende Abgrenzung der Betriebswirtschaftslehre vorgenommen.

Diese Abgrenzungen zeigen, dass der Untersuchungsgegenstand hinreichend eingegrenzt wurde, jedoch folglich weitere andere Eingrenzungen möglich sind. Beispielsweise

---

[6] vgl. **Keßler, Heinrich; Winkelhofer, Georg**: Projektmanagement – Leitfaden zur Steuerung und Führung von Projekten, S. 63, 3. Aufl., Springer Verlag, Berlin, 2002.

[7] vgl. **Heinen, Edmund**: Industriebetriebslehre, S. 7, 9. Aufl., Betriebswirtschaftlicher Verlag Dr. Th. Gabler, Wiesbaden, 1991.

wurde der **finanzwirtschaftliche Bereich** von Unternehmen vollständig ausgegrenzt. Eine zukünftige Forschung könnte sich demnach mit der Organisation neuer finanzwirtschaftlicher Strukturen auf Basis des Transformationsmodells beschäftigen. Der gleiche Ansatz ist für den Bereich des **Unternehmenscontrollings** denkbar. Immer wenn große Investitionen in die Weiterentwicklung des Unternehmens fließen, wird schnell die Frage nach den wirtschaftlichen Ergebnissen laut. Das Transformationsmodell könnte durch die Anwendung eines entsprechenden Unternehmens- und Projektcontrollings zusätzlich an Wert gewinnen und die Ergebnistransparenz im Unternehmen deutlich erhöhen. Ein weiterer Ansatz für zukünftige Forschungen ergibt sich aus der Informationswirtschaftlichen Perspektive. Die **Informations- und Kommunikationstechnologie** eines Unternehmens auf Basis des Transformationsmodells zu strukturieren, zu organisieren und einzuführen erscheint dem Autor zu diesem Zeitpunkt äußerst sinnvoll zu sein.

Im Hinblick auf die Institutionenlehre ergeben sich weitere mögliche Forschungsschwerpunkte. Die Übertragung des auf industrielle Leistungserstellung ausgerichteten Transformationsmodells auf **Handelsbetriebe, Verkehrsbetriebe, Versicherungsbetriebe, Bankbetriebe oder sonstige Dienstleistungsbetriebe** stellt ein gigantisches Untersuchungsfeld für zukünftige Forschungen dar. Aus der Sicht der Methodenlehre sind schließlich zusätzlich weitere zukünftige Forschungen denkbar, beispielsweise die **Systemforschung** oder die **psychosoziale Forschung** bieten zahlreiche Möglichkeiten für zukünftige Forschungen zum vorliegenden Grundmodell betriebswirtschaftlicher Nachhaltigkeit.

Schließlich erscheint die Anwendung des im Rahmen des vorliegenden Buches entwickelten Transformationsmodells im Umfeld des **internationalen Managements** sinnvoll. Gerade die teilweise grundlegend unterschiedlichen Rahmenbedingungen in den verschiedenen Ländern dieser Erde, erfordern ein besonders systematisch und sorgfältig strukturiertes Management. Das Grundmodell betriebswirtschaftlicher Nachhaltigkeit kann in diesem Zusammenhang wertvolle Strukturierungshilfe bei der Entwicklung und der Anwendung von internationalen Managementsystemen leisten.

5.4.3 Auditierung und Zertifizierung

Die Auditierung spielt mittlerweile nicht nur im Qualitätswesen eine wichtige Rolle, sondern alle Managementsysteme sollten zur Beurteilung ihrer Leistungsfähigkeit einem entsprechenden Audit unterzogen werden. Ein Audit ist in diesem Zusammenhang allgemein eine systematische Überprüfung eines Objektes durch interne oder externe Prüfer. Ziel dieses Kontrollinstruments ist es, die Übereinstimmung von Vorgaben und Realität zu überprüfen, dabei eventuelle Mängel und Fehler zu entdecken und organisatorische und fachliche Abläufe zu verbessern. Insbesondere die Systemaudits sind für die Überprüfungen von Systemen, die Ermittlung der Wirksamkeit des Systems, die Verbesserung der Leistungen des Systems, die Erfüllung von Vorschriften und schließlich die Zertifizierung vorgesehen.[8] Fasst man das Transformationsmodell als System zur Unternehmensentwicklung auf, dann lässt sich dieser Gedanke der Auditierung und Zertifizierung problemlos übertragen. Die Norm ISO 10011 stellt beispielsweise einen Leitfaden für die Auditierung von Qualitätssicherungssystem nach der ISO 9000-Reihe dar, wobei darüber hinaus diese Norm auch eine Basis für das Audit von Managementsystemen außerhalb des Bereiches der Qualitätssicherung liefert. Insbesondere die Norm ISO 10011–1 legt Auditprinzipien, Auditkriterien und Verfahrensweisen fest und liefert einen Leitfaden für die Einrichtung, Planung, Ausführung und Dokumentierung von Audits.[9]

Aus Sicht des Autors erscheint es an dieser Stelle hochinteressant zu sein, eine spezielle Verfahrensweise für die Auditierung des Transformationsmodells zur Unternehmensführung durch Unternehmensentwicklung zu erarbeiten. Diese Verfahrensweise müsste den gesamten Prozess von der Auditplanung über die Auditvorbereitung bis hin zur Auditdurchführung detailliert, konkret und praxisnah beschreiben. Weitere Bausteine dieser Untersuchung könnten ein Qualifizierungsprogramm für interne und externe Prüfer sein. Am Ende könnte das Unternehmen in der Form von verschiedenen Preisen ihre Zertifizierung im Grundmodell betriebswirtschaftlicher Nachhaltigkeit erhalten.

5.4.4   Innovationsmanagement

Nach Pleschak und Sabisch ist die Innovation aus betriebswirtschaftlicher Sicht die Durchsetzung neuer technischer, wirtschaftlicher, organisatorischer und sozialer Problemlösungen im Unternehmen die darauf ausgerichtet ist, Unternehmensziele auf neuartige Weise zu erfüllen. In diesem Sinne sind Innovationen also unmittelbar mit Problemlösungsprozessen im Unternehmen verbunden, wobei ein Problem eine ungeklärte beziehungsweise widerspruchsvolle Situation ist, die durch eine qualitative und quantitativ bestimmbare Differenz zwischen einem vorhandenen Ist-Zustand und einem notwendigen oder wünschenswerten Soll-Zustand charakterisiert wird.[10] Betrachtet man nun den in dem vorliegenden Buch dargestellten Transformationsprozess als Problem, so wird die Verbindung zum Innovationsmanagement eindeutig sichtbar.

Dies wird noch deutlicher, wenn die Begrifflichkeit der Prozessinnovation verwendet wird. Sie beinhaltet nämlich die Veränderung beziehungsweise Neugestaltung der im Unternehmen für die Leistungserbringung notwendigen materiellen und informationellen Prozesse. Nach Pleschak und Sabisch werden Prozessinnovationen vielfach gegenüber den Produktinnovationen vernachlässigt, woraus ihrer Meinung nach unter anderem die Wettbewerbsschwäche zahlreicher deutscher Unternehmen resultiert. Die Stärke vieler japanischer Unternehmen im internationalen Leistungswettbewerb lässt sich demgegenüber

---

[8] vgl. **Holzbaur, Dr. Ulrich D.**: Management, S. 175, Kiehl Verlag, Ludwigshafen, 2000.

[9] vgl. **Holzbaur, Dr. Ulrich D.**: Management, S. 176, Kiehl Verlag, Ludwigshafen, 2000.

[10] vgl. **Pleschak, Franz; Sabisch Helmut**: Innovationsmanagement, S. 1, Schäffer-Poeschel Verlag, Stuttgart, 1996.

insbesondere auf den Einsatz wirksamer Prozessinnovationen zurückführen.[11] Das Management dieser Innovationen umfasst schließlich einen Komplex strategischer, taktischer und operativer Aufgaben zur Planung, Organisation und Kontrolle von Innovationsprozessen sowie zur Schaffung der dazu erforderlichen internen und externen Nutzung der vorhandenen Rahmenbedingungen. Das Innovationsmanagement ist in diesem Sinne originäre Aufgabe des Top-Managements und ist darauf gerichtet, eine wechselnde Balance zwischen einer Überwindung änderungshemmender und einer Aktivierung änderungsfördernder Kräfte herzustellen.[12]

Das vorliegende Grundmodell betriebswirtschaftlicher Nachhaltigkeit ist aus der Sicht des Autors hervorragend dazu geeignet ganzheitliche Innovationsprozesse in Unternehmen zu strukturieren, zu organisieren, durchzuführen und zu kontrollieren. Ein auf dem Transformationsmodell aufgebautes Innovationsmanagement würde einen wertvollen Beitrag in dem Ringen um Möglichkeiten zur Steigerung der Wettbewerbsfähigkeit deutscher Unternehmen leisten.

5.4.5 Organisationsentwicklung

Innovationen erweisen sich nach Sievers jedoch nur dann als erfolgreich, wenn sie von den unmittelbar Betroffenen entwickelt, unterstützt und durchgeführt werden. Die Organisationsentwicklung impliziert eine gemeinsame Problemdefinition, Diagnose und Veränderung der Organisation von Seiten der Mitglieder in enger Zusammenarbeit mit dem Beraterteam.[13]

Aus historischer Sicht basiert Organisationsentwicklung zum einen auf den Ergebnissen und Erfahrungen, die aus der Anwendung der gruppendynamischen Laboratoriumsmethode auf Industriebetriebe durch den Kreis um Kurt Lewin und in der Tradition des NTL-Institute for Applied Behavioral Science entstanden. Zum anderen basiert die Organisationsentwicklung auf Methoden der Survey-Feedback-Forschung, wie sie seit den fünfziger Jahren vor allem am Institute for Social Research der University of Michigan entwickelt worden sind.[14]

Durch die Institutionalisierung organisationsübergreifender Lernprozesse trägt die Organisationsentwicklung dazu bei, das Problemlösungspotenzial von Organisationen zu optimieren. Auf diese Weise kann ein Lernen von Organisationen in dem Sinne ermöglicht

---

[11] vgl. **Pleschak, Franz; Sabisch Helmut**: Innovationsmanagement, S. 20, Schäffer-Poeschel Verlag, Stuttgart, 1996.

[12] gl. **Pleschak, Franz; Sabisch Helmut**: Innovationsmanagement, S. 44, Schäffer-Poeschel Verlag, Stuttgart, 1996.

[13] vgl. **Sievers, Prof. Dr. Burkard**: Organisationsentwicklung als Problem, S. 12, 1. Aufl., Klett-Cotta Verlag, Stuttgart, 1977.

[14] vgl. **Sievers, Prof. Dr. Burkard**: Organisationsentwicklung als Problem, S. 10, 1. Aufl., Klett-Cotta Verlag, Stuttgart, 1977.

werden, dass über unmittelbare Verhaltensänderungen einzelnen Mitglieder und Subsysteme hinaus, auch die Organisationsstrukturen und Prozesse sowie die ihnen zugrunde liegenden Selektionen und Generalisierungen verändert werden können. Folglich werden im Gegensatz zur klassischen Organisations- und Unternehmensberatung dabei keine Problemlösungsvorschläge durch externe Berater erarbeitet, deren Ausführung dann meist in das Belieben des jeweiligen Betriebes und seines Managements gestellt bleibt.[15]

Bis heute existieren verschiedene Ansätze zur Systematisierung dieses Organisationsentwicklungsprozesses. Der Managerial Grid ist der wohl früheste systematische Ansatz der Organisationsentwicklung in den USA. Die beiden Hauptvariablen dieses Ansatzes sind zum einen das Interesse und die Orientierung an der Produktion und zum anderen die Organisationsmitglieder. Diese beiden Dimensionen bilden die Koordinaten einer Matrix (Grid) mit jeweils neun Feldern, wobei nach Ansicht von Blake und Mouton jene Organisation am effektivsten ist, deren Manager 9/9 erzielen, das heißt beiden Dimensionen in ihrer Handlungsorientierung höchstes Gewicht beimessen.[16] Dieser Ansatz wurde selbstverständlich an dieser Stelle nur beispielhaft verwendet. Auf tiefergehende Ausführung wurde im Sinne der vorliegenden Fragestellung hier bewusst verzichtet. Aus der Sicht des Autors erscheint es jedenfalls hochgradig interessant zu sein, derartige Ansätze zur Organisationsentwicklung in Verbindung mit dem vorliegenden Transformationsmodell in entsprechenden Beratungsprozessen zu erforschen, um ganzheitliche Lernprozesse in Unternehmen zukünftig noch sinnvoller gestalten zu können.

Wie gerade diese fünf Ansätze für zukünftige Forschungen zeigen, sind auf der Grundlage der vorliegenden Arbeit vielfältige Gebiete für verschiedenste Untersuchungen denkbar, möglich und vielleicht sogar notwendig.

An dieser Stelle behält sich der Autor vor, selbst eine dieser zukünftigen Forschungen durchzuführen.

---

[15] vgl. **Sievers, Prof. Dr. Burkard**: Organisationsentwicklung als Problem, S. 12, 1. Aufl., Klett-Cotta Verlag, Stuttgart, 1977.

[16] vgl. **Sievers, Prof. Dr. Burkard**: Organisationsentwicklung als Problem, S. 14, 1. Aufl., Klett-Cotta Verlag, Stuttgart, 1977.

Schlusswort

Lieber Leser, zum Abschluss dieser Arbeit möchte ich für Sie noch einmal kurz den Bogen zum Vorwort spannen. Getrieben von den Erlebnissen als Managementberater, brach ich die Reise zu einem Vorhaben an, das einen Beitrag für die aktuelle qualifizierte Unternehmensführung leisten sollte. Motiviert und voller Tatendrang rannte ich los, um in kürzester Zeit das zu Papier zu bringen, was in meinem Kopf längst fertig vorgedacht war. Rückblickend betrachtet, war es jedoch völlig anders. Seite für Seite und Kapitel für Kapitel drang ich immer tiefer in die Fragestellung ein und begriff am Ende, was es wirklich heißt zu forschen. Jetzt, da dieses Werk vollendet ist, empfinge ich Glück. Glück, da ich das Erforschliche zu meinem Untersuchungsgegenstand erforscht habe. Schließen möchte ich diese Arbeit nun mit Johann Wolfgang von Goethe:

> Das schönste Glück des denkenden Menschen ist,
> das Erforschliche erforscht zu haben
> und das Unerforschliche zu verehren.[1]

---

[1] vgl. **Hadeler, Thorsten**: Zitate für Manager – Für Reden, Diskussionen und Papers immer das treffende Zitat, S. 128, Betriebswirtschaftlicher Verlag Dr. Th. Gabler, Wiesbaden, 2000.

© Springer Fachmedien Wiesbaden 2016
M.C. Kemnitz, *Transformationsmodell nachhaltiger Unternehmensführung durch Unternehmensentwicklung*, DOI 10.1007/978-3-658-13867-7

Literatur

Ahrens, Dr. Volker; Hofmann-Kamensky, Dr. Matthias: Integration von Managementsystemen – Ansätze für die Praxis, Verlag Franz Vahlen, München, 2001

Balik, Michael; Frühwald, Christian: Nachhaltigkeitsmanagement – Mit Sustainability Management durch Innovation und Verantwortung langfristig Werte schaffen, VDM Verlag Dr. Müller, Saarbrücken, 2006

Baumast, Annett; Pape, Jens: Betriebliches Nachhaltigkeitsmanagement, Verlag Eugen Ulmer, Stuttgart, 2013

Bleicher, Knut: Das Konzept integriertes Management, 4. Aufl., Campus Verlag, Frankfurt a.M., New York, 1996

Braunschweig, Dr. Christoph: Grundlagen der Managementlehre, Oldenbourg Wissenschaftsverlag, München, Wien, 2001

Braunschweig, Dr. Christoph: Unternehmensführung, Oldenbourg Verlag, München, Wien, 1998

Brockhaus – Die Enzyklopädie in 24 Bänden, 20. Auflage, F. A. Brockhaus – Lexika Verlag, Leipzig, Mannheim, 1999

Bühner, Dr. Rolf: Management – Lexikon, Oldenbourg Wissenschaftsverlag, München, Wien, 2001

Bullinger, Hans Jörg; Warnecke, Hans Jürgen; Wertkämper, Engelbert: Neue Organisationsformen in Unternehmen – Ein Handbuch für das moderne Management, 2. Auflage, Springer Verlag, Berlin, 2003

Carl, Dr. Notger; Kiesel, Dr. Manfred: Unternehmensführung – Methoden, Instrumente, Managementkonzepte, Verlag Moderne Industrie, Landsberg / Lech, 2000

Claessens, Dieter; Claessens, Karin: Gesellschaft – Lexikon der Grundbegriffe, Rowohlt Taschenbuch Verlag GmbH, Reinbek bei Hamburg, 1992

Ernst, Dietmar; Sailer, Ulrich: Nachhaltige Betriebswirtschaftslehre, UVK Verlagsgesellschaft mbH, Konstanz, 2013

Gómez, Jorge Marx; Strahringer, Susanne; Teuteberg, Frank: Green Computing & Sustainability, dpunkt.Verlag, Heidelberg, 2010

Gutenberg, Dr. Erich: Unternehmensführung, Betriebswirtschaftlicher Verlag Dr. Th. Gabler, Wiesbaden, 1962

Hadeler, Thorsten: Zitate für Manager – Für Reden, Diskussionen und Papers immer das treffende Zitat, Betriebswirtschaftlicher Verlag Dr. Th. Gabler, Wiesbaden, 2000

Hahn, Dietger; Taylor, Bernard: Strategische Unternehmensplanung – strategische Unternehmensführung, 8. Aufl., Physica-Verlag, Heidelberg, 1999

Hahne, Michael: SAP® Business Information Warehouse – Mehrdimensionale Datenmodellierung, Springer Verlag, Berlin Heidelberg, 2005

© Springer Fachmedien Wiesbaden 2016
M.C. Kemnitz, *Transformationsmodell nachhaltiger Unternehmensführung durch Unternehmensentwicklung*, DOI 10.1007/978-3-658-13867-7

Heinen, Edmund: Industriebetriebslehre, 9. Aufl., Betriebswirtschaftlicher Verlag Dr. Th. Gabler,
    Wiesbaden, 1991

Hindle, Tim: Die 100 wichtigsten Managementkonzepte, 1. Auflage, Econ Ullstein List Verlag,
    München, 2001

Holzbaur, Dr. Ulrich D.: Management, Kiehl Verlag, Ludwigshafen, 2000

Janes, Dr. Alfred; Prammer, Karl; Schulte-Derne, Michael: Transformations – Management –
    Organisationen von Innen verändern, SpringerVerlag, Wien, 2001

Jung, Dr. Hans: Allgemeine Betriebswirtschaftslehre, 7. Aufl., Oldenbourg Wissenschaftsverlag,
    München, Wien, 2001

Kemper, Hans-Georg; Baars, Henning; Mehanna, Walid: Business Intelligence – Grundlagen und
    praktische Anwendungen, Vieweg und Teubner Verlag, Springer Fachmedien, Wiesbaden
    GmbH, 2010

Keßler, Heinrich; Winkelhofer, Georg: Projektmanagement – Leitfaden zur Steuerung und Führung
    von Projekten, 3. Auflage, SpringerVerlag, Berlin, 2002

Kiener, Dr. Stefan; Maier-Scheubeck, Dr. Nicolas; Obermaier, Dr. Robert; Weiß, Dr. Manfred:
    Produktionsmanagement – Grundlagen der Produktionsplanung und -steuerung, R. Oldenbourg
    Verlag, München, Wien, 2006

Knöll, Heinz-Dieter; Schulz-Sacharow, Christoph; Zimpel, Michael: Unternehmensführung mit
    SAP® BI, Vieweg Verlag, Springer Science-Business Media, Wiesbaden GmbH, 2006

Kobayashi, Iwao: 20Keys® – Die 20 Schlüssel zum Erfolg im internationalen Wettbewerb, 1. Aufl.,
    Adept-MediaVerlag, Bochum, 2000

Macharzina, Klaus: Unternehmensführung, 2. Aufl., Betriebswirtschaftlicher Verlag Dr. Th. Gabler,
    Wiesbaden, 1995

Marwehe, Frauke: Transfer von Produktionsformen und ihre institutionelle Reformierung, Rainer
    Hampp Verlag, München, 2000

Meyer, Dr. Roswitha: Entscheidungstheorie, 2. Aufl., Betriebswirtschaftlicher Verlag Dr. Th. Gabler,
    Wiesbaden, 2000

Müller, Joachim: Workflow-based Integration, S. 7–8, Springer Verlag, Berlin Heidelberg, 2005

Ohno, Taiichi: Das Toyota – Produktionssystem, Campus Verlag, Frankfurt a.M., New York, 1993

Osterhold, Gisela: Veränderungsmanagement – Wege zum langfristigen Unternehmenserfolg, 2.
    Auflage, Betriebswirtschaftlicher Verlag Dr. Th. Gabler, Wiesbaden, 2002

Pleschak, Franz; Sabisch Helmut: Innovationsmanagement, Schäffer-Poeschel Verlag, Stuttgart,
    1996

Pümpin, Cuno; Prange, Jürgen: Management der Unternehmensentwicklung, Campus Verlag,
    Frankfurt a.M., New York, 1991

Rahn, Horst-Joachim: Unternehmensführung, 4. Aufl., Kiehl Verlag, Ludwigshafen, 2000

Regber, Holger; Zimmermann, Klaus: Change Management in der Produktion, Verlag Moderne
    Industrie, Landsberg / Lech, 2001

Rogall, Holger: Nachhaltige Ökonomie – Ökonomische Theorie und Praxis einer Nachhaltigen
    Entwicklung, Metropolis-Verlag, Marburg, 2012

Rommel, Günter; und andere; McKinsey & Company, Inc.: Qualität gewinnt – mit Hochleistungskultur
    und Kundennutzen an die Weltspitze, Schäffer-Poeschel Verlag, Stuttgart, 1995

Rühli, Dr. Edwin: Unternehmungsführung und Unternehmungspolitik, Band 1, 3. Aufl., Verlag Paul
    Haupt, Bern, Stuttgart, Wien, 1996

Schierenbeck, Dr. Henner: Grundzüge der Betriebswirtschaftslehre, 11. Aufl., Oldenbourg Verlag,
    München, 1993

Schlick, Gerhard H.: Unternehmensentwicklung, Schäffer-Poeschel Verlag, Stuttgart, 1998

Schwaninger, Markus: Managementsysteme, Campus Verlag, Frankfurt a.M., New York, 1994

Sievers, Prof. Dr. Burkard: Organisationsentwicklung als Problem, 1. Auflage, Klett-Cotta Verlag, Stuttgart, 1977

Staehle, Dr. Wolfgang H.: Management, 8. Aufl., Verlag Vahlen, München, 1999

Staehle, Dr. Wolfgang H.: Funktionen des Managements, 3. Aufl., Haupt, Bern, Stuttgart, 1992

Steinmann, Dr. Horst; Schreyögg, Dr. Georg: Management, 5. Aufl., Betriebswirtschaftlicher Verlag Dr. Th. Gabler, Wiesbaden, 2000

Thom, Dr. Norbert; Zaugg, Dr. Robert J.: Excellence durch Personal- und Organisationskompetenz, Haupt, Bern, Stuttgart, 2001

Weber, Prof. Dr. Hajo; Königstein, Ute; Töpsch, Dr. Karin: Hochleistungsorganisation – Wettbewerbsfähigkeit und Restrukturierung, Verlag C.H. Beck, München, 1999

Womack, James P.; Jones, Daniel T.; Roos, Daniel: Die zweite Revolution in der Autoindustrie, 8. Aufl., Campus Verlag, Frankfurt a.M., New York, 1994

Sachwortverzeichnis

© Springer Fachmedien Wiesbaden 2016
M.C. Kemnitz, *Transformationsmodell nachhaltiger Unternehmensführung durch
Unternehmensentwicklung*, DOI 10.1007/978-3-658-13867-7

Printed in the United States
By Bookmasters